阎宗临文集

卷 四

阎宗临 著

商务印书馆
The Commercial Press

2019年·北京

阎宗临
（晚年病中读书）

目录

文献整理

清初中西交通史料汇集

第一　康熙使臣艾若瑟事迹补志 / 7

第二　康熙与格勒门德第十一 / 13

第三　嘉乐来朝补志 / 17

第四　康熙与德理格 / 21

第五　白晋与傅圣泽之学《易》 / 27

第六　雍正与本笃第十三 / 31

第七　关于麦德乐使节的文献 / 39

第八　苏努补志 / 48

第九　乾隆十八年葡使来华纪实 / 52

第十　解散中国耶稣会后之余波 / 58

第十一　澳门史料两种 / 68

第十二　票的问题 / 72

第十三　关于白晋测绘《皇舆全览图》之资料 / 76

第十四　碣石镇总兵奏折之一 / 79

第十五　清初葡法西士之内讧 / 83

第十六　从西方典籍所见康熙与耶稣会之关系 / 88

《身见录》注略 / 105

《北使记》笺注 / 118

《西使记》笺注 / 126

《佛国记》笺注 / 142

文艺创作

读琴心女士《明知是得罪人的话》之后 / 189

关于《献给自然的女儿》/ 191

波　动 / 195

大　雾 / 221

文艺杂感 / 275

夜　烟 / 302

朴围村 / 336

回忆鲁迅先生 / 362

回忆罗曼·罗兰谈鲁迅 / 367

附录：阎宗临著述年表 / 370

文献整理

清初中西交通史料汇集

作者曾将过去发表有关中西交通史料研究文章剪贴保存，自题"清初中西交通史料汇集"。大部分可能发表于1939—1942年《扫荡报》副刊《文史地》。

　　剪报原篇目包括17篇：1.关于艾若瑟的史料；2.康熙与格勒门德第十一；3.嘉乐来朝补志；4.康熙与德理格；5.白晋与傅圣泽之学《易》；6.雍正与本笃第十三（附：关于毕天祥与纪有纲）；7.关于麦德乐使节的文献；8.苏努补志；9.乾隆十八年葡使来华纪实；10.解散中国耶稣会后之余波；11.《身见录》注略；12.澳门史料两种；13.票的问题；14.关于白晋测绘《皇舆全览图》之资料；15.碣石镇总兵奏折之一；16.清初葡法西士之内讧；17.从西方典籍所见康熙与耶稣会之关系。

　　其中，《〈身见录〉注略》，重刊于《山西师范学院学报》1959年第2期。此处抽出，将其单列一章（见后）。另，《关于艾若瑟的史料》一文以"康熙使臣艾若瑟事迹补志"为题，重刊于《国立中山大学文史集刊》1948年第1期。

——编者注

第一
康熙使臣艾若瑟事迹补志

民国十四年七月,十七年三月,十九年二月,于北平故宫懋勤殿,先后发现康熙与罗马使节关系文献十四通,由新会陈垣先生考定时日,民国二十一年三月,故宫博物院影印成本,诚如叙端所言:"今所影印者十四通,皆有康熙亲笔删改,为极可宝贵之汉文史料。"

此十四通文献中,提及艾若瑟者有五处:

(一)"……其艾若瑟所奉去之旨意,乃是朕的真旨意,钦此。"——第六件。

(二)"康熙五十五年九月二十九三十日,上召德理格同在京西洋人等,面谕德理格云:先艾若瑟带去论天主教之上谕,即是真的,你所写去的书信与旨不同,柔草参差,断然使不得。朕的旨意从没有改……"——第七件。

(三)"……朕差往罗马府去的艾若瑟回时,朕方信,信而后定夺……"——同上。

(四)"……询其来由,并无回奏当年所差艾若瑟传旨之事……"——第八件。

(五)"……明系严裆在西洋搬弄是非,以致教王心疑,将向年所差艾若瑟之事，一字不回……"——第十三件。

读此种文献，不禁发问：艾若瑟为何人？康熙为何遣之西去？去欧洲后的结果又如何？今就所得资料，试加一种解释。

巴黎国立图书馆，Fonds Français 25670 号，34 页，有艾若瑟小传，系法文，移译如次：

艾若瑟（Antoine Francois Josephe Provana）生于柏野梦（Piemont），或谓生于杜林（Turin）。于 1695 年终到中国，传教于山西绛州，而非如人传述在江西也。由山西至京师，祝升教务首领，负驳斥多罗禁令之命，遣往罗马。时傅圣泽居京师，当伴之西去，康熙以他种原故，未使傅圣泽成行，此 1709 年之事也（按：此为抵葡时间，非去北京之时间）。艾若瑟不识汉文，不通中国古籍，仅知浅近华语，借以传教，因此在罗马报告与活动，人人皆知，并未成功。失败后，樊守义（按：樊守义，字利和，山西绛州人）伴之，退居杜林，教皇不愿他复返中土。唯康熙坚决催促，召其使臣，教皇无可奈何，复任其东归。惜艾若瑟体弱，禁不住长途跋涉之苦，死于海中。于 1711 年及任何他年，余（按：此文系 P. Niceron 所作）未闻艾若瑟任耶稣会分会长职。所可言者，1711 年，艾若瑟仍居欧洲，为其修会做种种活动也。

是项记述颇简略，而亦有不正确处。费赖之（Lep. Louis Pfister）著有《入华耶稣会士列传》（*Notices Biographiques Et Bibliographiques Sur les Jesutes de la L'ancienne mission de Chine* 1552—1772），第 205 号为《艾若瑟列传》。博精翔实，可补上述者颇多。今节其要：艾若瑟，正名为艾逊爵，1662 年 10 月 23 日生于尼士（Nice），1695 年 10 月 4 日至澳门，1699 年至 1701 年管理河南、陕西与山西教务，继续恩理格（P. Christ. Herdtricht）的工作。继由开封至太原，"靖乐、平遥、吉县、洪洞、襄陵、太平、蒲州、潞安、岚县、汾州、襄垣等处，有其足迹"。

1702年至北京，居五年，深得康熙欢心。1707年，康熙遣往罗马，1709年抵欧洲。因病停居意大利，愿早返中土，向帝王陈述使命。1720年2月7日，死于好望角途中，时樊守义在侧，运遗体至广州。

费赖之所述，颇多含蓄，特别是艾若瑟停留西土，迟迟不返者，并非有病，实以罗马教廷传教政策，为清廷所持者不同，其冲突焦点，不在理论，而在传教士之派别，由派别所造成的"偏见"。故宫刊印第九件中，有："若是我等差去之人不回，无真凭据，虽有什么书信总信不得……"

艾若瑟衔命西去，其所经历颇多曲折。樊守义呈报广东巡抚拉丁译文，藏于巴黎国立图书馆中，号码为Chinois 5039，译如次：

> 康熙四十六年十二月底，余随艾若瑟同去澳门。次年七月到欧洲，居葡京者有四个多月。继后又起程，于康熙四十八年二月到罗马，不久便觐见教皇（按：此时教皇为Clement XI，1700—1721），将皇帝对多罗来华，关于礼节问题之旨意，并教务进行事项，详为呈述。教皇听后，屈臂含泪而言曰："余绝未命多罗如此发言行事。"但是，教皇以艾若瑟所呈文件，无清廷钤章，心疑之，留艾若瑟居罗马，有两年八月。继后艾若瑟申请返［故］里省亲静养，教皇准其所请，艾若瑟去罗马。方抵国境时，有人向教皇进言，艾若瑟欲窃返中国，教皇立即下令：凡遇艾若瑟者，即逮捕之。艾若瑟听到后，便说：我曾请求教皇，得准还乡养病，何来说我窃返中国？当教皇知艾若瑟行踪，乃谕知耶稣会会长，转知艾若瑟在乡静养，以待清廷消息。若有使臣遣来，朕即命艾若瑟东返。这中间艾若瑟寄居米兰与杜林者各三年。
>
> 康熙五十七年，清廷朱笔文书至罗马，教皇看毕，召艾若瑟至罗马谕之：现在你可回中国，除你去外，朕复遣一使臣（按：此使臣为嘉乐Charles Mezzabarba），一切事件，由他逐条呈奏中

国皇帝。艾若瑟得命后，随即起身赴葡萄牙，葡王殷勤款待，命其使臣与之同行。唯葡使凤病，不能成行。葡王向艾若瑟说："汝不宜久留，朕为汝特备一船，既适病体，又复迅速，再备礼物七箱，献给中国皇帝。"

康熙五十八年阴三月，我们由葡京启程东还，方过好望角，趋向印度时，于康熙五十九年二月七日，艾若瑟逝世。樊守义自言："随艾若瑟旅居欧洲十余年，对他的事迹颇有所闻。"

是项文献原题为"*Verso latina responsorum P. Aloysii Fan cantonead mandarinos*"。证明艾若瑟体虽衰弱，非如费赖之所言，因病停居西土，实以清廷与罗马所持态度不同，艾若瑟失其自由。

同前号码（Chinois 5039），有教皇国务卿，枢机主教保罗琪（Paulucci）致艾若瑟意大利文信稿一，是稿当为樊守义携回，由旅京西士巴多明、冯秉正、穆经远转抄寄耶稣会者，移译如次：

收到阁下6月20日致教皇与我的信后，我只能重复申述教皇的意见，即是说，在阁下最后一次离罗马时，教皇再三明言，你回到中国后，你只解释明白所以迟回来的原因，完全由于你的健康，至于中国皇帝所期待的回复，与夫阁下向教皇的呈述，让将来教皇的使节去解释。我们希望中国皇帝善解教皇心意，满足教皇对他的答复，仍然继续保护传教士，而这些传教士原不当受如此优遇的，是以对中国皇帝所请，教皇至诚至谨，必守我们宗教原则。在此意义下，教皇要你持同一态度，因而，关于中国礼节问题，对既已发表的训令与意见，你不能做任何解释。这是教皇使节的事件，他人不当过问，以避免矛盾与冲突，谨代教皇向你祝福，承天之助，我自己祝你康乐。保罗琪1718年7月19日罗马。

康熙四十四年（1705年），罗马教廷使臣多罗来华，十一月十六日，觐见康熙帝，备受优遇。影印文书中第一件中，有"等多罗好了，朕见之际再谕，传与多罗宽心养病，不必为愁"之语。继多罗与颜当（Maigros）结合，不同意耶稣会传统态度，即利玛窦所遗行者，自南京颁布禁约，康熙怒，拘多罗，押送澳门，着葡人看管。时康熙四十六年（1707 年）。

当康熙四十五年（1706 年），已觉多罗所行，有干涉清廷策略，故着龙安国与薄贤士（亦作世）西去，拘多罗后，四十七年又差艾若瑟、卢若瑟西去，向教皇陈述清廷意见。此事历十五年，纠缠不已。艾若瑟去后不久，嘉乐东来，康熙五十九年十一月二十五日，员外郎李秉忠奏陈，上着迎之于琉璃河。罗马传信部档案处，东方文件（Scritture Originali de la Congni Particulari dell' l'Indie Orientali dall auno 1721）第 180 至 182 页中，有使臣与李秉忠谈话笔录，今节取有关者：

问：四十五年差龙安国、薄贤士二人前往教化王处，总无回信；又于四十七年差卢若瑟、艾若瑟去后，十余年又无回信；直到今年才有艾若瑟来，又在小西洋地方病故了。

答：龙安国、薄贤士二人，海里坏了船，身故途中。教化王未知此音，故不曾回信。一则卢若瑟身故于依西巴尼亚国后，艾若瑟到罗马，没有皇上的凭据，未敢轻信。及至今四年前，见了皇上的红票，教化王才真相信也。但教化王见艾若瑟身体多病，各名医都说他未必能到得中国，为此不曾付书信与他启皇上，因教化王感不尽万岁待圣教及我们远人隆恩，又表教化王要显自己爱敬万岁的心，故命我到中国。

关于艾若瑟事略，所能补正者，大约如上所述，唯有一附带问题，须加解释：樊守义报告中"康熙五十七年，清廷朱笔文书至罗马……"，嘉乐对话笔录中："及至今四年前，见了皇上的红票"，即：一，朱笔文书与红票内容如何？二，如何寄往欧洲？

故宫刊印《康熙与罗马使节关系文书影印本》第九件，无年月日，陈垣先生假定为五十六年，此即朱笔文书底稿。罗马传信部档案处，"东方文献"内，第十三卷，藏有木刻，很精细，龙边，右为拉丁文，有 16 位内廷供职之西洋人；中为汉文，康熙五十五年九月十七日，盖有关防；左为满文，形如票，故称"红票"。

武英殿等处监修书官伊都立王道化、赵昌等字寄与自西洋来的众人，我等谨遵旨，于康熙四十五年，已曾差西洋人龙安国、薄贤士，四十七年差西洋人艾若瑟、卢若瑟奉旨往西洋去了。至今数年，不但没有信来，所以难辨真假，又有乱来之信。因此，与鄂罗斯的人又带信去，想是到去了。毕竟我等差去人回时，事情都明白之后，方可信得。若是我等差去之人不回，无真凭据，虽有什么书信，总信不得。唯恐书信不通，写此字兼上西洋字刊刻，用广东巡抚院印，书不封缄，凡来的众西洋人多发与带去。康熙五十五年九月十六日。

据华谛冈档案处，第 257 卷，367 至 368 页中，藏有两广总督谕广州知府文书一纸，言及此红票共有 150 张，散给各天主堂居住之西洋人，并外国洋船内体面商人，带往西洋，催取回信，要广州知府转知澳门，着实办理，此乃康熙五十七年五月初三日事。视此，外交未曾建立，艾若瑟由是恢复自由；教皇克莱芒十一世，决定遣使来朝。

第二
康熙与格勒门德第十一

　　格勒门德第十一（Clement XI），系康熙三十九年至六十年之罗马教皇，先后派遣两次使臣来华，第一次为多罗（1705年），第二次为嘉乐（1720年），两次皆欲解决中国礼节问题。

　　礼节问题，直接为公教流行之不幸，间接便阻碍西方文化之输入，初尚据理争论，继则树立门户，颇多情感用事。历时百余年，每代教皇亦无定见，如保罗第五（Paul V）认耶稣会理由充足（1616年），乌尔班第八（Urbain Ⅷ）及伊纳散第十（Innocent X）则取反对态度（1635年）；继后亚历山大第七（Alexandre Ⅶ）复倾向耶稣会之理论（1656年），而格勒门德第九（Clement Ⅸ）则又对立（1667年），至格勒门德第十一"Exslla Die"[①]通牒出（1715年），耶稣会虽有康熙大帝之庇护，亦无可如何矣。

　　民国二十五年冬，余在华谛冈档案保管处（Arche Vo di Vaticano）研究，发现格勒门德第十一致康熙帝信一，并附有两种文献（号码为Fondo Albani 第2535卷，第50页），中皆关于多罗事。

---

① 原文如此。——编者注

多罗（Charles Thoms Maillard de Tournon），意大利人，1705 年 4 月 8 日至广东，11 月 16 日第一次觐见康熙帝，备受优遇。继与颜当（Maigros）结合，不同意耶稣会传统态度，于康熙四十六年（1707 年），自南京颁发禁约。康熙怒，拘多罗，押送澳门，着葡人看管。在（康熙四十九年）1710 年 6 月 8 日，死于狱中。此项表文即多罗囚禁后，教皇为彼辩护印发。当格勒门德第十一得知多罗死的消息，誉之为"致命者"（1711 年 10 月 14 日），而礼节问题，始终未斛。迨至（民国二十九年二月二十四日）始取消禁令，即信仰公教者，亦可崇孔敬祖矣。

一

广东香山协镇中军都司兼管左营事宁为饬谕事：

照得多罗奉旨发到澳门，着严加看守，不许小人通贿逃走等因。是以文武官员轮拨官兵看守。今有唐人无赖之徒，借名进教，在于多罗住内往来，大干法纪，本府已经详明上宪，着令拿解原籍，合行饬谕。为此示谕进教唐人，限二日逐名离多罗住内出身，别寻生理，如有不遵，许看守官兵立拿解府，转解上宪究处，尔等各宜禀遵勿泛视慎之毋违。特示。康熙四十八年十二月廿二日发。仰多罗住处张桂晓谕

二

格勒门德第十一教化王谨奉中华并东西塞外大皇帝之表曰：

天主降厥天聪之明予厥圣衷之安，为大皇帝之功，此我之所深愿也。大皇帝秉广王之权，具异常之德，明哲至圣，不但遍及西洋诸国，而周天下之人无一不知也。余先曾将信任之臣姓多罗名保罗者，原任伊洋地俄吉亚大主教，今为罗马府圣教公会家尔地那尔之职，特差伊往中华，第一代为感谢诸传教士屡沾大皇帝柔远重恩，第二亦代观天主教中之事，随后得知多罗幸至大皇帝御前，亲受格外隆恩，彼时余

心从来无有如此之忻愉者。

及后又闻多罗不幸有失仁爱之泽，大皇帝疑惑多罗果真是余所差信任之臣否，而干大皇帝明恕之机似获不谨之罪，此时余心从来无有如此之忧闷者。然我之忧闷虽然恒苦于心，但为默想明知多罗原毫无获罪于大皇帝之心意，思至于此，足以略慰心中之忧虑也。向者多罗所寄之书，不止一次盛称目见大皇帝非常之至德，详录屡屡身受洪仁之锡，而内云今虽写书亦不能备述大皇帝之恩德。想多罗所寄我之书，感恩如此，则多罗获罪之故，甚实难解。

闻之大皇帝憎恶多罗因系论天主教几端传于教中诸士者，有碍于中国之风俗，但彼所传者非一己之私心，乃教化王本来之意，所传者与伊无干。想多罗原思我天主教普世之史书俱详记大皇帝永不可忘圣恩，且幸数年前蒙准天主教行于中华，而中华之人人教者凡事规矩宜合于天主教行，彼时多罗不得不想大皇帝已准行教则亦准绝不合于天主教之风俗，是以多罗始传伊教中之言也。又未久有传教之士，自中国至罗马府报大皇帝之万安，并带中国风俗之辞论，余因报大皇帝之万安着至于前相待甚厚，再待愈厚，俟后细观所带辞论之时更可详明之也，今不得不先暂说，吾原不敢非谤中国名邦所有敬先祖敬先师之风俗，以报厥生教之本者。

然而托赖大皇帝公文神明之德，敢求旧日所准在中国人天主教者，风行敬先之礼必皆合于天主教之清规严为禁止不可以敬至尊无对造天地真主之礼而敬凡如人类受造者也。再敢求大皇帝传命多罗，如先随意游行复归于大皇帝洪仁之心。余因大皇帝先待多罗甚重，是以由大主教之位又升伊至家尔地那尔之职，乃教化王之后第一尊位也。然选彼以代我住在中华名邦大国，是以举之于我后第一尊位以尽天主付我教化王爱人之任，又不得不仰求大皇帝保存天主教并天主教中之事之人平行于中国。盖此辈人之本分不但应明见于所讲之道，更应明见于所行之事，始不负大皇帝之德爱，盖圣教之终始俱宜小心谨慎和睦众，毫不得罪于人蹈至顺无逆之路，丹心存敬。

凡秉于天主之权者，由帝王至于官员之众所命无伤于天主之戒，无有不遵奉者也。余实切望传教之众士悉甘心以合于天主之戒及我所嘱之训，皆守己分不越规矩，又求保存之泽。倘有不明大皇帝之慈仁者，妄生议论，求为勿致阻格，俾得守分修道而成己事，或者大皇帝有新禁之令，还望大皇帝洪慈柔远之德，宽其禁约，复使之安居。

今托大皇帝异常之仁，伏望大皇帝准行以上所求诸事，心欲仰报万一，唯求幸知大皇帝或有喜悦所能之事，余必尽心竭力图维，虽相隔东西二海之远，断不致有负报达圣恩之意。天降厥平安予厥圣荣以永大皇帝之躬，此乃余之深愿也，此表所发之系罗马府圣伯多罗天主大殿渔人之印封天主降生以后一千七百零九年马尔西约月初二日。

三

五十一年十一月十九日，上谕：

广东巡抚满丕奏折为西洋有信带至广东广州府事，有西洋密封一封，彼时即命白晋、德理格、马国贤在御前翻译，方知与多罗的书，马国贤、德理格云，在多罗的人都囚禁炮台，甚是受苦。朕又问及情由，白晋说近日闻得他本处恐其有讹言，故有此禁等语。朕览与多罗之书事总未完结，无庸发旨，等再来书，自然才定。朕又将多罗的事偶尔提起，多罗之言前后参差，因而难信。故有先旨。今虽为西洋人照旧看顾，总不断孰是孰非，还等再奏。西洋书交赵昌等收讫。

第三
嘉乐来朝补志

多罗（Charles Thomas Maillard de Tournon）失败后，教皇继派嘉乐（Charles Mezzalbarba）来华，1720 年（康熙五十九年）9 月 26 日于澳门，随即北上。康熙五十九年十一月二十五日，员外郎李秉忠奏西洋教王差人嘉乐于明日当至窦店，次日上差伊都立、赵昌、李国屏、李秉忠于琉璃河传旨，因《康熙与罗马使节关系文书》第十三件，内有"……本应着在京众西洋人前去迎尔，因事体未明白，故未遣去"，今所发现之第一件，当在嘉乐至琉璃河后所发表之谈话。第二第三，俱注年月，准标下千总陈良毯、抚标千总袁良栋，当系广东总督巡抚所派护送之人。因前引文件内，有"……其利若瑟罗本多往广东去，现有广东总督巡抚之人在此，即将利若瑟罗本多交与总督巡抚之人……于明年二月内趁回小西洋船之便，将利若瑟罗本多急速照看起程可也"，此与第三件结尾"皇上二十六日往陵上去……"甚为吻合。1721 年 3 月 4 日，嘉乐尚觐见康熙一次，11 月 4 日，嘉乐于禁约后，附八条，以挽颓势，但大势已去，禁教必行，嘉乐为外交颖才，善辞令，结果只是如此！

一

内务府员外郎李秉忠问嘉乐：教化王差你有何事来了？

答：第一个缘故，教化王命我来请皇上的安，又特来谢万岁所赐我们远人并圣教的洪恩。

问：除此之外，教化王还有什么话吩咐你，着你来说。

答：有一封教化王的书与皇上，这一封书是教化王亲手封的印的。

问：从前教化王差多罗来时，他在中国辩论道理，是多罗自己所为，还是教化王知道不知道？

答：多罗是教化王真真差的，但我知道差他来查一查圣教事情，并传扬教化王的命，若辩论道理不知道。

问．四十五年差龙安国、薄贤士二人前往教化王处，总无回信，又于四十七年差卢若瑟、艾若瑟去后，十余年又无回信，直到今年才有艾若瑟来，又在小西洋地方病故了。

答：龙安国、薄贤士二人海里坏了舡，身故途中。教化王未知此音，故不曾回信。一则卢若瑟身故于依西巴尼亚国后，艾若瑟到罗马，没有皇上的凭据，未敢轻信，及至今四年前，见了皇上的红票，教化王才真相信他。但教化王见艾若瑟身体多病，各名医都说他未必能到中国，此不曾付书信与他启自皇上，因教化王感不尽万岁待圣教及我们远人的隆恩，又表教化王要显自己爱敬万岁的心，故使我到中国。

问：你回复的这些话，此外还有甚么说，你可尽情说完。

答：要求万岁准我常常写与教化王知道万岁龙体金安柔远洪恩的书。

问：你想要求万岁准你常常写与教化王知道万岁龙体金安柔远洪恩的书；你想长远在这里住么？

答：这个事情，教化王没有命我，听从万岁的洪恩。又有教化王的礼物献与万岁的，并带有十人通晓技艺者，侍奉万岁，再教化王求万岁看圣教的恩，无别话。

  此文藏于罗马传信部档案处"东方文件"1721 年第 10—182 页

二

标下千总陈良鋕
抚标千总袁良栋　同谨禀

大老爷台前禀者：二十九日，旨意叫嘉乐进朝内见，皇上问嘉乐许多话，赏克食。皇上望西洋内科乌尔达话玩话你治死了多少人，想是尔治死的比我杀的人还多了。皇上大笑，甚喜欢。又赐嘉乐葫芦一个，做的各样花草玩的东西，晚出来赏饽饽卓子一张。

三十日，皇上在中和殿筵宴嘉乐，鄂罗斯使臣，跟嘉乐的西洋人，三个旧西洋人，二个巴木李若瑟娃进去吃晏，各样库门音乐都给嘉乐看，嘉乐进东西四样，万年护身神位一尊，作的各样西洋纸第一盒，玻璃器皿，宝石烟盒。皇上收二样护身神位作的各样做纸果子。

初一日，嘉乐上朝。皇上赐吃食。

特此具禀。

康熙六十年正月初五日

此文见华谛冈图书馆，号码为 Borg Cin. 439

三

标下千总陈良鋕
抚标千总袁良栋　同谨禀

大老爷台前禀者：正月十二日嘉乐进宫，皇上没见叫赐吃食，十三日也没见赐吃食,十四日筵宴达子阿罗素西洋人摔交各样玩意。皇上问嘉乐西洋有没有,嘉乐起奏:也有有的,也有无的。十五日嘉乐又进去吃晏,至晚叫看烟火,十六日也是这样。又十六十七俱赏吃食,十八日叫嘉乐进去赏晏,叫老公格子歌舞。皇上问嘉乐,朕要赐卜你拖噶尔国王的东西你带得去么,嘉乐启奏带得去。皇上差赵大人李大人赐教化王灯三对,卜你拖噶尔国灯五对,还有瓷器二箱,珐琅二箱,日本漆器二箱,玻璃器二箱。皇上说我还要想些东西赐他们,叫李大人看看作箱子装这些东西。千总等同李大人送东西到天主堂,李大人吩咐千总等皇上二十六日往陵上去,意思还要我们送嘉乐回去,你们等着才是,起身日子,还未有定。特此具禀。

       正月二十八日禀,二月二十二不日到省
     此文见华谛冈图书馆,号码为 Borg Cin. 511

第四
康熙与德理格

《康熙与罗马使节关系文书》影印本内，关于德理格[①]者有三件——第六、第七与第十二——系民国十七年三月，在故宫懋勤殿中发现。陈垣先生称此等文献"为极可宝贵之汉文史料"。民国二十六年春，余在罗马传信部档案处，又发现关于德理格者三件，非特可补证故宫所发现之文献，且可看出康熙如何嗜好音乐，如何爱护耶稣会，如何处理礼节问题。唯第一件内，未注明年代。案故宫发现第六件内，有"至于律吕一学，大皇帝犹彻其根源，命臣德理格在皇三子、皇十五子、皇十六子殿下前，每日讲究其精微，修造新书，此书不日告成……"等语。陈垣先生定此件为康熙五十四年，即今所发现之第一件，当在康熙五十年与五十四年间也，因北平西郊栅栏德理格墓碑云"德理格以康熙五十年奉召进京"故。

德理格原名Pedrini，意大利人，精音乐，《律吕正义续编》内，论徐日昇（Pereira）后说："后相继又有壹大里呀国人德礼格者，亦精律学，与徐日昇所传源流无二。"唯德理格参预礼节问题与耶稣会

[①] 原文有得里格、德里格、德理格、德立格几种译名，今统一照标题改为"德理格"。——编者注

对敌，康熙震怒，称他是"无知光棍之类小人"（见故宫所发现之第十二条）。

一

六月二十二日首领张起麟传旨西洋人德理格教的徒弟：不是为他们光学弹琴，为的是要学律吕根原。若是要会弹琴的人，朕什么样会弹的人没有呢？如今这几个孩子，连岛、勒、明、法、朔、拉六七个字的音都不清楚，教的是什么？你们可明明白白说与德理格，着他用心好生教，必然教他们懂的音律要紧的根原。再亦着六十一管教道他们。

见罗马传信部东方档案处 1714 年内

二

十月二十五日王道化、张常住、佟毓秀奉上谕：西洋人德理格、马国贤所奏带去教化王之书，朕不识西洋字，可着旧西洋人看。钦此。据德理格说，鲍仲义认得伊达里亚国字，着鲍仲义看。使得鲍仲义看了，说其书中德理格有将教化王所定之规矩尽陈奏大皇帝。大皇帝待之甚宽，并无憎嫌之意之语。但不知其所奏是何规矩，其中有关系等语。

于本月二十六日王道化、张常住、佟毓秀具奏，奉旨：着和素、赵昌、王道化、张常住、李国屏、佟毓秀带众西洋人同往天主堂去。传旨与众西洋人，今德理格、马国贤所奏带去教化王之书，虽然汉字奏过，朕不识彼西洋字，不知其所翻译者对与不对，其中有差讹错翻亦未可定。尔等可将众西洋人传集天主堂，在天主面前着他们细细查对。传朕旨意与他们，你们一人一意，一人一说，俱参差不等，从来无有真信实言，自今以后，教化王有书来，直奏朕知。朕有下的旨意，直发与教化王去。其中是非，非尔等所私意定者。今德理格所奏，寄与教化王书内，有教化王所定规矩奏过朕之语，可看德理格将奏过朕的话写出来，与众西洋人看。钦此。

即传三堂西洋人纪理安、苏霖、白晋、德理格、马国贤、巴多明、傅圣泽、杜德美、鲍仲义、罗德先、孔禄食、马若瑟、穆敬远、杨秉义、冯秉正、陆百嘉、林济格、雷孝思、鲁保洛于宣武门内天主堂，传旨意讫，据德理格写出先前奏过的话，教化王说，亡者之牌位存得，但不要写灵位等字，只堂灵魂在牌位上或左右该写亡者的道理解说。又奏过造天地万物之主该呼天主，在中国众西洋人从没有辩过这两个字使不得。天上帝是天主不是天主，教化王没有说。又奏过论祭孔子的礼，但该祭造物主宰才是。在中国众西洋人从无有许到春分秋分祭孔子之礼等语，写了与众西洋人看了。据纪理安等众西洋人说，德理格所说教化王所定之规矩，并无凭据，难以信其言有大关系等语，一并于二十七日和素、赵昌、王道化、张常住、李国屏、佟毓秀具奏奉旨：德理格所寄与教化王信内，有德理格将教化王所定之规矩尽陈奏，大皇帝并无憎嫌之意等语。德理格原启奏之时，含糊不明，朕所以不曾下旨意。今下旨意，来中国的西洋人，若不遵中国规矩，将西洋人俱逐回去。钦此。即传与德理格、马国贤、纪理安、苏霖等众西洋人讫。

本月二十八日为德理格寄与教化王信内有更改片子二张，一张内写大皇帝又问臣德理格西洋信，德理格将教化王所定之规矩尽陈奏大皇帝。大皇帝旨意，来中国西洋人，若不遵中国规矩，将西洋人逐回去，钦此。一张内据德理格写教化王所定之规矩尽陈奏大皇帝。奏这话那一天大皇帝并无憎嫌之意，后发旨众西洋人看这个书，纪理安等奏大皇帝并无憎嫌之意这句有大关系。大皇帝发旨去了那一句话，改添"来中国的西洋人，若不遵中国规矩，将西洋人俱逐回去。钦此"。

于二十八日，赵昌、王道化、张常住、李国屏、佟毓秀呈奏，据德理格跪称此二张俱求不用写罢等语，具奏奉旨：此二张俱不好，有原先与艾若瑟奉去与教化王的旨意，查出来照旧抄去，若有一字差错，前后少有不同，则所去之人必得大罪，更改不得。朕先下的旨意，有照利玛窦实行的规矩下的旨意，尔等查出，人在此折内就是了。自利玛窦以来，在中国行教并无错处。钦此。随奏德理格求见皇上，有面奏之话具奏。奉旨：此众人之事，若来奏，齐来奏，不可一人来。再传旨与德理格知，尔在前宫奏朕的时候意思好来，朕亦说你带信去好。但今改着改着，比先变了，如今无有别的旨意，只将原下与艾若瑟的旨意照旧一字不差直带与教化王。教化王若有奏朕的本来直奏。朕知其中是非，非尔等所私意定者。再，德理格带去的信，着纪理安等亦写一样信带去，两处一样好。钦此。即传与众西洋人讫。

十月二十九日将四十五年五月二十二日下与多罗的旨意一件，四十五年六月二十四日与阎珰方舟的旨意一件，再三月十七日为西洋人孟由义等九人求票下的旨意一件抄录。和素、赵昌、王道化、张常住、李国屏、佟毓秀呈奏。奉旨：朕无别的旨意，只照依先下与多罗的旨意，朕谕并无别事，尔只告诉教化王说，中国遵行孔子之道二千余年，自利玛窦以来将近二百年，朕治国五十余年，尔西洋人并无过失，安静居住。如尔西洋人所行，若有一处与孔子之道相远，西洋人难以在中国居住。即将此旨意交与众西洋人。尔等再传旨意与众西洋人，尔西洋人彼此较论是非，在尔等看着甚大，朕看来最小之事。近来看尔众西洋人之事因耶稣会的人来中国年久，凡事遵规矩，是以得体面。至于后来别会之西洋人，俱附耶稣会之人行教，今日久因循，别会各国之人意欲将耶稣会之人压倒，以图自立。其会再闻得有自西洋来中国之人波尔拖噶尔国不令到皋门，擅自将人拦回去，或者亦有之。此等事总督巡抚因不知不曾奏闻，朕亦不知。此等事是拦回去人之不是，与中国无干。自今以后，凡朕有所下之旨意直发与教化王去。教化王有所奏之本来直奏。朕知其中是非，非尔等所私意定者。钦此。

本月三十日，上问：和素、赵昌、王道化、张常住、李国屏、佟毓秀西洋人所翻之信怎么样了。钦此。遂奏他们尚未翻完，俟完时再奏。奉旨：知道了。再传与众西洋人，有各所司的官差要紧，不可因此事有误官差。钦此。即传与纪理安、杜德美、白晋、苏霖、德理玛、马国贤等众西洋人讫。

十一月初二日，西洋人德理格；马国贤启奏片子一个，寄教化王书底子一个，和素、赵昌、王道化、张常住、李国屏、佟毓秀呈奏。奉旨：尔等与西洋人下旨意，他们的折子朕俱来看，朕无两样旨意，只照原先所下旨意就是，今如此两样，使不得。据西洋人看着此事甚大，朕看此事甚小，尔等可将众西洋人一个不可遗漏，若有说去不得的，即拉了去俱带到天主堂。着西洋人将寄教化王的书，必定合而为一才是。再传旨与众西洋人，朕光天化日之下，无所不容，各国之人来中国，朕俱一样恩待，是以尔西洋人来中国者，朕俱一体恩养，设有中国人到西洋去，尔天主教着尽遵孔子之道，尔西洋人不但不能容留养育，必至饥寒冻馁。钦此。

十一月初三日，西洋人德理格、纪理安等寄教化王之信合而为一，共成一折。和素、赵昌、王道化、张常住、李国屏、佟毓秀呈奏。奉旨：所写之信，文义不通，其中重复者甚多。朕少改抹了几字，尔等着他们翻西洋字。钦此。遂奏称翻写完了，交与理番院，送与鄂尔素人带去罢，请旨。奉旨：将西洋人带至天主堂，令写完对明，尔等看着封了，亲交理番院，送交鄂尔素人带去。钦此。

照止此完了。养心殿武英殿抄照总管一写完了，吴多默即看明对抄，陈伯多录对同，一字无误。

康熙五十三年十一月初四写录，按西洋年月是天主降生一千七百十四年十二月初十日在北京皇城内西堂。

此稿系藏在罗马传信部档案处：东方档案，1714年第12卷内

三

康熙五十九年正月初一日，御前太监陈福传旨：今日新年元旦，德理格不来行礼，甚是可恶。西洋人系尔等所管，似此无礼之人，即宜处分惩治，可差人将德理格叫来，他若推托迟滞，即锁拿来。钦此。本日即将德理格绑手拿来。

初二日，御前太监陈福传旨：德理格不知规矩狂悖无礼，殊属可恶。朕所以不论年节好日，着令拿来，看此光景，比年来必仍似从前，妄带书信。朕待西洋人从来宽容，以示柔至意。今德理格任意虚妄，乱带书信至于怀尔西洋人等之事，外人不知，妄信德理格为有体面，此时德理格体面何在？尔等西洋人俱听信人尔教中代书写字下贱之人，彼此调弄是非，以致不和，嗣后如有事出此等人，自难免于重罪。再西洋人自利玛窦人中国以来二百余年，并未有将西洋人正法。殊不知中国法度森严，其有蔑礼狂悖者，法不在赦，即如多罗来中国惑乱众人，争论是非，即应正法。朕因多罗系教化王使臣，所以宽宥。尔德理格系投来之人，非使臣可比。若再无理犯法，一定正法，并著为例，以照中国法度。钦此。

此文存于罗马传信部档案处：Snn01721，182 页

第五
白晋与傅圣泽之学《易》

清初西士来华，很努力研究中国典籍，白晋（Joachim Bouvet）与傅圣泽（Jean-François Foucquet）之学《易》，便是一好的证例。巴黎国立图书馆内，Fond Français 17249，有白晋致哲人莱布尼兹（Leibniz）之信，系1701年11月4日，共27页，完全讨论《易经》，认此书是一部数理哲学。继后余在罗马华谛冈图书馆内，见到西士研究《易经》华文抄本14种，今以次序，列如次[①]：《易考》、《易稿》、《易引原稿》、《易经一》、《易学外篇》、《总论布列类洛书等方图法》、《据古经考天象不均齐》、《天象不均齐考古经籍解》、《大易原义内篇》、《易钥》、《释先天未变》、《易经总说稿》、《太极略说》等。惜当时以时间与经济所制，未能择要辑录。

今所刊印之十种文献，藏于华谛冈图书馆内：Borg Cin. 39。从这些琐碎记载内，看出康熙嗜学，在当时儒林内，白晋实占一重要位置，所以康熙论到嘉乐使命时说："惟白晋一人稍知中国书义。"

四月初九日李玉传旨与张常住：据白晋奏说，江西有一个西洋人

[①] 此处只列13种，原文如此。——校者注

曾读过中国的书，可以帮得我，尔传与众西洋人，着带信去将此人叫来，再白晋画图用汉字的地方，着王道化帮着他料理，遂得几张，连图着和素报上带去，如白晋或要钦天监的人或用那里的人，俱着王道化传给。钦此。

臣傅圣泽在江西叩聆圣旨。命臣进京相助臣白晋同草《易经》稿。臣自愧浅陋，感激无尽，因前病甚弱，不能陆路起程。抚院钦旨，即备船只，诸方供应，如陆路速行，于六月二十三日抵京，臣心即欲趋赴行宫，恭请皇上万安，奈受暑气不得如愿，惟仰赖皇上洪福，望不日臣躯复旧，同臣白晋竭尽微力，草《易经》稿数篇，候圣驾回京，恭呈御览。

七月初五日上问白晋所释《易经》如何了。钦此。王道化回奏，今现在解笔法统宗之攒九图聚六图等因具奏。上谕：朕这几月不曾讲《易经》，无有闲着，因查律吕根原，今将黄钟等阴阳十二律之尺寸积数，整音半音，三分损益之理，俱已了然全明，即如箫笛、琵琶、弦子等类，虽是顽戏之小器，即损益之理，查其根原，亦无不本于黄钟而出。白晋释《易经》，必将诸书俱看，方可以考验，若以为不同道，则不看，自出己意敷衍，恐正书不能完。即如邵康节，乃深明易理者，其即有占验，乃门人所记，非康节本旨。若不即其数之精微，以考查，则无所倚，何以为凭据？尔可对白晋说，必将古书细心校阅，不可因其不同道则不看。所释之书，何时能完，必当完了才是。钦此。

初六日奉旨问白晋：尔所学《易经》如何了？钦此。臣蒙旨问及，但臣系外国愚儒，不通中国文义，凡中国文章，理微深奥，难以洞彻，况《易经》又系中国书内更为深奥者。臣等来中国，因不通中国言语，学习汉字文义，欲知中国言语之意，今蒙圣上问及所学《易经》如何了，臣等愚昧无知，倘圣恩不弃鄙陋，假半月，容臣白晋同傅圣泽细加考究。倘有所得，再呈御览，求圣恩教导，谨此奏闻。臣白晋前进呈御览，《易学》总旨，即《易经》之内意与天教大有相同，故臣前奉旨初作《易经》稿内，有与天教相关之语。后臣傅圣泽一至，即与臣同修前稿，又增几端，臣等会长知，五月内有旨意令在京众西洋人，同敬谨商议《易》稿所引之经书，因寄字与臣二人云："尔等所备御览书内，凡有关天教处未进呈之先，当请旨，求皇上谕允其先察详悉。"臣二人日久曾专究《易》等书奥意，与西士秘学古传相考，故将己所见，以作《易》稿，无不合于天教，然不得不遵会长命，俯伏祈请圣旨字奉王老爷，弟所作日躔，共二十节，前十七节已经台览，尚有三节存于相公处，还求昭监，论日躔之工，不过数月当完，因弟多病，竟迟至一年，抚心甚愧。

兹启者：白虽头痛，犹有止时，今岁以来，痛竟不止，若见风日，骑马走路，必复增重，倘再勉强，恐至不起，故虽敝教斋规，亦竟不能守也，若得月余静养，此身少健，自能究心月离矣。但此系旨意，老爷代为周旋，弟自铭感五内耳，余情不悉。接来字，始知先生患头病，本欲亲来奉候，因公务所羁，不能如愿，徒怀怅歉耳。特走字专候近祉，伏冀鉴照。更渎者，来字内云，必得月余静养等语，弟思凡人有病，因自己不能主张，是以有病焉，有未痊之前，预立其期乎。

先生不远九万里而来，原欲发明素学以彰教义，今幸上问及所学，则献策有门，先生当将素蕴之秘旨，竭力以献，方不负素所欲也。今若以小恙为隔，岂不虚所抱负乎。弟相劝先生倘稍愈时，即赴畅春园以备顾问，方不虚其所学也。

日躔三节，俱已看完，令人抄可也，将未览过之书，可俱交白先生处贮，恐上问及，以便呈览，多不有录傅先生案公王道化具捧读华翰，知老爷情意殊深，自不禁感谢之交至也。弟前言静养月余者，不过约略言之耳。据弟之病，虚弱已极，正恐月余尚难愈，意或竟至终身欤。但死生有命，原非人之所敢必者，若论病之痛苦，必受其痛者自知之。弟航海而来，不避万难，倘可勉强，岂敢自怠，若因小恙而偷安，不几与远来之意，自相左乎。

望老爷体柔远之意，知弟之艰，则感恩不尽矣。谨以未呈览之书带去，倘有总进此书之日，祈与弟一信，弟扶病至畅春园伺候可也。

臣傅圣泽系外国迂儒，不通中国文义，蒙我皇上洪恩，命臣纂修历法之根，去岁带至热河，躬亲教导，实开茅塞，日躔已完，今岁若再随驾，必大获益。奈自去口外之后，病体愈弱，前病复发，其头晕头痛，迷若不知，即无精力，去岁犹有止时，今春更甚，几无宁息，不可以见风日，若再至口外，恐病体难堪折，且误事，惟仰赖我皇上洪恩，留臣在京，静养病躯。臣尝试过，在京则病发之时少而轻，离京则病发之时多而且重，今求在京，望渐得愈再尽微力，即速作历法之书，可以速完，草成月离，候驾回京，恭呈御览，再求皇上教导。谨此奏闻。康熙五十二年四月

五十五年闰三月初二日：为纪理安、苏霖、巴多明、杜德美、杨秉义、孔禄食、夏大成、穆敬远、汤尚吴面奏折，上将原奏折交与纪理安等谕：赵昌、王道化、张常住、李国屏、佟毓秀、伊都立，尔等共同传与白晋、纪理安等，所奏甚是，白晋他作的《易经》，作亦可，不作亦可，他若要作，着他自己作，不必用一个别人，亦不必忙，俟他作全完时再奏闻。钦此。

第六
雍正与本笃第十三

雍正三年（1725年），罗马教皇本笃第十三（Benoit Ⅷ，1724—1730）遣使来华。是为第三次教廷使节，惜汉文资料甚少，中西文专著中，亦未提及。余在罗马传信部档案中，发现今所刊印之资料，心窃为喜，此后治清初中西交通或中外交涉史者，将有所依据。

根据资料中所论事实，复据所注明之时代，顺序排列。自第一项至第六项存于1726年东方文献内（第544页、403页、258页），自第七项至第八项存于1727与1728年东方文献内（第48页），自第九项至第十项存于1731年东方文献内（第167页）。

此次教皇本笃（即文献中伯纳弟多）使臣之目的，借雍正即位之初，改善西士在华不利之局势，收效甚微。德礼贤论到礼节问题时，也说："教士们都分作两派，彼此都竭力争持着，而且完全自信地，热烈地，不屈不挠地，和有些近乎固执地争持着，他们又不是完全没有党见的，而且还有情感用事……"（见德氏所著《中国天主教传教史》，第80页）

第一件所言两广总督系孔毓珣，由郭中传（Perroni）口授，华人陈若望执笔。噶哒都西①名为Gottardum，易德丰为Ideifonsum，两人皆为修士。至纪有纲②与毕天祥，因缺少 *Louis Pjister*：*Notices Biographiques et Bzbliogra phiques sur les mission de l'ancienne de Chine*，无法做详细介绍，留诸异日，深引为憾。

一

具呈西洋修士郭中传，呈为报明贺献事。窃因西洋罗马③国都教化皇仰慕圣朝德化，四海沾恩，凡西洋修士，俱荷覆帱之中。前闻皇上新登宝位，特遣噶哒都、易德丰二臣，奉书赍送西洋方物，航海数万里远来，欲进京诣阙贺献。今者始得舶至广省，理合具呈报明，伏乞大老爷电鉴，验明具题，令其入京。又现有送上之物几箱，俱在洋舡，恳乞大老爷俯准，许其来城，则感戴鸿恩，永不朽矣。上呈总督部院大老爷台下。

二

两广总督部院带理广东巡抚事，为远彝航海入贡，据情题达事：该臣看得西洋远隔海外，计程数万里，今教化王伯纳弟多恭闻皇上御极，遣使噶哒都、易德丰赍表入贡，恳请题达前来。臣查教化王原不在常贡之列，但水陆共计十个月，始到广东入口，不惮艰险，舣航入贡。据称教化王住在罗马府地方，陆路行三个半月抵英吉利，水陆可行六个半月，共计十个月始到广东入口。仰见皇上仁德远播，所以远人慕义向风，不惮水陆艰险，舣航入贡。臣随传（到）噶哒都、易德

---

① 原文有"噶哒都""葛达都"两种译名，将其统一为"噶哒都"。——编者注
② 纪有纲，文中出现"纪有纲""计有纲"两种译名，因无从考证，照本文所附之方案《关于毕天祥与纪有纲》一文，一概统一作"纪有纲"。——编者注
③ 原文有"罗玛""罗马"两种译名，将其统一为"罗马"。——编者注

丰面询，许以请旨定夺。据噶哒都等又称，奉伊教化王所差急欲聘天仰圣，若请旨往返，复得数月，坚恳一面启奏，一面即令启程。臣见远人向慕之诚，如此挚切，不便拂其所请，即给以口粮填用，勘合委员伴送，于本年七月十一日，起程赴京，听其诣阙进表，恭献方物，以速遂远人归化之意，昭示圣朝一统然无外之模。除将贡物造册送部外，臣谨具题旨意该部知道。

三

西洋人噶哒都、易德丰谨启：王爷恳请转达皇上，教化王所遣噶哒都、易德丰赍进中国大皇帝字西洋方物，二人即传候中国皇上，于今九月十七日已到。谨启。

四

教化王伯纳弟多恭请中国大皇帝安。窃惟无始无终全能造物之天主，照临下土，眷顾四方，遂使苦乐悲欢并发于一时，盖因先帝大行之哀诏，忽尔惊传，中心痛切之至，乃大皇帝御极之喜音，同日恭闻，又欢乐无限，此诚在天之主预为调剂以慰此苦也。

伏思先帝以至公无私之恩德，赏善罚恶，俾率土臣民，久安长治，俟制作具，然后大行随以万民悦服之，圣躬丕承鸿业，庶几所得之喜，意倍于所失之苦焉。若不如是，何以解之先帝之恩逾于父母，即据西洋修道诸人而论，其多年抚养，言难尽述，区区远国，适当莅政之初，追继往事，满望将来教恩广益，倘或其时唯知先帝力行不获，即闻大皇帝践祚之喜，万难解此刺心之忧苦，可知明天之上唯一主宰，多方眷顾，不令人久怀郁郁也。由此心以观，仰见大皇帝盛德上智，统驭广大之幅员，从今瞻望之心，比前更切，故敢竭未尽之诚，献兹微悃，约有三端：一为表先帝大行，虽属僻远之君，而恸悲靡极，更遥忆大皇帝大孝大哀，必然身受难言之惨痛；一为表大皇帝即位临民享玉帛冠裳之朝会，居豪华富丽之名都，特申贺敬；一为表教化王之位，本来不愿缵承，乃勉徇众请耳，渎陈此意，想睿照之下未有不乐闻教。三端之外，恻闻御极后，即宽释一西洋人，其余者俱许专务修道，不容行无益之事，似此仁爱有加，令人愈深企仰也。

先教化王之使臣加乐，蒙先皇帝给以宝物，倘获拜登必什袭珍藏，以征旷典，奈因海舶被焚，徒深浩叹。然所失之宝，已珍藏心内，永存而不忘也。今特将些微土物，附陈数语，用达远怀。每思竭力图报，惟以仰合大皇帝（获）之欢心，而无可适从，所望大恩广被，凡西洋修道之人在中国者，俱邀庇护，此诚无可报效之恩施，惟有恒求无声无臭生物生人之天主眷顾［圣］躬，常享太平之福，使域中臣庶，共凛国威，不忘人物之本原籍焉，万善之根基，不胜幸甚。

天主降生一千七百二十四年十月初六日

五

教化王伯纳弟多恭请中国新皇帝安。窃思在天之主，降特达之聪明，成新皇帝之功用，所具者非常之德，所秉者广大之权，享太平巩固之鸿图，乐国富民安之原福，宜乎称颂尊威，赞扬美善，遍及西洋诸国也。仰自御极以来，公义覃敷，仁慈普被，钦兹二德，照著万方，迄今薄海内外，共乐升平，皆由无限之新思所致。且即如德理格脱离牢之苦难，见兹宽典。满望传教之人，必能广扬天主，鼓舞作新，仰承德化，故惟有实心实意，引领颂谢而已。尚有一事冒渎，向闻西洋人毕天祥、纪有纲监禁于广州府内，悯此二人可怜，久禁未宽。俯恳新皇帝特颁公义仁慈之命，亦如赦免德理格之恩，俾其早脱系刑，同沾仁泽，虽报效无由，而朝暮焚祝。祈求天地神人万物之主，时垂宠佑于国家，仰见一人有庆，万福无疆，此区区之本愿也。伏祈睿断施行。

六

教化王伯纳弟多恭请中国大皇帝安。窃思自古历代帝王，皆用公义仁慈二德，享受永远太平之福。今见大皇帝初登大位，二德即发光辉普照，我国闻知，众心喜悦很慰，我心因大皇帝掌万国之权，随发恩旨，释德理格，脱离灾难，照旧容其效力，我心很乐，感恩不尽。还望大皇帝照顾天主圣教，再求大皇帝公义仁慈，如放德理格之恩，再先皇帝时禁在广州府毕天祥、纪有纲，得沾此恩，感谢不尽，虽无以报答，惟求造化王主宰保护。大皇帝万寿无疆，率土人民乐享永福于世世。

七

礼部为遵旨事：雍正四年六月初五日内阁交出，给赐西洋教王，敕谕意达理亚国教王：览王奏请援释放德理格之例，将广东监禁毕天祥、纪有纲一体施恩释放等语。查德理格于康熙五十九年，因传信不实，又妄引陈奏，我圣祖仁皇帝，念系外国之人，从宽禁锢。及朕及（即）位后，颁降恩诏，凡情罪可原者，悉与赦免，开以自新。德理格所犯与赦款相符，故得省释。彼时广东大吏未曾以毕天祥、纪有纲之案入于大赦册内，具题上闻。今据王奏请，朕查二人所犯，非在不宥之条，即王不行陈奏，朕亦必察出施恩。今特降旨与广东大吏，将毕天祥、纪有纲释放，以示朕中外一体，宽大矜全之至意。兹因使臣回国，再寄人参等物十六种，用展朕怀，王其收受，故兹敕谕。钦此。相应行两广总督、广东巡抚，将毕天祥、纪有纲从速释放，即行报部可也。

八

巡抚广东等处地方提督督军务兼理粮饷都察院右副都御史加九级右军功加三级，在任守制杨，（为）遵旨事：雍正四年七月十二日，准礼部咨主客请吏司案呈。雍正四年六月初五日内阁交出，给赐西洋国教王敕谕王稿，奉天承运皇帝敕谕意达理亚国教王：览王奏请援释放德理格之例，将广东监禁之毕天祥、纪有纲一体施恩释放等语。查德理格于康熙五十九年，因传信不实，又妄引陈奏，我圣祖仁皇帝，念系海外之人，从宽禁锢，及朕即位后，颁降恩诏，凡情罪可原者，悉与赦免，开以自新。德理格所犯与赦款相符，故得省释。彼时广东大吏未曾以毕天祥、纪有纲之案入于大赦册内，具题上闻。今据王奏请，朕查二人所犯，非在不宥之条，即王不行陈奏，朕亦必察出施恩。今特降旨与广东大吏，将毕天祥、纪有纲释放，以示朕中外一体，宽大矜全之至意。兹因使臣回国，再寄人参、貂皮等项，用展朕怀，王其收受，故兹敕谕。钦此。相应移咨该抚，将毕天样、纪有纲即速释放，报部可也，今咨前去遵照施行，等因到院，准此备案，仰司照案，备准咨文，钦遵，敕谕口稿事理将广东监禁之毕天祥、纪有纲从速释放，即日取具，释放日期详报，以凭咨部可也，须牌。雍正四年七月十三日。

九

广抚付题为呈请报明事：该臣看得西洋教化王伯纳弟多，恭闻皇上御极，遣使噶哒都、易德丰赍表入贡，经前署抚臣孔毓珣具疏题报，并委员伴送，赴京进献，嗣蒙圣恩，御赐敕书，特差鸿胪序班张世英伴送贡使，噶哒都、易德丰回广，于雍正三年十二月二十五日，附搭哥池国夷商耶咭呢舡回国。又经前任抚臣杨文乾，题报在案。雍正七年七月十四日，据住粤修士郭中传呈报，教化王伯纳[弟]多，承恩感激，寄付表文，交郭中传赍送，恳请进呈叩谢等情，连缴表文一匣到臣。当即檄行布政司询查，匣文系何洋舡带来，去后兹据布政司使王士俊，详询修士郭中传，回称教化王寄付匣文，系红毛头舡大班主，名斐哑加理带来，转详委员赍送，并请代为题报前来，钦惟我皇上仁恩广被圣德覃敷重泽艖航，莫不闻风向化，遐方远岛，感恩仰圣瞻天，今西洋教化王伯纳弟多蒙恩浩荡，念念不忘，感激之诚，至深且远。除将该国王寄付谢恩表文一匣，于雍正七年八月初四日，交给领解关税银两委员，南海县江浦巡检司巡检蒋大谋，敬谨赍送，前赴礼部进呈御览外，九月十五日。

十

咨署理广东巡抚印务户部右侍郎傅为知会事：雍正七年十二月十八日，准礼部咨主客清吏司案呈准仪制司付称礼科抄出西洋国教王伯纳弟多为谢赐珍珠等项，恭进表文称谢。雍正七年十一月初五日奉旨：览王奏谢知道了，该部知道。钦此。钦遵抄出到部，相应移咨该抚，转知会该国王可也。合咨前去，查照施行，等因到部堂。准此，相应咨会为此合咨贵国王烦为钦遵，查照施行。须至咨者

左咨
西洋国王
雍正七年十二月二十一日
发番禺县给西洋人郭中传转递

附：关于毕天祥与纪有纲
方豪

读本刊第十七期吾友宗临先生所撰《雍正与本笃第十三》一文，

中有涉及毕天祥与纪有纲处，兹就所知，略述一二。

天祥西名 Appiani，1663 年（康熙二年）3 月 22 日生于 Piemonte Doglirmi。1687 年 5 月 10 日在罗马入遣使会（即味增爵会，亦名拉杂里斯得派），时已任司铎，并考得博士学位。1697 年加入教务考察团，但 1699 年（康熙三十八年）10 月 14 日与天祥同抵广州者，仅穆天尺（Mullener）一人（天尺后任四川主教）。1703 年天祥居重庆，1705 年至广州，教宗特使多罗聘为译员。同年 12 月 4 日抵京，次年 8 月 28 日出京，旋即被扣留于淮安。此后辗转北京、四川，复由四川北上，又由北京南下至广州，则已 1710 年 5 月 17 日，复入狱。至 1726 年 8 月 21 日，始获开释，则已为雍正四年。计自被捕受刑至恢复自由，凡历十九年又九月。1732 年 8 月 29 日卒于广州，葬于多明我会士之茔地（或曰在澳门）。天祥之事迹甚多，不能悉记。

有纲西名为 Antoine Guignles，法国亚未农人。1703 年入巴黎外方传教会，其后数年，曾在广州任该会办事处主任。后返欧洲，1732 年脱离外方传教会，任天主教修士或司铎。其不入会或已入会而复出会籍者，往往不易考索，故于各方求之。惟 Pjister 书，仅以 16、17、18 世纪曾来中国之耶稣会士为限，天祥系遣使会司铎，有纲乃外方传教会士，自无法在其书中搜觅也。

第七
关于麦德乐使节的文献

雍正即位后，手足相残，波及胤禵。

胤禵被差往西宁后，利用西人穆经远（P. L. Mouras）与胤禩遥应，树党对立。继后胤禵禁居保定，穆经远入狱，雍正不欲外人参预内政，托辞禁教。

当时，旅华西人恐全功毁弃，想借外交方式，挽回颓势，营救穆经远。于是葡王若望第五（Jean V，1707—1750）有遣使麦德乐（Metello）来华之举。

为着根绝麦德乐之要求，在葡使未抵北京之先（雍正四年十一月），而刑部已将穆经远判决，枭首示众了（雍正四年六月）。这五种文献，每件末尾，注明出处，很可看出当时（1726年）外交上的情节了。

一

巡抚都察院杨题为远夷入贡谢恩详情据情题报事；雍正四年八月初三日，据广东布政司布政使常赍详称奉臣牌开为遵报事；雍正四年五月二十一日，据香山协禀称；雍正四年五月十七日，据左营把总李芬禀称；本月十五日，据濠镜澳西洋理事官嗟唎哆等报；据张安多报称：多于康熙六十年蒙先帝宠颁厚礼带回，西洋国王喜出望外，阖国欢欣。荷蒙恩惠，饫德难忘，故特委内员麦德乐前来恭候圣安，以表谢忱。

第张安多与奉委内员到澳，即应赴省，兼程进京，缘涉远洋巨浪狂涛，冒风劳动，身体染病，容调养稍愈即刻上道。随带七人来澳，内有二人系钦天监带领赴京伺候内庭，少效微劳，来船并非商贾贸易，乃系奉差恭候圣安，并无货物，亦无唐人搭回等情到。把总转报到职，据此随查该船于本月十三日进澳，合就通报等由到院，据此备牌，仰司即便转行，查照将西洋国内员麦德乐等，据称特委到澳，随带七人，内有二人系钦天监带领赴京，有无表方文物呈速查明，令张安多等，务速调治稍愈，如有表方文物，即刻一并赍带赴省，取其预拟起程日期详报等因。奉此，依经转行广州府确查去后，兹据该府详称，行据香山县详，据西洋理事官嗟唎哆等呈称依奉行，据张安多复称：多系康熙六十年蒙先帝宠颁厚典差回，大西洋国王感德，特差复命，并着七人陈善策、麦有年、计万全、自如玉、索智、林起凤、马犹龙，内陈善策、麦有年二人通晓天文，多同二人先进京都，伺候内庭，少效微劳。

复委内员麦德乐带有表文一道，文物三十箱，遣令入贡，恭请圣安，国王感慕皇上仁德，多等奉差叩阙，亟欲瞻天，缘安多染病，未克即赴京都，现在调摄，倘病稍愈，即将起程日期具报，其西洋差委内员麦德乐，容另文呈复。来船委系乘送差人员，并无货物等情，据此合就呈复等情到县。据此，正在缮祥间。

本年六月十五日，又据西洋理事官嗟唎哆等呈称：张安多说称敬带表文方物俱系内员麦德乐收贮，前经据报经麦德乐足患疮病，动履艰难，同来之陈善策、麦有年通晓天文，在本国同居钦天监之名，安多病愈先同赴省进京，麦德乐足患稍愈，亦即赍表文方物赴省入贡等情。据此合再呈复等情到县。据此理合转报等由到府。据此卑府以远夷入贡，不便久稽，复经行催赴省，酌期进京去后，雍正四年六月二十五日据西洋理事官嗟唎哆等呈称：据特委内员麦德乐等一经到澳，即应赴京恭候圣安,奚敢逗留稽迟。缘乐足患未痊,实难举动,未能克期进京,容俟乐足稍痊,即便起程赴京等情到府。据此当经转详在案。兹据麦德乐先遣方济各复称:麦德乐带表文方物恭候圣安,缘足患疮病,稍愈即便进京,恳请先为题报等语,连开上方物,第一号箱内装云云等因。又张安多今病痊愈,随带通晓天文陈善策、麦有年在澳,指日到省,拟于本年八月十三日起程,先行进京。麦德乐足病稍愈,拟于本年九月初旬起程进京,拟合详报等由到司。据此随该布政司布政使常赉看得西洋国王差张安多复命,并委内员麦德乐恭候圣安,奉檄行查,依经转行广州府,查明有无入贡表文方物并催令赴省,起程进京日期详报转请具题去后,兹据该府详,据香山县详称行据西洋理㖭唎哆等呈称,据张安多复称,多系康熙六十年蒙先帝宠颁厚典差回,大西洋国王感德,特差复命,并着七人陈善策、麦有年、计万全、白玉如、索智、林起凤、马犹龙,内陈善策、麦有年二人通晓天文,先进京都效劳,复委内员麦德乐带有表文一道,方物三十箱,遣令入贡,恭请圣安。来船系乘送奉差人员,并无货物等情。又称皇上仁德,国王感慕,多等奉差叩阙,亟欲瞻天,多因染病,麦德乐足患,未能克期进京,今多病愈,先同通晓天文之陈善策、麦有年赴省,拟于本年八月十三日起程进京,麦德乐足病稍愈,拟于九月初旬起程进京等情,转详到司。据此本司查西洋国王原不在常贡之例,但该国王感戴圣祖仁皇帝,深仁厚泽,无时不竭诚追思,又沐皇上怀柔普被至此向慕谆谆诚向化之隆也,相应俯循上年教化王入贡之例,预将张安多、麦德乐等分次起程日期详请题报,一面令其依限起程赴京可也等因到臣。据此该臣看得西洋国王远数万里之遥,原不在常贡之例,今遣使麦德乐赍捧表文、方物,恭候圣安,并遣张安多叩谢,康熙六十年圣祖仁皇帝宠颁厚惠,仰见天朝恩威远播,是以远人归化,极尽诚切,臣据报贡使麦德乐到澳,即檄行广东布政司转行查明赍带表文方物,并取张安多、麦德乐各起程赴京日期复节次催查去后,兹据布政使常赉详报,因张安多染病,麦德乐足患,未能克期赴省起程进京。今张安多病已痊愈，拟先带通晓天文之陈善策、麦有年于本年八月十三日起程赴京，麦德乐足患稍愈，拟于本年九月初旬，赍捧表文方物起程进京。缘由前来所当循照上年教化王遣使噶哒都、易德丰入贡之例，先行题报，依期委员伴送贡使，麦德乐赍捧表文方物，给以口粮填用，勘合委员伴送，依期起程赴京，听其入贡谢恩，以遂远人归化之盛，昭示圣朝一统无外之模。除张安多带同陈善策、麦有年，臣等捐给口粮，委员伴送，先于八月十三日起程外，臣谨会同两广总督臣孔毓珣合词具题，伏乞皇上睿鉴，敕部查照施行。臣等未敢擅便，谨会题请旨。

此件存于罗马传信部档案处："东方文件"，第 18 卷第 511 页

二

总管内务府为移咨事。内阁大学士马齐具奏迎接博尔都噶尔来使，内务府派出郎中兼佐领常保柱带领引见奉旨：着常保柱同西洋人张安多驰骋前往。钦此。

查博尔都噶尔国从前并未进贡请安，今博尔都噶尔国王感被圣化，特遣使臣，不比寻常进贡来使，臣等仰遵皇上抚恤远人谕旨行令该督抚转交该地方官，于来使麦德乐到时一应支给物件，务必丰裕，从优款待外，据西洋人张安多称，博尔都噶尔国王特为请安，使麦德乐进贡前米，所盛进贡礼物箱子三十个。麦德乐从人六十名，其麦德乐行李并从人零星行李共八十驮，若由陆路来，所需马匹甚多，且又繁剧，将伊等由水路带来等语。查康熙八年，西洋国遣官入贡，题准令正副使及从人二十二名来京，其留边人役该地方官给予食物仍加防守等语，今博尔都噶尔国王感被皇上抚恤远人圣化遣使庆贺请安，不比西洋来使，其从人如要带俱令带来，或有留粤者，令该地方官将所居房舍并一应食物从丰支给，令郎中兼佐领常保柱，西洋人张安多于

本月十六日起身，迎接来使麦德乐，回来时，令其由水路带来等因。于雍正四年十一月具奏。奉旨：依议。钦此。钦遵贵部移咨直隶、山东、江南、江西、广东五省督抚，博尔都噶尔国来使到时，令其将一应支给食用等物，务必丰裕，从优款待，为此合咨前去查照施行。须至咨者。雍正四年十一月十三日。

华谛冈图书馆 Borg Cin. 516

三

麦德乐来使所带表文一道，方物三十箱。

第一号箱内装：缧丝镶珊瑚花箱一个，内装大珊瑚珠一串，宝石素珠一串，珈石玲瓶一个，金珐琅鼻烟盒一个，金镶蜜蜡珈石玲玛瑙蓝石云母鼻烟盒六个，又奇样银镀金镀云母玳瑁鼻烟盒四个

第二号箱内装：水晶箱一个，内装各品药露五十四个小玻璃瓶

第三号箱内装：金丝缎、金丝金花缎共三匹

第四号箱内装：洋缎三匹

第五号箱内装：大红羽毛缎二匹

第六号箱内装：大红哆罗呢二匹

第七号箱内装：武器一具，刀一把，剑二把

第八号箱内装：火器一具，火长枪一口，手枪二把

第九号箱内装：鼻烟六瓶

第十号箱内装：鼻烟六瓶

第十一号箱内装：古巴依瓦油、巴尔撒木油六瓶

第十二号箱内装：古巴依瓦油、巴尔撒木油六瓶

第十三号箱内装：各品衣香六瓶

第十四号箱内装：各品衣香六瓶

第十五号箱内装：巴斯第理六瓶

第十六号箱内装：巴斯第理六瓶

第十七、十八、十九、二十号箱内装：红、黄、白露葡萄酒共四十八瓶

第二十一、二十二号箱内装：咖石珑二大块，珐琅料十四块

第二十三、二十四号箱内装：乌木镶青石桌面二张

第二十五、二十六号箱内装：乌木镶黄石桌面二张

第二十七、二十八号箱内装：乌木镶各色石花条棹二张

第二十九、三十号箱内装：织成各种故事远视画九大幅

以上大小各箱俱用绿天鹅绒……

华谛冈图书馆 Borg Cin. 516

四

部议西洋博尔都噶尔国王若望差使麦德乐具表进上方物来京相应赏赐该国王：

大蟒缎六匹

妆缎六匹

倭缎六匹

片金四匹

闪缎八匹

蓝花缎八匹

青花缎八匹

蓝素缎八匹

帽缎八匹

衣素缎八匹

绫子二十二匹

纺丝二十二匹

罗二十三匹

绢七匹

共一百四十四匹。内阁将赏赐缎匹数目撰敕交付来使带回，其来使麦德乐赏：

大蟒缎一匹

妆缎二匹

倭缎二匹

帽缎一匹

蓝花缎三匹

青花缎三匹

蓝素缎三匹

绫子六匹

纺丝六匹

绢三匹

共三十匹，银一百两。护贡官十员赏：

倭缎各一匹

蓝花缎各三匹

青花缎各二匹

蓝素缎各二匹

绫子各二匹

  纺丝各三匹

  紬各一匹

  绢各一匹

共各十五匹，银各五十两。从人三十五名赏：

  紬各三匹

  纺丝各三匹

  绢各二匹

共各八匹，银各二十两。因于雍正五年四月二十五日题本月二十日奉旨：依议。

华谛冈图书馆 Borg Cin. 516

五

麦德乐使臣返回时清廷所赠礼物

  第一箱内盛：霁红瓷盘四件、青花白地瓷碗八件、五彩瓷盘十二件、瓷壶三件

  第二箱内盛：荔枝酒二瓶、六安茶四罐、武彝茶四罐

  第三箱内盛：普洱茶八团、哈密瓜干香瓜干一匣、茶糕松糕四匣

  第四箱内盛：墨六匣、洋漆柿子盒一对、洋漆盖碗四件、红漆皮碗四件、香色漆皮盘六件、各样扇二匣

  第五箱内盛：洋漆检妆一对

  第六箱内盛：白露纸十张、五色笺纸十张、高丽纸二十张、

洒金五色字绢十张、画绢十张

第七箱内盛：百花缎二匹、线缎二匹、新花样缎二匹

华谛冈图书馆 Borg Cin. 516

第八

苏努补志

　　罗马传信部档案处东方文献内，藏有关于苏努三件奏折抄稿。苏努系贝勒，笃信天主教，康熙末，与胤禩、胤禟善，颇有声势。

　　雍正四年正月，上谕诸王大臣曰："廉亲王胤禩希冀非望，狂悖已极，情罪重大，宜削籍离宗，革去黄带子，其党胤禟、苏努、吴尔吉结党构逆，靡恶不为，亦将黄带子革去。并令宗人府将胤禩等名字除去。"三月，改胤禩名为"阿其那"，意为狗。骨肉嫌猜，酿成巨大党案，除允禵、允禩、允禟等外，尚涉及苏努、阿灵阿、鄂伦岱、七十黑寿、勒什亨、鲁宾、保泰、雅尔江阿等，虽未演成如英国两玫瑰之战，然残酷程度，真是相去不远。

　　当时来华西士，固多有德之人，然亦有干预内政，结党为朋，穆经远则是一例证。《清室外纪》中说："……诸兄弟之阴谋，仍如前日，而天主教士，亦因此损其名誉。盖诸王之谋逆者，多与教士友善，其中且有已受洗礼者。雍正元年，外省上一封奏，言禁耶教事，下礼部议奏。及礼部复奏，言外国教士应一律驱逐，国中教堂，均应焚毁。于是各教士皆避往广州澳门。而国中教堂三百余所，均毁坏无遗。帝所以允此奏折者，因当时耶稣教士颇牵涉诸王之事。"（第三章）

关于苏努事件，陈垣先生有《雍乾间奉天主教之宗室》（刊于《辅仁大学学志》，三集二号）；西文中巴多明 Parrenin 写了不少信件，刊于 Lettres Edifiantes 内，故从略。

一

雍正五年三月初一日，召入大学士等，交出议将苏努之子苏尔金正法一本。奉旨：诸王大臣等议奏此事，甚属草率，据舍穆德奏称：苏尔金、库尔陈有我们遵行此教已久，虽死断不改除此教之语。应时派出诸王大臣，前往面加询问，若苏尔金、库尔陈闻朕降旨，尚称虽死断不改除，则应将苏尔金、库尔陈于彼即行正法；倘有平日断不改除之言，今奉旨询问，伊等情愿改除，则又当一论。伊等所犯死罪甚多，朕俱已开恩宽宥，不必因其平时一言狂妄将伊等正法，此本着发回，另议具奏。

二

雍正五年三月初五日，刑部等为滥遵邪教事：该臣等议得苏努之子苏尔金等滥遵邪教一案，据建威将军舍穆德等疏称：苏努之第三子苏尔金，第十一子库尔陈亦作成，带领伊等子弟随天主教内，不遵法度，肆行无忌。臣等严禁苏努之子孙，将此邪教永行改除。据苏尔金、库尔成口称：我们遵行此教已久，虽死断不敢除此教等语。臣等窃思，苏努之子孙俱系大罪之人，理应感戴圣恩，安分而行，反入邪教，任意肆行无忌，大干法纪。苏尔金、库尔成口称虽死断不改除天主之教等语，殊属可恶，大逆之情显著，断不可容于世。今臣等伏乞将随天主教为首苏尔金、库尔成即行正法，以为众人之戒。再所有随天主教苏努之子勒钦、孙勒泰、勒身、伊昌、阿鲁、伯和、伍伯和、勒尔成、图尔泰、舒尔泰等，俱各锁口牢固，圈禁公所。其未入教苏努之子孙等，照常交与该旗，不时巡察，令其在兵丁数内当差。此内仍有不改滥行者，臣等另行奏闻，等因具题前来。查律内凡左道乱正之术，煽惑人民，为首者绞监候，为从者发边卫充军等语。但苏努之子孙，系获重罪，俱应即行正法之人，蒙皇上如天好生，不忍即加诛戮，特沛弘恩，将苏尔金交与右卫将军，入于兵丁数内，当差行走。苏尔金等理应感戴天恩，洗涤肺肠，安分守法，乃敢仍遵邪教，全无顾忌，经该将军舍穆德等严禁；而苏尔金等口称虽死断不改除此教，此等立心悖逆之人，断难姑留于世，应如该将军所请，将入天主教为首之苏尔金、库尔成均拟斩，交与该将军即行正法。其随入天主教之勒钦、勒泰、勒身、伊昌、阿鲁、伯和、伍伯和、勒尔成、图尔泰、舒尔泰均系逆党苏努之子孙，乃敢相率入于邪教，不应照寻常左道乱正，为从律治罪，应照为首律俱拟绞监候，秋后处决。其未入天主教苏努之子孙，应令该将军照常交与该旗，入在兵丁数内，当差行走，仍严行管约。倘有仍不悔罪改过，咨〔恣〕意妄行者，该将军指名参可也。

三

雍正五年五月十一日，满汉文武大臣等合词公奏，苏努悖逆妄乱，其子俱应照叛逆律正法等语，奉旨召诸五大臣入见，谕曰："苏努虽已削籍离宗，原系宗室之人，今尔等合词，请将伊之子孙，照叛例治罪，是其子孙俱应即行正法，此事甚有关系，尔等具本之时，随众列名，或不独抒己见，今朕将命尔等入见，而加询问，天地祖宗照察于上，尔等众人或有一人意见，或心中以为尚有可宥之处，尚有可宽之人，可即于此时，据实而奏。诸臣奏请而朕降旨，其办理之是非当君臣共之。倘有不应诛戮之人加以诛戮，使朕有用刑不当之名，实尔诸臣之咎，是以再加面询，若诸臣心有所见，藏匿于中而不据实陈奏，将来必受苏努之祸，即已身幸免，其子孙受祸，亦必与苏努之子孙同，尔等思之慎之。"诸五大臣等佥云：苏努罪大恶极，天下共知，今又查出圣祖皇帝朱批奏折，苏努竟敢于御笔之旁，狂书涂抹，实从古未闻未见之事，臣等将伊子孙照叛逆治罪，实为至当。

上又问满都护、查弼纳云："尔二人之意以为如何？"满都护、查弼纳俱称："应照叛逆治罪。"

上谕曰：看满都护今日光景，是出实心，至于查弼纳欲将苏努之子孙尽行正法，其心较人更为迫切，众人所执者国法，而查弼纳所怀者私心也。盖查弼纳与苏努既固结于先，唯恐连累于后，不若将伊子孙速行剪灭，永除己身将来之祸患，此情事之必然者也。即此可见结党之人，至于事败之后，其同党即自相攻击，小人情状，古今一辙也。

常观自古以来，乱臣贼子顷刻灭亡者无论矣，如王莽、曹操侥幸成事，而受千古之骂名，其依附莽、操之人，实为千古所不齿，即本人之子孙皆逃忌而不认其祖父。现今秦道然实系秦桧之后裔，众所共知，伊则回护支吾，不以为祖，此即恶人之报，昭昭不爽，甚于国法者也。大凡要结党羽之人，平时未必得其相助之力，及至有事，反多一筹操戈下石之流，则小人结党，岂不无益而有大害乎？而趋附匪党之人，平时亦未必得其援引之力，及一有事，岂能免于牵连，即幸而避于法网，而忧虑畏惧，惭赧终身，岂不可耻之甚乎？

满都护、查弼纳于苏努结交之处，前后情形如此，尔等诸臣皆深知目睹，切当以为戒，诸王大臣参奏之本，着交与三法司定拟具奏。钦此。

第九
乾隆十八年葡使来华纪实

一、小引

罗马传信部档案处，在1755年与1756年卷宗内（第220页），藏有葡王若瑟一世（Josepht，1750—1757年在位）专使来华纪实，白字很多，如"待"讹为"代"，"坐"讹为"座"，"排"讹为"徘"，语句又多不通顺，常有脱漏。是项资料，必为旅华西士信件之译稿，余曾遍觅原文未得，只好留诸异日。

清初葡萄牙遣使来华共三次：康熙九年（1670年）葡王亚尔丰斯第六（Ahlponse Ⅵ）遣萨尔达尼（Manoel de Saldagna）；其次雍正四年（1726年），葡王若望第五（Jean Ⅴ）遣使麦德乐（参看拙作《关于麦德乐使节的文献》）；第三次为乾隆十八年（1753年）葡王若瑟第一遣巴石喀（Don Françis Xaviel Assig Pachecoy Sampayo）来华致敬。

这次葡使来华，重在通商，当时葡王举本巴尔（Manquis de Pombat，1699—1782）为相，力求葡国复兴，一方面脱离英国的控制，另一方面斩绝耶稣会的羁绊。因而在1757年葡国驱逐耶稣会修士，1759年致书英政府，有"吾人以巨额现金奉英王以养五万多之工人……"之语[①]。萧一山先生亦言："乾隆十八年，葡人又派大使，而清廷胥以为属国朝贡之礼，固不愿与议通商之问题也。"（见《清代通史》卷中，第790页）

原稿字迹草率，无题目，因而名之为《乾隆十八年葡使来华纪实》。

二、原文

伯尔都亚钦差到了澳门，就差了两个人，二十七天到北京，送书给钦天监正堂刘老爷——圣名奥思定，官名松龄，热尔玛尼亚人——他看了伯尔都亚皇太后的书，托他办这件钦差的事。他就去见九门提督舒大人。舒大人很喜欢，就作了折子，发到口外打围之处，启奏万岁，万岁也就很喜欢，就下旨命舒大人差官同刘老爷，骑骥马去广东接钦差大人进京。

过后不久，万岁差了飞报，十三天到广东下旨给总督巡抚，命他们好好待西洋大人，命在广东替万岁筵宴他们。在这个空儿，广东总督巡抚的折子来了，也启奏了西洋钦差的事。他们的折子虽然来的迟，万岁没有怪他们的不是，但他们很恼西洋大人，因为差了人到京先启奏了皇上，他们后启奏了，这是一件他们恼的不喜欢的事情。后来巡抚要看伯尔都亚王的礼单，西洋大人没有给他，这又是一件他们恼的不喜欢的。所以后来依旨筵宴他的时候，巡抚将兵部的关老爷让在首席，刘老爷二席，西洋大人下席，巡抚说他们知道什么！刘老爷不肯坐二席，将二席让给西洋大人，对大人说：这筵席万岁设的为你，巡抚将你到安下席，如何使得！钦差答应说：我为天主来，为天主忍耐。刘老爷说：你忍耐，但怕后来西洋知道，怪我不会办事，办事办得不好。钦差又说：我回去不讲这个事，没有人怪你，你放心。刘老爷又说：既然你要这样，罢了，你坐我的位，我坐你的位，这样钦差便坐

---

① 见 Ch. Seignobos, *Histore de la Civilisation Contemporaine*. Cha, Ⅲ。

了第二位。

到了京里的时候，刘老爷将这件事告诉了舒大人，舒大人说他们错了。又说放心，后来回去那里，他们不是这样，必定好好待你们。看起来舒大人必定写了字怪他们的不是。

钦差从广东起身进京，一路地方官都接送，送下程，请酒，酒席中唱戏，看各样玩耍，各样技艺。到了张家湾，离京五十里，万岁差了官接他，四堂的西洋人都去接他，九门提督差兵收拾路，给排对子护送进京，他的公馆很大很好的，礼部给他预备的。

三月二十八日进了京，万岁下旨，命他四月初二日进朝，万岁登殿见他，又下旨命他初五日到南城接驾；因为万岁初五日在南城天坛祭天，从南城外回圆明园花园去，教他接驾，为看他带的兵丁家人，又下旨叫钦差初九日到圆明园赴御宴。这一日钦差的家人兵丁共六十人，排作队伍到圆明园，进了万岁他带来的本国王的礼物，共有四十八抬。礼品是这些金丝缎、银丝缎、银器、自来火、大鸟枪、小鸟枪、各样香料、各样葡萄酒、各样葡萄烧的蒸的香露、各样药料油、宝剑、宝石、各样鼻烟盒、玻璃器皿等物，大概共值二十万上下价值。

初九日圆明园筵宴，万岁在上，众王公六部的大人，七八位西洋人在下，陪他吃着筵宴，看戏之后，看各样的玩耍技艺，后来坐小船游河，看花园，两岸上都是玩耍戏法儿的。后来富公爷①带钦差去看西洋房子，很美很好的，照罗马样子盖的。内里的陈设，都是西洋来的，或照西洋样子作的。富公爷问钦差西洋见过没有，他说有好些没有见过，因为内里东西很多，都是头等的。然后富公爷奉旨，也请了钦差到他的花园，排酒唱戏，下晚回了他的公馆。

第二天，万岁差人送了伯尔都亚王的礼物，有数十抬。赏了钦差，余外也赏了他的兵丁家人，每人一个元宝，几匹缎子绸子，赏了刘老爷四十个元宝，亮蓝顶戴，又赏了富老爷暗白顶戴。到二十四日，

---

① 即傅恒。——编者注

万岁又亲自筵宴钦差，如前一样，亲手给钦差一个玉如意，又送了伯尔都亚王好些礼物，后来舒大人请了旨，也请了钦差，也回了礼物，富公爷也回了礼。这时候，钦差就辞了万岁，请旨要回广东，旨意准了，定了二十九日起身。二十七日下晚，万岁下了旨意，留钦差过端午，看斗龙舟，看抬歌会。前者没有留，因为天旱没有雨，万岁心中不大喜欢。二十六日下了雨，因喜欢，故此留住过端午节。

这一日筵宴中，叫钦差到万岁跟前，亲手又赏他一个玉如意，一个玲珑大瓷瓶，内里有龙舟转动，外面看得见，万岁也赏了他。又给他一部小册页，一面山水，一面字，很好的装饰。万岁亲手给他，对他说：这是我亲手写的画的，王公大人不能得的，我爱你，给你，你看见这个东西，就记着我，你后来再来，我很喜欢。随后，万岁送了伯尔都亚王几箱香袋、扇子、小荷包、纱葛布绢、顶好洋漆的家伙、各样顶细瓷器家伙，又赏大人，又赏他的家人兵丁，共有几十箱东西。后来下旨，准他初七日起身回广东，差前官送到广东，四堂众西洋人，送到张家湾下船处，离京五十里。一半我见的，一半不能见的，都是西老爷说的，他知道的很细，因为常陪钦差筵宴看戏看花园等事，又因他在朝里在花园里作钟作玩意，天天见万岁，万岁很喜欢他，很夸他巧，常望他说话。

如意馆内有三位西洋人画画，两位作钟，共五位，万岁常向他们两个说话，就是画画的郎老爷，官名士宁，圣名若瑟，很有德的。万岁很爱他的，他有河道雪亮蓝顶戴，王公大人面前有体面。西老爷也是如此。大学士富公爷对西洋人说过，万岁待钦差很隆重，要待他再好些也不能了，待别国人没有这样；又对刘老爷提过福建的事，说伯多禄的事，你知道不？刘老爷答应说知道些。公爷说那些人都冤枉他，那些人都不好，都受了万岁的罚，周大人周学建受了杀。伯多禄是善人；他自然有好处，这件事虽然富公爷说，必有皇上的意思，不然他不敢说。

又有一次，对西洋人笑着说，皇上我都是奉天主教的，意思要说皇上爱你们，待你们这样好的了不得，如同信教人一样。他也问西洋人说，为什么别国不差钦差来？这话说过有好几次。因为看见皇上很爱好，想愿各国常有钦差来的。西老爷对刘老爷，刘老爷对舒大人，舒大人对富公爷说了李老爷——圣名物尔巴诺——在江西监里的事，富公爷说他无罪，可叫他回去，就是回澳门回西洋，到如今不知道准放了没有。

舒大人是九门提督，又是兵部尚书，为人很仁慈，做官有好名，人都赞他，万岁很托他办大事，他很爱西洋人，待西洋人很好，他奉旨管西洋人。富公爷是公，又是大学士，万岁的小舅子，又是亲家，又是连襟，满朝第一得宠的，时刻不离万岁，为人很仁慈、良善、谦和，从不得罪人，不欺人，遇万岁喜欢，常替人求恩，人都说他好，他很爱西洋人，替西洋人办过大事，我们该求天主保佑这两位大人。

西老爷在如意馆内钟房，常见万岁，万岁常同他说话，看他做的，很夸说他的法子很巧。钦差未来之先，万岁对西老爷说过好几次，你们快快完西洋房子，你们的西洋大人来了，我叫他看我的西洋房子里的陈设，都是大西洋来的很好的东西，又有好些都是西老爷做的，很巧很妙的玩意排设。平常对西老爷说：你们的大人某日该到，因为一路的官都写了给我，明明白白显出来他很喜欢西洋钦差来中国，后来果然应了。因为待的很好，再无可加，常见了钦差之后，对着西老爷很赞美钦差说：我看他是聪明的人，很有学问的，很会办大事的。头一件皇上的大恩是待钦差好像相熟的人一样，一点不疑，许他带剑到跟前，这是从没有的事。天主赏这样的大体面，因为来意特为圣教。

有外教人说万岁待他这样隆重，因为他来意本恭敬，一点买卖没有。钦差本有德的、有学问、很良善的好人，我们到过他府里拜他，与他讲过话，看他外面很谦和慈善，说的话都是热心爱天主，为圣教的话。跟他的人也都老成良善，人人都赞美说：这些人都比别国人老诚，一个生事的人没有。钦差来，这一次虽没直言圣教，圣教自然有了好处，因为王公大人，外省来的人，引见的文武官员，都看见听见，万岁待西洋大人这样隆重，他们也自然待圣教好，他们回各省，都会讲都会传。

我们这个堂，第一受了西洋大人的好处，本年二月十九日起，拆旧堂盖新堂，二十四日搭了架上梁，二十六日成见过，远看见架子，差五大人问是盖堂么，因为万岁常路过，知道有堂，有西洋人住，不见堂，因堂小，门面被铺遮住，我在门口鼻烟铺里，同开铺的赵会长，因他是旗人，我叫他出铺答应说：是翻盖堂，五大人去了，万岁爷的轿就到了堂门口，二大人又问：是西洋人的下处么？是盖堂么？答应是。又问是哪个西洋人，答应是西澄元，马跑去赶万岁的轿，万岁坐轿，到的都是骑马，过后街道的官差人，要西老爷报状，我们答应说等西老爷来，我们不知道他给不给，西老爷来了，去见四门提督，提督说：你爱怎么样盖你就盖，吩咐在下的不许啰嗦。

三月初二日，万岁又过，因为万岁出京到花园，从花园必过教堂，因为我们的堂在御路旁边，起先万岁出入都关铺子，如今旨意叫开着，住家人都关，照先一样。我们出去在鼻烟铺里看万岁说什么，万岁看着堂说，都是旧材料，用手比着说，盖十字堂。到了花园对五大人说，盖堂为他们西洋大人来迟了，赶不上了。五大人将这些话告诉了西老爷，又说不定万岁问你这个盖堂的事，到如今万岁同他说话，没有提盖堂的事。对别的大人说盖堂的事，都是喜笑着，总没有一点不喜欢的样子。感谢天主圣母的恩，到如今很平安，人人过路都看这个堂，讲这个堂，这个堂比别堂更显扬，更出名。因为王公大人们常走这个路到万岁花园去，外省的文武官员，来引见，都走这条路，都看这个堂。万岁对西老爷不提盖堂的事，大概是这个意思，若提起不得不赏，不得不帮助，因为西老爷在万岁跟前很出力，作的东西很多很好，万岁很夸，所以不如不说不提，提起不赏，不好意思，赏怕人说万岁盖天主堂了。虽然没有赏，但因万岁喜欢不说什么，众王公大人都不说什么，王公大人也有到堂里看的，有送陈设的，这就是天主的大恩，也是皇上的大恩，定矣足矣。

第十
解散中国耶稣会后之余波

1773年（乾隆三十八年）7月21日，罗马教皇克莱蒙十四Element XIV发表 *Dominus ac Redemptor* 谕诏，解散最有力的耶稣会。这是法国大革命前一件重要史实，因为耶稣会具有政治力量，树敌甚多，西班牙之查理第三，葡萄牙首相本巴尔（Pombal），法王路易十五之情妇庞巴杜（Nmede Dom Padour）。只有奥国皇后玛丽岱来斯（Maria Therese）寄予同情，终以利害关系，亦同意取消耶稣会。当时王权发展，教皇失掉自己主张，在他的谕诏内，竟说："我们承认耶稣会不能产生硕果……如果这个修会存在，教会内部绝对没有长久与真实的和平……"[①] 为此要取消它。

在中国的耶稣会，亦受到同样打击，他们190年（1583—1773年）的努力，于今差不多完全毁灭，他们有过光荣的历史，于此未及两世纪的时间，竟有472位西士来华，如利玛窦、汤若望、南怀仁、张诚、白晋、郎士宁、宋君荣、冯秉正，在文化史上都占有重要的地位。当中国耶稣会解散后，狄桂尼（De Guines）写着说："解散北京的耶稣

---

① 参看 R. Fulep-Muer，*Histoire de la Compagnie de Jésus*，第二卷，p.142。

会，是一件很不幸的事情，也许现在不感到它的重要，将来会明白这是何等重大的损失！"[1]

当余在罗马传信部档案处搜集资料时，在1782—1784年东方文献内，发现八件史料（第547—548页），都是北京耶稣会解散后争产的纠纷，这是向罗马报告附去的中文底稿，除第三件外，余多生涩。兹按原来次序，刊于后。

一

西洋人赵进修，恭请大人金安。兹所禀者，因京都自建天主堂以来，各堂俱有一人料理家务，名为当家。凡堂中所有房产地土，俱属当家一人管理，以供众人日费。此当家非出自己私意，实定于泰西，倘此人或因年老或有别故不能料理，先致书到泰西，另派一别人学习当家。西洋人赵进修在西堂当家，就是当今皇上亦是明知。赵进修等系耶稣会中人，因耶稣会没有了，赵进修本国王恐其散乱，乾隆四十二年特有来文，此文上说：前有耶稣会时，我知尔等办理本堂事务很好，今耶稣会靡有了，恐尔等无主张要生变化散乱，我特选赵进修主事当家，凡堂中大小事体上下人等，具要听伊安排。又说：我随后差人前去，跟尔学习办事，后来好接续当家，尔应该好好照应他等语。此文现在赵进修手内。至乾隆四十四年，又特来文说：尔务要小心管堂中事业，毋许别人争夺，此文亦在赵进修手内。如今要有人争家产，夺当家，乱西洋人等二百余年之旧规，三堂中岂得平安，倘大人承办此事，恳求细细酌量是祝。

---

[1] 参看 Henri Cordier，*La suppression de la Compagnie de Jésus et la mission de Pékin*，pp.140-141, 1918.

二

西洋人汪达洪等谨启：

公爷阁下，洪等为申明被屈事，窃洪与赵进修二人同在堂中管事，因洪在如意馆效力，家产托与西洋人赵进修料理，不意家产为进修独霸，这几年洪等受了多少委屈，不免家务有些损坏。洪等不先说明，因为怕丢了西洋人脸面，如今进修告了，洪等不得不具实诉明了这个根子，西洋人在城内城外，有些铺房地亩，这是皇上大恩赏赐，准西洋人置买，做西洋人养廉。此养廉有皇上恩赐的，有西洋人亲友帮助的，亦有自己带来银子买的，这些铺房地亩，都在此地，全是皇上大恩，准西洋人按着西洋家规行事，洪等真感谢不浅。

西洋人在此不是一国之人，有意大利亚国、玻尔都亚国、热尔玛尼亚国、拂郎济亚国等处，这些西洋人都是平等之人，彼此如朋友一样。但此西洋人，皆是修道之士，按着天主教规矩，都听西洋罗马府这一个教宗，管圣教会之人。论西洋人来此地，不是奉本国王之命来，是自己情愿意来，不过听这一个教宗准了才来，到底西人来此为皇上效力，为发显天主的教，至于别的世俗事，总不想一丝一毫。

西洋人在此虽都是修道，但修道有各会之修士，虽各会规矩略有不同，照修道之理都一样，这些各会，罗马府都有会长，这会长们都听这一个教宗之言论，三堂西洋人，虽不是一国，到底以前都是耶稣会之人，在罗马府之会长，各堂定一个管事之人，按着西洋规矩行事。凡有家务事故，必该合众西洋人公同商议，不可随便作主。若有不公道之事许别人在会长跟前处罚，会长特下言语，立刻办理妥协。

及至乾隆三十八年，教宗断了耶稣会各样会上管事人，全都革退，立不许管事，亦定了给各人廉养份子。头里管事人如赵进修、索德超、高慎思、安国宁等，看见割了伊等管事之职，赵进修等都不依，全要霸守此家产，不听教宗之言，亦不松手。赵进修、方守义等私自商量，定了主意，霸占家产，把以前账簿烧了，另外做了别的账簿。进修等卖了许多铺房，银子分开，一半下余，私自收用。再者，进修等手下家人朋友或给房子地亩，总不和洪等商量。

从那时候到如今，凡家中银子事务，都随进修、守义等自便，常串通南堂高慎思、索德超等，彼此互相把持，刻苦洪等。高慎思等估量着教宗知道，不依，高慎思同东堂西洋人等，求奥门一个头儿，转求西洋波尔都亚国王护伊等。奥门头儿上了高慎思等当，背了教宗之言，打发书字，定了高慎思、索德超当家，后来玻尔都亚国王知道此事，听顺教宗之言，打发洋船调奥门头儿回去问，不是如今已竟回去了。另外教宗想要高慎思回去问，不是因为在皇上地方，不能叫伊回去，但吩咐安德义用天主圣教神罚罚高慎思连顺着伊的西洋人等，如今高慎思、索德超又不服。

至于北堂，按着教宗之言定下洪与进修管堂中之事，进修不听，要自擅便独霸，三年多的功夫，进修与钱德明，暗暗勾串，用公中子，买多少礼物，送拂郎济亚国大人，全不通知洪等，反妄告东南西堂要霸占北堂众产，那拂郎济亚国大人被伊等欺哄，捎来一个无印之回书，谎称是拂郎济亚国王之意思，叫进修管事，不许别人。

从那时进修越发随便花费，立要吓唬洪等，但洪等情愿来中国，全依靠我皇上作主，那进修但依靠无印之书字，算是私的，没有一点子力量，第一西洋人不算是一国之人，有意大利亚国拂郎济亚国等处，第二利玛窦到了中国以来180年，西洋国王总没有料理西洋人堂中之事，圣教修士全是教宗料理，连西洋本国修道之事，亦单是教宗一人管理，到如今教宗总不准赵进修一人管事。论西洋人家产，虽听教宗之言，这是皇上大恩赏赐，准按圣教规矩行事，本不与拂郎济亚国王相干，西洋人在此都该听皇上之命，赵进修要拉扯拂郎济亚国王，不过是要变一个法子独霸家产。

这些年进修每人不过给洪等花费三百银子，下余每年剩五千多银子，不知伊用做什么，总不肯告诉洪等这些。闹事情是赵进修、方守义等，如南堂高慎思、索德超等一样，若不是伊等这样用法子霸占，洪等都是平安的。

现在西洋教宗都知道这些事，教宗底下会长，听教宗之言，打发文书责怪高慎思等，不是因为此地离开西洋甚远，高慎思、赵进修总不听命，洪等亦不能勉强伊等，所以伊等放心大胆，随便作主，在西洋国之修士等，听见伊等这样霸占不公，怕受伊等奇苦，因此这几年不敢来中国。

如今没有别的法子，求皇上恩典，派一个在中国多年的西洋人，懂得家产之事，亦知西洋人规矩，选几个西洋人同商量此事。第洪等管见，有四条小意思，不知妥当否：第一各堂房地文书共写一总单，不许一人随便自卖，非有了多半西洋人准了不能卖；第二北堂家产，每一个西洋人分给过日子养廉，文书折子各人收存；第三除了养廉之外，剩下银子交给料理事之人，为公中或修理房子或为病人使用，又为后来西洋人到中国的养廉，若此事平安之后，西洋人听见还有上中国来的；第四有一个西洋人不在世了，他的养廉还入公中，不许一人私收。若这样断定，西洋人都平安，没有别的一点缘故了。再者，今年固安县地亩一事，因为今年被水灾，地户人等甚苦。赵进修用不妥当之人妄告庄头种地人等，假写不好的呈词，告在固安县，庄头回明达洪，因洪是堂中当管事之职，怕进修的霸道露出来，坏了堂中善明，所以平安了事，不显伊恶样。谁想进修要独管横行，反倒恼恨，又告。洪想固安地方，历年佃户，本不欠租，今岁偶被水灾，何至妄告，况那里此时放粮赈饥，进修用人在那里告状，要苦庄头地户，实与良心不对，洪无奈只得具实诉明，为此乞公爷电鉴施行，庶洪等得以平安效力而伊等不至独霸家产矣。上呈，乾隆四十五年十二月二十四日。

三

奏为奏闻请旨事：臣奉命管理西洋各堂事务，即有西洋来京效力之人，向俱分住东西南北四堂，其各堂置买房地产业，以及出入用度，具系伊等自行经理，迄今安居无事，兹有北堂西洋人赵进修、汪达洪二人为掌管堂中产业，互相禀控到臣，当即派员详询。

据赵进修禀称：北堂向系西洋人蒋友仁管理一切银钱账目，蒋友仁故后，本国王派我管事，今已五六年了，现有本国王寄来的书信为证。再我们堂中原有置买的地亩一项，坐落固安县，每年都是我着人去取租，今年秋间，汪达洪竟派人去取租息，他本不是管事的人，不该挨越，所以我才呈控的等语。

又据汪达洪禀称：北堂原是西洋人蒋友仁管事，蒋友仁故后，四十一年间，我们西洋教宗寄信来，派我同赵进修同管事。我因在如意馆当差，无暇料理，俱系赵进修一人主事。向有置买坐落固安县地一块，赵进修差人去取租，并不告我知道，我们俱是一样管事的人，他不该自作主意。所以我着人去，将租银四十二两，尚有尾欠未清等语，并各将所执拂郎济亚国王并教宗所寄书信呈出，随将别堂西洋人传来，令其认识。金称虽系由西洋寄来之信，但并无图记印信，无从辨别。

伏思西洋人来京效力，如果循守规矩，其家务应无庸代为料理，今赵进修、汪达洪二人以所执书信为凭，各执一词，互相争论，自不得不为之清理，以杜纷烦，随将与赵进修、汪达洪同堂居住之西洋人等传集详询，据称我们堂中产业，原是大众公产，本堂一年约得房地租息五千余两，共八个人，除一年用度外，约计尚有多余。赵进修当家管事，我们并不知道一年余存若干，所以我们众心不服。至堂中管事，向来俱是我们大家举出一人，掌管出入账目，从无国王派管，亦无教宗派管之事，即如东南等堂，俱有管事之人，并非我们国王暨教宗派的等语，众口如一，似属可信。

查西洋人在京效力百有余年，屡受圣恩赏赉，兼之所得钱粮等项，历年久远，所有积蓄原为堂中公开，如果出入分明，毫无欺隐，自可安居乐业。今赵进修所管账目，已据众口交相指摘，其平日办理不善，已可概见。而汪达洪借端撬越，亦未免有觊觎之见。无论所执之西洋书信，本不足凭，即使属实，亦岂有远隔数万里之外，仅凭一书，即能使众心宁贴之理，应请嗣后西洋各堂家务，不必专令一人管理，将所有账目租息，公同登记档册，每人轮管一年，至次年再举一人管理，即将此一年出入账目，造册一本，众西洋人公同书押存验。如此周而复始，同知共见，庶众心无可积疑，永无争控之事矣。

至各堂俱置有房地，其取租房间均附近京城内外，应仍听该堂按月收取租息，惟是地亩一项，散在各州县地方，距京实远，西洋人势不能亲往收租，必须觅人代取，设有不肖之徒，从中欺骗，甚至苦累佃农，勒索地户，均难保其必无。与其事后再费周章，莫若预为筹划，以慎将来。臣请将西洋堂中所置地亩，令其详细造册，开明项亩、租银数目，呈报造办处，由造办处移咨顺天府存案，每岁秋成后，牌行该州县，将各堂应得租息照数征收，解交造办处。臣派员监督分给各堂，如此稍微变通，在西洋人既得仰沐仁恩，安享其利，亦可永杜纷烦之弊，是否允协，伏候圣训，为此谨奏请旨，乾隆四十五年十二月初六日具奏。

奉旨：依议。钦此。

四

乾隆四十五年十二月初七日奉尚书公大人谕：各堂西洋人事务，着派内务府郎中福克精额军机处行走员外郎伊江阿管理，所有各堂应行具奏行文等事，着各堂掌事西洋人转报造办处，该员等立稿呈堂办理，如有仍前任意在别处具呈控告等事，务将该西洋人奏明办理，将此谕传知各堂遵照可也。此谕。

五

太子太保御前大臣议政大臣领侍卫内大臣兵部尚书一等忠勇公和硕额驸福为严禁事,照得向来旗民人等入西洋天主教者,久经奉旨严禁,近来竟有无知生监及科甲出身人等,被其愚惑,往往擅入此教,且有为其代作呈词及主事生事,不惟有干例禁,且与士子品行大有关系。嗣后除一切服役人等听其照旧雇觅外,如有预带人员,信奉入教及代为书写呈词教唆生事等情,着管理西洋人事务之人员,留心查访,一经查出禀知,本爵部堂实行具奏,交部从重治罪,决不轻恕,特谕。右谕通知。

乾隆四十五年十二月十六日示谕,实贴天主堂。

六

西洋远臣向秉仁谨跪转奉,为广推圣德,均沾天恩事:窃仁等自我西土来至中华九万余里,无家无依,仰蒙皇上柔远怀育之恩,是无家而有家,是无依而有依也。乾隆四十五年十二月初九日,尚书公传西洋四堂远臣等跪听上谕,命臣等每年轮流管理堂中家事,并派郎中二员流理钦州。钦遵自今以往,再无争竞之事,实为元协至公至当。仰见我皇上万机之暇,尚且垂爱远臣,无微不至,臣等感激圣恩,愧惶弥切,惟有守分自修,竭力报效,庶不负皇上天恩也。

再臣秉仁素日深知四堂远臣中富余者极其富余,穷困者极其穷困,如西堂安德义、那永福、李衡良、叶宗孝四人,每年寄字本国求索银一百四十两,以为一人一年资深之费。伏思西洋远臣,自国初以来,如汤若望、南怀仁、闵明我、戴进贤、刘松龄等以监正效力,郎士宁在如意馆效力,此六臣俱系依大里亚国、热里玛尼亚国之人,昔年叨蒙列圣皇上赐赏之产业,原系赏赐二国之臣,今二国六臣虽故,赐赏之产业犹在,现今二国四臣毫厘不能沾受,反至穷困,远臣秉仁以为有幸皇恩之特赐也。

臣秉仁自西洋来时,带有些少资负〔斧〕,今尚未西求,亦且苟延衣食,南堂高慎思等三人一年约得租息银八九千两,西北堂梁栋村等一年约得租息银七八千两,东堂张继贤等一年约得租息银六七千两,今南东两堂人少产多,西堂人多全无租产,似此多寡未均,以至求索本国,西洋不知皇恩所赐诸堂产业,每年二万四五千两,众人用度,原自有余,乃致难困远取,如此情形,行于九万外,实属有负列圣皇上赐赏之恩,致增臣等不贫而贫之深耻也。请将此三堂每年所进二万四五千两租息,使现在十六人按数每人分给五六百两,尚有多余一万三四千两存为公中正事使用,令尚书公拣选四国各国一人,公同管理存公银两事,兹后如有新到之人,并堂中修造房屋等事,即于公存银两中分给动用,随令分管之人,呈报该管大人官员,然后准行,如此则弊端永绝,侵肥永息,远臣等富者不致于穷,而穷者可至于富,俾众远臣永无困乏,效力圣朝,上不负皇上柔远养育之恩,下可免臣等远求之苦。但此事不奉谕旨,谁肯允从,是以远臣秉仁,乃敢冒昧渎陈圣听,可否允当,伏祈训谕。为此谨将奏折呈递该管尚书公,代为转奏以闻。

乾隆四十六年正月二十五日题。

七

西洋人高慎思,为呈明事:窃等兹据西堂居住西洋人向秉仁诉称,东南堂人少产多,西堂人多全无租产,欲将北东南三堂每年资费以现在十六人均分各便,尚余存公使用,所请四国各国拣选一人,公同管理等语。伏查南东两堂肇造建立溯计将近二百载,俱系波尔都亚国之供给,其北堂历来自行过渡,与东南堂毫无干涉,至于四十年前,独西堂一人居住,其需费尽系彼国料理,并非吾等一国之供给,至又称汤若望等六人在此效力中邦,皇上赐有遗存恩惠,但此云向秉仁无知之故,具伊等六人,虽非波尔都亚国之人,然皆系波尔都亚国荐举,协助来京，一同效力中邦，故一应费度均是南堂料理，非向秉仁等可比。再向秉仁所称西堂安德义等四人，伊本国每年资助银一百四十两，由此一语可知各国供给各国效力之人，不能会合料理过渡，显然明矣。况南堂曾于四十年正月内经被火灾延烧，因己力不能重修，蒙皇上特恩赏借币银一万两，辅其兴建，续于四十五年五月内，将南堂资产取租，坐落正阳门外房间，又被延烧三十九处，已卖典出六处，始间之修盖，尚未得似前齐全，租银白必少进，计每年缺得三千余两，连现在按限应交币项不足一年当差需用，现致拮据，无非称贷度日，至请四国人，各国委出一人料理过渡，更属可笑。即今四堂居西洋人，并非一国供给，各国均有资助不同，万难会合一处，情理亦所不容，即向秉仁等应知不可进他人之田，自穑所不稼也。事不得不据实剖诉，暂行立办，理合呈明。

乾隆四十六年正月二十八日题。

八

凡传教之神父，各有职分之当为，遵其次序，最为要紧，若有一人越分妄行，离经叛道，足能乱圣教之平安，害多灵之长生，至于不能救止，非细故也。罗马府掌管天下传教重务，部院众位红衣主教，公同议定，此地各处天堂内，现今之神父，俱至本处所，俱无行圣事之权，惟听此处现今主教之命，实其传教之地方，授其行圣事之权衡，或调换他传教之所在，或收回他行圣事之权衡，一任本主教之安排，为此奏知教宗，奉现今教宗必约第六位，允准依仪，于天主降生一千七百八十年，西历二月十七日，众位红衣主教特发谕帖，本部总理红衣主教加斯德尔理，亲笔花（画）押，代笔者主教波尔日亚，着此则本主教安，凡在该管之地方传教之神父，俱遵此办理，并行传示，使众共知。

此按：原文译出，并无讹言不符之处，有原代权者那神父甘为证凭。

乾隆四十六年五月圣神降临瞻礼主教安译录。

第十一
澳门史料两种

罗马传信部档案处，1726年东方文献内，第516与517页，藏有关于澳门史料两种，一为两广总督孔毓珣奏折，一为九卿会议具题。前一件未载年月，据内容，系雍正二年（1724年）。因《国朝柔远记》内："纲，雍正二年夏六月定来粤洋商船额数。目，通政司右通政梁文科奏（请凡外洋人往来澳门贸易，不许久留，旨交两广总督孔毓珣议，毓珣回奏言）：……惟是自康熙五十六年，定例禁止南洋，不许中国人贸易，澳门因系夷人，不禁，独占其利……"

据梁嘉彬先生考证，葡借澳门为嘉靖三十六年（1557年），[①]《明史·佛郎机传》说："壕境在香山县虎跳门外……嘉靖十四年，指挥黄庆纳贿，请于上官，移之壕境，岁输课二万金，佛郎机遂得混入，高栋飞甍，栉比相望，闽粤商人趋之若鹜。"

澳门为明末清初中西交通的重镇，万历时周玄隆《泾林续记》内称："……广属香山（澳门）为海舶出入咽喉，每一舶至，常持万金，并海外珍异诸物，多有至数万者……"葡人取澳门，完全用贿赂方

---

① 见梁嘉彬著：《广东十三行考》，第35页。

式。①万历二年（1574年），中国筑墙于土腰，驻兵防守。自康熙三十年（1691年）后，年纳租金五百两。阮元《广东通志·经政略》说："惟澳夷自明季听其居于壕境，无来去期限，每年租金五百两，归香山县征收。"道光二十九年（1849年）澳门总督阿马尔（Amaral）停付租金，中国无可奈何！光绪十三年（1887年）中国承认葡之永久占领权，但是，香港繁荣，已使澳门沦为不重要之地位矣！

所刊此两种资料，一方面可知清初澳门实情，人口船数；别一方面，可见我们所收租金作为葡人之"正供"，处处表现天朝怀柔，务使恩泽及于异域。

一

两广总督孔为酌陈澳门事宜。窃照广东香山县属之澳门，向有西洋人居住，朔自前朝嘉靖年间，西洋人来中国贸易，湾泊澳门，后遂认地居住，每年纳地租银五百两，充作正供，相沿二百年。

臣到任后，即委参将钟维岳，查点香山县兵马，看验澳门形势，又委香山县文武，查点澳门夷汉户口，及西洋人船只。据称西洋人租住之地，东西南三面背海，唯东北一条陆路通香山县，置房屋六百九十座，西洋人计四百二十二户，男妇共三千五百六十七名口，其人系黑白二种，不懂汉话，不事耕织，惟造作西洋器皿，并在各洋往来贸易，以养家口，设立头目约束。自选壮健者，供给口粮守卫，以防盗贼劫掠，大小洋船共二十五只，内旧有一十八只，自康熙五十九年起至雍正元年，从外国新买回澳船七只。又另有附近民人，在澳门租认西洋人房屋生理，及各色工匠，共九百零六户，男妇二千五百二十四名口。此现在之情形也。

从前防闲之法，离澳门旱路五里，设自关闸，拨香山协把总一

---

① 参看拙作《近代中西交通之研究》，《建设研究》，6卷3期。

员，带兵防守，不容西洋人私人内地。又于澳门海口之前十字门，安有目兵七十九名，赶橹船一只，又旱路离关闸十五里，地名前三寨，拨香山协左营都司一员，守备一员，带兵驻扎弹压。康熙五十六年，于沿海安设炮台，案内前三寨，建筑城一所，居住官兵，守设炮台，以示巩制。凡西洋人船只开行，及回头装载货物、商梢数目，俱令地方文武验明通报，不许夹带中国人及违禁货物出口，此现行之成例也。以思此等西洋人住久，人众守法，且于中国人错杂而居，多寡不甚相远，皇上四海一家，万国来享，原毋庸异说。惟见康熙五十六年定例，禁止西洋人不许同中国贸易。澳门西洋人，非贸易无以为生，题挂照红毛国船，听其自来之例，不在禁内。近年贸易得利，每从外国买船只驾回，连共二十五只，若不限以定数，将来舡只日多，利之所收共趋之，恐招其亲识来者日众。

臣请将现在洋舡二十五只，编列字号，即作为定额，破坏者准修造补足，以后不准添置。其西洋人头目，该国发来更换者，听其更换，此外无故前来之西洋人，不许容留居住，严行地方出入，文武查报。有中国人例前流落海外，搭船回籍者，仍应搭回。如是则澳门、西洋既得贸易生，永为盛世良民，亦不致种类繁庶，混杂内地，寓防闲于宽大之中，益见圣朝之泽及异域矣。

奉旨：着九卿会议。

二

等因具题，前来。查西洋人附居广东之澳门，历有年所，谨守法度，贸易纳租，圣朝特嘉其风向慕义之诚，以包容覆宥，俾得安居乐业，但居住既久，种类日繁，而不事耕织，惟在各洋往来贸易，养赡家口，无以防范，恐逐利无厌，必致内诱奸猾，外引番夷，混淆错杂，渐滋多事。

今该督既称澳门夷船旧有一十八只，又从外国买澳船七只，大小共二十五只。请将现在船只编列字号，作为定额，朽坏者，准其修补足，此后不许添置等语，应如该督所请，将现在夷船二十五只，著为定额，此后总不许再有添置。并所有夷船，令该地方官编列字号，刊该印烙，各给验票一张，船户、舵工、水手及商贩夷人、该管头目姓名，俱逐一填注票内，出口之时，于沿海该管警汛，验明挂号，并报该督抚存案。如有夹违禁货物，并将中国之人人载出洋者，一经查出，将该管头目、商贩夷人，并船户、舵工、水手等，俱照通贼之例治罪。若地方各官，不实力盘查，徇情疏纵，事发之日，俱照讳盗例，题参革职。此夷船二十五只，题定之后，如有实在破坏不堪修补者，报明该地方官，查验明白，出具印甘各结，申报督抚，准其补造，仍用原编字号，倘若敢偷造船者，将头目、工匠亦俱照通贼例治罪。地方失于觉察，亦俱照讳盗例革职。

又该督疏称：西洋人头目，有自该国发来更换者，听其更换。此外无故前来之西洋人，不许容留居住等语，亦应如该督所请。除头目遇有事故，由该国发来更换者，应听其更换。其无故前来之西洋人，一概不许容留居住。每年于夷船出口之时，守口各官，俱照票事，将各船人数姓名逐一验明，通报督抚。倘有将无故前来之人，夹带人口及容留居住者，将守口各官并该督管之地方文武各官，照失查例议处。舵工、水手及头目人等，俱照窝盗例治罪，并严饬澳门之该口文口地方各官，不时巡查，务令夷汉各守本业，彼此相安，官与兵役，亦不得借端生事，致滋扰累可也。等因。于雍正三年正月二十八日题。

（二月）初一奉旨：依议。

第十二
票的问题

康熙时，以礼节问题，旅华西洋教士分为两派：一派遵循利玛窦规矩，以耶稣会为代表；另一派处于对抗地位，以多明我会等为代表。两方偏执争论，历久难为解决。康熙同情前者，故创立票制，即来华西人，如遵守利玛窦遗法，永居中国，由清廷特赐信票，可以在中国内地居住。无票者，便押至广州，或遣回西洋，或解至澳门。此制创立，约康熙四十五年（1706年）也。唯正式推行，系康熙四十七年（1708年）四月，由武英殿议决，由内务府颁发。

民国十七年三月，故宫懋勤殿内，发现康熙与罗马使节文书，其间之一，内有："……你们领过票的，就如中国人一样。尔等放心，不要害怕领票，俟朕回銮时，在宝塔湾同江宁府方西满等十一人，一同赐票，钦此。"陈垣先生根据此语，以康熙四十六年（1707年），圣祖南巡，驻跸苏州故也，甚为正确。

票含有两种意义，一为法律问题，即持票者可在中国内地行走，如各国留行之居留证；一为宗教问题，即持票者必遵守利玛窦之遗规。因之康熙谕众西洋人："自今以后，若不遵利玛窦的规矩，断不准在中国住，必逐回去……"（康熙与罗马使节关系文书影印本，第四）

民国二十六年，在罗马传信部档案处东方文献内第六卷、第十二卷，与第十三卷，先后发现五件关于票的文献：第一为票的副本，系康熙四十五年，可以看出票的样式；第二为康熙五十六年，西洋人苏霖等在畅春园，与圣祖关于票的对话；第三为奏折，内容与一二同；第四为礼部奏折；第五为西人苏霖等奏折，未载年月，据档案处之编制，系康熙五十一年（1712 年），原文涉及票事，故附于此。

一

西洋意大理亚国人康和子年三十四岁，系方济各会人，来中国已经七年，兹赴京都陛见，永不复回西洋，为此给与信票。康熙四十五年十二月二十五日。

二

康熙五十六年四月十四日，西洋苏霖、巴多明、穆敬远等赴畅春园启奏九卿议禁天主教一事。臣等闻禁止天主教，议得很严，皇上面谕云：并不曾禁天主教，本内禁的是不曾给票的西洋人，其给过票的并不曾禁。巴多明面奏，本内引康熙八年的旨意。皇上云："是那没有得票的人，应该照康熙八年例禁止，与有票人无干。"巴多明又奏："恐怕地方官见了康熙八年之例，不管有票无票，一概禁止。"皇上云："若地方官混禁那有票的，即将朕给的票拿出来看，就有传教的凭据。"穆敬远奏："若地方官要噜嗦有票的西洋人，臣等还求万岁作主。"皇上云："果有此事，再来启奏。"苏霖禀："谋反的题目，臣等很当不得，皇上知道臣等根由。"皇上带笑云："这是衙门内一句套话，不相干，你们放心去。"随即叩头谢恩而出。

三

西洋人苏霖、巴多明、穆敬远等启奏：臣等闻禁天主教议得很严，本内引康熙八年之例，恐地方官见了，将有票无票的一概禁止，恳万岁作主，臣等来历根由，为伪为诚，悉在圣明洞鉴之中。

上云："尔等放心，并非禁天主教，本内禁的，是不曾给票的西洋人，应照康熙八年之例禁止，与有票的人无干。若地方官一概禁止，即将朕所给的票看，就有传教的凭据了。你们放心去，若有禁止有票的人，再来启奏。钦此。"

四

礼部为妄立异教，惑众诬民等事，该臣等议得御史樊条奏疏称：今有西洋人等，造为异说，名曰天主教，设为讲堂，诵经讲法，数十成群，夜聚明散，又著为教书，刊行传布。天主教中，皆家供天主之像，口诵天主之言，门贴十字之符。臣访闻近今京畿直隶，各省人民，多有信服其教者，即读书识字之人，亦或为所惑，恐流行日久，渐染滋浅，及害众人心，则廓清不易，伏祈敕下该部，严行禁止等语。查康熙三十一年二月，内阁奉上谕：前部议将各处天主堂，照旧存留，只令西洋人供奉，已经准行。现在西洋人治理历法，前用兵之际，制造军器，效力勤劳，近随征阿罗素，亦有劳绩，并无为恶乱行之处，将伊等之教目为邪教禁止，殊属无辜，尔内阁会同礼部议奏。钦此。钦遵会议得各处天主堂，照旧存留，凡进香供奉之人，仍许照常行走，不必禁止等语，因具题通行直隶各省。又于四十七年四月内，由武英殿议得各处天主堂居住修道西洋人等，有内务府印票者，任其行走居住，不必禁止，未给印票者，凡堂不许居住，往澳门驱逐，等因具奏，通行各省在案。查得此等西洋人，俱仰慕圣化航海而来，与本国人共相效力，居住各省者，俱领有印票，各修其道，历有年，并无妄作非为，其御史樊条奏严行禁止之处，相应无容议可也，奉旨：依议。

五

臣苏霖、纪理安、巴多明等谨奏：为仰求圣恩，始终保全事：窃臣等西洋人，受恩深重，不但曰不能言，即笔亦不能录。今御奉史樊绍祚，疏斥天主教惑众诬民等语，臣等闻之，不胜惊惧惶悚，其疏内诸款，皆属不深知臣等者，而天主教为邪为正，臣等为伪为诚，久在皇上圣明洞鉴之中，臣等不敢多赘辩明也。且于康熙三十一年，已经部议，上谕西洋人，并非左道惑众，异端生事，有旨通行各省，不但臣等之在中华者，时刻感激，即在西洋教中诸人，俱感激皇上圣心一体之恩。臣等远旅孤子，并无依倚，不善世务，不能周旋，惟俯伏迫切叩首，恳祈皇上至仁至慈大父母之心，矜悯保全，臣等始终顶戴，永沐弘恩，臣等无可报答，惟有上求天主，永保皇上万寿无疆而已。臣等凛凛兢栗，哀哀谨奏，伏祈重鉴。

第十三
关于白晋测绘《皇舆全览图》之资料

一、引言

　　翁文灏先生在《清初测绘地图考》内，指出当时所用的方法，为三角测量，不只前此未有，而且较为准确，奠定中国地理学的基础，亦为世界之一大贡献。在这篇文章的结论内，又说："德国地理学家李希霍芬即尝极力称扬中国人地理之可靠，盖虽限于方法不能绝对精密，而所记山川地名，罔不有人亲为经历，而后入图，按图复游，一一可证……"

　　此种科学的荣誉，由康熙帝之崇尚文化与西士之勤勉致力。张诚随圣祖游热河与蒙古八次，每次测量经度与纬度。康熙三十八年（1699年）黄河泛滥，次年白河继之，西士巴多明等开始绘图，圣祖分外喜悦，动测绘全中国地图之念。在杜德美领导之下，自康熙四十七年（1708年）工作正式开始，至康熙五十六年（1717年）始完结，圣祖赐名为《皇舆全览图》。

　　康熙四十七年四月十六日，白晋、雷孝思、杜德美离京西去，过二月，至陕西神木，白晋病，不得前行，雷、杜两西士继续前进，至西宁。下面所刊资料，系 1936 年冬于罗马国立图书馆内所发现，号码为：Fondo Jesuitico, 1254。由是项文献，得知白晋心绪，战兢唯命。是后以病居京，总各西士之分图，制成总图。康熙测绘之图，至乾隆二十六年（1761 年），西士蒋友仁等又重新测绘补增，刻于精铜，共 104 幅，乾隆庚辰秋八月御题《大清一统舆图》，有句云："……本朝文轨期同奉，昧谷寒暄重细求。无外皇清王道坦，披图奕叶慎贻留。"

二、原文

八月初九日，赫世亨传三堂众西洋人进内看旨意，臣白晋一看即不禁身心战栗，神散魂飞，后稍定，敬谨细看，即将始终本心真实录，故具此以为启奏，伏祈皇上睿鉴：臣二十余年，过受皇上格外洪恩，浃髓沦肌，即碎捐难报，臣至愚极谫，质憨行迂，然从未行一虚假无脸面之事，此皇上圣明洞鉴。今臣五十四岁，岂反如此迷糊，无病而饰言有病，将欲谁欺，委任之事未成，回京有愧于己，尚何敢回见皇上圣容。臣当起身，本月同众，才出京门时，马忽惊跳，重跌，腰痛甚，半月后尚未痊愈。臣若原有退回之心，彼时甚易，然臣勉强仍前行。后到神木县，不幸复发，臣幼年肺胸虚劳病，实不能骑马前进，若再强行，必大劳伤殒命。臣对同差官员前，与雷孝思、杜德美明议云："奈何，我病不去，或微有误大事，即不顾身，必定要去。"彼二人云："你如此病去，徒舍身何益，即无你去，亦不至误事，我二人当之足矣，不如留你在此养病，俟病好些，慢慢进京。"臣等三人即将所议详告布尔赛，并写与巴多明，以为启奏。同差官初不敢当，后不得已将臣托与地方官员云："我同差白晋，一路得病到这里，不能前往，交给你们副将道里等，着他暂住调养，待他身子好些，若要回京时，你们拨官兵护送。"臣在神木养病八日，实不敢久，徒受地方官供养调摄，因谬想皇上画图旨意，既不能效力，不如带病，随力渐行回京，以营皇上前所留旨意之事，或得以报皇恩，即坐轿回京。

臣彼时愚昧，不想该在彼处候旨，是一大罪；后病微好，不舍身赶上供事，是二大罪。臣素愚昧，从前舛错之处甚多，屡蒙皇上以大父母之仁心慈宥，今臣负此大罪，惟战战兢兢，叩首百千，伏祈极上洪恩宽释。臣虽肺腑尚虚弱，力实不足骑马远行，然必愿复行赶上供事，庶稍偿补不尽之罪。但臣罪若系于假病，直为无脸面之事，无故误大国公务，全负历年皇上隆恩，且深为耶稣一会之大耻，为天主圣教之极羞。则臣明明是一饰言诡诈为众所当弃之匹夫，又何颜复行仍堪承委任之大事，宁甘受重刑，速绝世以雪之，断不能冒受此至可耻莫大之罪名也。臣白晋不胜惶悚之至。

　　本月初十日发报，臣不幸稍迟误点，无奈再候。

第十四
碣石镇总兵奏折之一

一、小引

罗马传信部档案处东方文献第十三卷内藏有碣石镇总兵陈（良弼）奏折一，未载年代，由两广总督孔毓珣奏折推论，似为雍正三年（1725年）。在孔毓珣奏海洋情形时，提及雍正三年九月初七日朱谕："朕实不达海洋情形，所以总无主见，有人条奏，朕观之皆似有理，所以摇惑而不定，全在你代朕博访广询，详慎斟酌，其至当奏闻，若亦不能洞悉，宁迟日月不妨也，可与（巡抚）杨文乾、（提督）万际瑞、（碣石总兵）陈良弼、（琼州总兵）黄助等，平心和衷详议，奏闻。钦此。"（《史料旬刊》第七期）

孔毓珣于同奏内又称："……碣石镇臣陈良弼臣经面商，亦无异议，雍正三年十一月十五日朱批：'知道了。'"是项陈良弼奏折，以后半段涉及天主教传教事，故草稿流传至罗马传信部档案处。康熙末年，因礼节问题，西士内部意见不同，又因涉及皇室纠纷，树党对立，如穆经远事（见拙作：《从西方典籍所见康熙与耶稣会之关系》附录四，载《扫荡报·文史地周刊》）。于是闽浙总督满保题奏，除通晓技艺西人外，余皆送至澳门安插。我们现在刊行奏折，虽未有特殊价值，可是在当时，实发生相当作用，促雍正厉行禁教与闭关的主张。

二、原文

碣石镇陈□为圣祖远念海疆等事：窃臣是年例应巡逻省各海洋，自二月西下琼州，六月东上南澳，一年之间往返波涛，臣亲率舟师，穷搜岛屿，幸邀德威，远布海宇谧宁，因师次秀山澳门，忽见红毛船十余只，尽入广省贸易，不胜骇异，虑贻后患正拟将海外形势，红彝利害，具折奏闻。

适十二月八日接阅邸抄，伏读圣谕，远虑海疆，留心外国，禁止内地船只，不许南洋行走，以绝接济，以杜后患，且询问九卿下及闲散之人，非我皇上以尧舜兢业为心，未雨绸缪，安能虑及者也。然海外形势，诸国扼要，非身历其境，真知灼见者，谁敢妄陈于上前？臣少时曾经海上贸易，至日本、暹罗、安南、咬番吧、吕宋诸国，悉知其形势情形，故敢为我皇上陈之。夫东方海国惟日本为大，此外悉皆尾闾，并异别番。其次，即大小琉球外，皆万水朝东，亦并无别国，至福建，则惟台湾，西则暹罗为最，此外有六坤、斜存、大泥、柬浦寨、占城、交趾，而安南即与我琼州南接壤，惟东南方番族最多，如文莱、苏禄、柔佛、丁机宜、麻六甲、马神、去里何等数十国，皆系小邦，谨守国度，不敢远图。夫咬番吧为红毛市泊之所，吕宋为西洋市泊之所，诚如圣谕所云。熟知咬番吧古时为巫来由地方，缘与红毛交易，早已被其侵占矣。

臣遍观海外诸番，日本虽强，明时作乱，皆由中国奸人引诱，今则通我商船，不萌异志。琉球久奉正朔，台湾已入版图，而暹罗、安南诸番，年年奉贡，不生他心。惟红毛一种，奸宄莫测。夫红毛为西北番地之总名，其中有英咖黎、干系腊、和兰西，大小西洋各国，种族虽分，而性则一，惟有和兰西一族，凶狠异常，虽为行商，实图劫掠，凡通商船、番船，无不遭其沉灭矣。且到处窥觇，图谋入国，况其船坚固，不怕风波，海船大炮多置百余位，所向莫当。去年厦门一船，且敢肆行无忌，其明鉴也。今以十余只大船，尽集广省，且澳门一族，是其祖家，声势相援，久居我地，广东情形，早已熟烂，倘内外交通，祸有莫测，悔莫及矣。

伏乞皇上早饬督抚关部诸臣，另为设法，多方防备，或于未入港之先，起其炮位，方许进口，或另设一所，关束彝人，或每年不许多船轮流替换，不至狼奔豕突，贻害无穷，庶可消奸宄异心，而地方得以安堵。臣更有虑者，天主一教，设自西洋，延及吕宋。明时吕宋与日本通商，即将此教诱化国人，数年后，招集多人，内外夹攻，几灭日本，后被攻退，两国冤仇，至今未休。今无故各省设堂，耗费金钱数万，招集匪类，且窥我形势，绘我山川，诱我人民，不知其意欲何为，臣之所以不解者。然昔知天主延及吕宋，则夺其国土矣。此辈凶恶叵测，在日本则思图其国，在吕宋，则已夺其邦。况目下广城设立教堂，城内外布满，而入教者不知其许多人。加以同类彝船丛集，安知不相交通，阴谋不轨，此臣之所更为隐忧也。伏乞敕部早为禁绝，勿使滋曼，为害非轻，夫涓涓不治，将成江河，萌萌不绝，将寻柯斧，非我皇上图治未乱，保安无危。为亿万年计，臣不敢以此言进。至于各海口烟墩炮台，各省提镇协营，自当钦遵修整安顿，毋烦圣衷。如果臣言可采，伏乞俯赐全览施行。

奉旨：该部议奏。

三、注略

广南：系林邑附近，位于广平与平定间，遥对西沙群岛，今近茶麟。

咬番吧：奏折中言古为巫来，疑即今之 Ramroe，在缅甸之西。

六坤：在古暹罗，今之洛坤（Nakan）。

斜存：在六坤北，临暹罗海湾。

大泥：据冯承钧著《中国南洋交通史·南洋群岛诸国传》注二十四云：案大泥应是 Patani 之省称，吉兰丹在其境内，则地在马来半岛东岸。

柬埔寨：即真腊，《明史》卷三二四有传，其国颇富，"自称甘孛智，后讹为甘破蔗，万历后又改为柬埔寨"，西文为 Kampoja。

占城：《星槎胜览》内有云："……顺风十昼夜到占城国，其国临海，有港曰新洲，西抵交趾，北连中国，他番宝船到彼……"

文莱：在渤泥（Barneo）岛中之 Brunei，《明史》作文莱。

苏禄：《明史》卷三二五："苏禄地近渤泥，阇婆……永乐十五年，其国东王巴都葛叭哈剌，西王麻哈剌叱葛剌麻丁峒，王妻叭都葛巴剌卜，并率其家属头目凡三百四十余人，浮海朝贡，进金缕表文……"西文为 Sulu。

柔佛：西方为 Tohore，《明史》卷三二五云："柔佛近彭亨，一名乌丁礁林……华人贩他国者，多就之，贸易时或邀至其国……"

丁机宜：西文为 Trenganu，《明史》："丁机宜，爪哇属国也，幅员甚狭，仅千余家，柔佛黠而雄，丁机宜与接壤，时被其患……华人往商，交易甚平，自为柔佛所破，往者亦鲜。"

麻六甲：即《明史》之满剌加（Malaka），《瀛涯胜览》"满剌加"条云："自占城向正南，好风船行八日，到龙牙门，入门往西行，二日可到，此处旧不称国，因海有五屿之名，遂名五屿……永乐七年己丑，上命正使太监郑和等，统赍诏敕，赐头目双台银印冠带袍服，建碑封城，遂名满剌加国……"

马神：疑是今之茂盛港（Mersing）。

英咖黎：即英吉利。

干系腊：指双西西里岛国，今意大利南部 Grande Grece。

和兰西：即法兰西。

和兰：为荷兰。

第十五
清初葡法西士之内讧

德礼贤在其《中国天主教传教史》内说："……非耶稣会教士们一到了中国之后,敌人们便从中挑拨,设法捣乱,因此在1634年至1635年间,各派传教士中,便发生了那最不幸的礼仪上的争执……"我们不知道德礼贤所称"敌人"为何,这种解释,似乎还含有几分正气。

自教皇尼古拉第五以印度教权授予葡王保罗后,葡国教士得政治的力量,日益扩张;法国为强国,欲破坏葡人在印度与远东权力,遂与葡国对抗,特别是在路易十四时代。在1660年,法人受重商精神的推动,组织东印度公司,1719年又加改组,其实力甚厚。

各国教士与政府合力,偏执不肯相让,并非敌人挑拨,实同一宗教有各种修会的冲突,如耶稣会、方济格会、多明我会、外方传教会、奥古斯丁会等;同一修会而又有各国的不同,如荷国耶稣会,法国耶稣会等。当时各会与各国教士,皆以罗马教皇之意见为定论,绝对服从,但教皇远在罗马,对中国问题,亦无定见,久不能决也。

葡法西士之内讧,就同一耶稣会士而论,自1685年(康熙二十四年)。是年路易十四名相科尔拜(Colbert)策动,决遣法国耶稣会数学家来华,巴黎国立图书馆中,藏有一种文献(号码:Fonds Français

1740），论及此事，我们节译几段，从中可知法国修士来华，自亦含有政治意味：

> 科尔拜（Colbert）同意加西尼（Cassini）的计划，决定派遣耶稣数学家来华，要他注意沿途的经纬度与磁针指度……
>
> 如果这次成功，以后继续法国学者前来，在这伟大帝国（指中国）里，我们不只可以建立商业的关系，而且可以远播法国的声誉……惟有两种困难：葡萄牙嫉妒法国，与法人以困难……其次，罗马教皇代表，受西葡影响，要法国教士来华者，须先宣誓，这却是法国皇帝不能同意的……

从此，我们知道法国修士来华之始，便有与葡国对抗的情绪，兹所发表的两种文献，第一种藏于华谛冈图书馆，号码为：Borg Cin. 489。西洋人闵明我，系 Dominique Navarette，义大利人，顶替 Domlnique Counado 者。第二种藏于罗马传信部档案处，东方文献内，无年月。在巴黎国立图书馆内，藏有德理格（Pedrini）的报告，号码为 Fonds Français 25060，内有：

> 1714 年（康熙五十三年）3 月，法国耶稣会修士与葡国耶稣会修士大冲突。法人自言独立，不受葡人管束，互相呈奏，互相攻击，是年 5 月 30 日，皇帝亲手降谕，命相处为安，如一身一家，葡人解释以为只有一长一首，待艾若瑟东还后，再定一规章……似此，即第二种文献，当系康熙五十三年也。

一

康熙四十一年三月三十日，御前太监李玉、员外郎黑士亨、御书处赵昌等传旨西洋人闵明我等：前者尔等叩求弘若所进之物，到畅春园时,朕一时传弘若所为之事,与尔等教中有碍否等语。今思尔等皆系远人,若件件察明,不但与尔等教中有碍,即尔西洋人听之不便。今宽其究察,勿用多议。尔等守会中之定规,听会首之命令,即不违教也。若薄尔宅噶见所作天主堂,只许本国人行教,昂吉利亚所作天主堂,只许本国人行教,则大违教中之例矣。以后颁发旧例,听会首之命令,不分彼此,则诸事皆善矣。钦此。

二

臣白晋、巴多明、傅圣泽、杜德美、罗尔先、陆百佳谨遵旨启奏,仰求圣恩事:窃中国耶稣会西洋人总会长鲁保洛,抵京月余,至十月十四日,苏霖、纪理安带鲁保洛至畅春园,请皇上安,执一启奏封折,并未曾通知臣等伺事。臣等问亦不言。臣等万幸,荷蒙皇上弘仁,大公包众,不分何国,待之如一。下旨意:"此事有些关系尔等,有该商量者,议定公同回奏。钦此。"臣等跪聆圣旨,感激无极,此至微之事,本不敢烦渎圣聪,因与臣等关系甚重,若不详陈,难明其故。臣等叩首至地,万恳皇上宽宥,俯察下情始末,臣等粉身碎骨,难报圣恩。

鲁保洛奏折内云:自康熙四十一年,蒙皇上传旨,令住中国耶稣会的西洋人,都该依照会规,在一个会长属下,无论那一国的人,不必分彼此,遵依从前利玛窦以来行的事才是。又云:闵明我等六人,跪向天主台前,立誓发愿为凭,从前带往西洋去的圣旨是真不错,命我们照依会规相和,并无丝毫分别,俱在一个会长属下,如从前利玛窦以来之理。倘有不肯遵行者,不许留住中国等语。将此立誓之书,于康熙五十年,到了罗马府,大会长看云:闵明我等立誓之书,我无有不信之理,但法郎济亚国之人,只信他法郎济亚国人,另要立本国会长之话等语。据此奏折所云,臣等似有违背皇上旨意之大罪,有不遵罗马府大会长命之过,有不合耶稣会规之非。臣等今谨呈明:所以未尝不遵大会长之命，未尝不合会规，即知臣等万万无违背皇上旨意之处。

当利玛窦入中国时，南怀仁、汤若望未来之先，罗马府大会长议定有二会长，各统理中国修士，如分两家。是时海禁甚严，不拘何国人欲进中国者，不由波耳都噶国而来，只有澳门一路，并无他门可进，故皆属波耳都噶国供给，至今不改。一会长料理在广东、广西、海南、澳门等处从波耳都噶国而来之西洋人；一会长料理在他省从波耳都噶国而来之西洋人。现今一名林安，住在江宁；一名亚玛辣尔，住在澳门，因离罗马府远，故又于二会长之上，另立一总会长。如鲁保洛是也。若两家有难明之事，总会长常以公平无私处之。

自蒙皇上广开海路，臣等有幸入中国。康熙三十五年，法郎济亚国王闻皇上柔远弘恩，即立志以后多令修士入中国，一为效力于皇上，一为传教，遂命本国差在罗马府之大人，向耶稣会大会长云：以后我法郎济亚国修士往中国，往小西洋传教者，必有自住之堂，不许波耳都噶国会长管。是时大会长闻知其故，重商议之后，遵从国王之意。定有自住之堂，又许人多时，再立本国会长，自此法郎济亚国修士，多有欲入中国者，国王正备带修士之船，时适值皇上差臣白晋至本国，遂同聂云龙、巴多明、雷孝思等于康熙三十七年至广东，又有同时开船至中国者，即傅圣泽、罗尔先、樊托训等。因过小西洋，于次年至福建，后又有杜德美、汤尚贤、陆百佳等陆续来者，至今存三十余人，无不由大会长之命而来。于是大会长，当康熙三十九年，立臣等本国会长，现今名殷弘绪，其权如林安与亚玛辣尔二会长，同在总会长属下。

臣等来中国者，在本国临行之时，国王亲嘱有三：一云，尔等往中国，不许为波耳都噶国二会长管；一云，若有别国修士要直路到中国者，许同坐本国船到中国，与本国修士同往，亦赐其供给；一云，本国天文格物等诸学宫，广集各国道理学问，中国其来甚久，道理极多，又闻中国大皇帝天纵聪明，超绝前代，尔等至中国，若得其精美者，直寄奉国之学宫，垂之不朽。臣等所以有本国会长之由来，乃自大会长所定，则臣等本无不遵大会长之命，亦无不合耶稣会规。臣等同为在总会长属下，如林安与亚玛辣尔所管之人，更为万万无违背皇上旨意。

四十一年旨意，原命臣等不拘何国人，属一个会长之下，论中国之总会长，只有一个若波耳都噶国之会长，焉有两个？是以臣等想皇上旨意，乃命臣等属一个总会长之下，非命臣等属两个会长之下，而系于波耳都噶国也。故臣等即照此旨意，写书与罗马府大会长，若闵明我等六人，立誓发愿，带往西洋去的圣旨，命我们照依会规相和，旨意之外，误增加己意，云无有丝毫分别。皇上深知臣等与彼之来历，难免有些不同处，所以皇上并未曾下有丝毫分别之旨意。

在林安与亚玛辣尔各有所管之人，俱属一总会长鲁保洛，既为相和睦，不为分彼此，臣等本国会长殷弘绪有所管之人，亦属一总会长鲁保洛，如何便为不相和睦，便为分彼此？在小西洋，亦有臣等本国之会长，彼处波耳都噶国人，未尝相争不和睦，且中国现有臣等本国人在，臣等中何尝不相和睦？彼等之意，实在要臣等无本国会长，无自住之堂，不自专家务，往尽属波耳都噶国林安与亚玛辣尔二会长之下，后有成其位者，仍然从前早已将此意寄书与大会长，借皇上不分彼此之圣旨，必要臣等依从。况此诸事，皆臣等不由自己之事，且臣等有历年至今大会长来书，皆再三坚定臣等本会长本堂之事，兹略翻二次书内要旨为据，今为何又有康熙五十年大会长与鲁保洛之回书？因鲁保洛得闵明我等六人立誓之书，彼时鲁保洛并不通知臣等，即据闵明我等惊吓之言，写书与大会长云：法郎济亚国人，若有本国会长，皇上必不容住中国，于传教大为妨碍。大会长见利害关系如此，两家来书又不同，故书内令鲁保洛得便再请皇上旨意。此臣等种种实情，始末根由，早在皇上洞鉴之中，臣等俯伏叩头不已，衷求圣恩矜怜，臣等不胜惶悚待命之至。

第十六
从西方典籍所见康熙与耶稣会之关系

一

从西方典籍，我们可见康熙与耶稣会之关系，其重要性，不只阐明东西文化上各种关系，而且可补正史之不足。笔者欲将所收资料，申诊一二，其错误自必不少。

白晋（Bouvet）来华后（1688年），出入宫廷，时常接近康熙。过十年后，刊印《中国皇帝历史像略》①，颇多特殊记载，其论及康熙相貌时，曾说："貌像尊严，身体分外均称，微高于一般人士，面容整齐，眼睛生动，较普通者略大。鼻圆而尖，向前伸，脸上虽有几颗天花遗痕，却不减轻引人的力量。"②康熙信任白晋③，其言颇足信征。

当时西人记述，咸称康熙为有德之君，使人敬畏。故西方人士称

---

① Bouvet, *Portrait historique de l'empereur de la Chine*.
② Ibid., p.11.
③ 在巴黎国立图书馆内，余曾见白晋法文日记一，号码为 Français 17240，言及如何教授康熙数学，已影印回来，将译为中文。其次，在《康熙与罗马使节关系文书》内，第十三件内有："在中国之众西洋人，并无一人通中国文理者，唯白晋一人稍知中国书义……"

之为"中国路易十四"。①《传信集》②风行全欧，序言中说："康熙的灵魂，特别伟大，取巧与欺诈都不敢逞显。记忆力特强③，遇大事有决断，凡断一事，非常慎重，必不冒险，可说永远能够统治自己。"④

康熙与耶稣会人士之间，交往甚密，过从和谐，推其原因，康熙重在致知，西人重在传教。因而非耶稣会人士，肆意攻击，以彼等崇尚虚荣，翼伏于权贵之下，遂引起纠纷许久，至为不幸之礼节问题。⑤

试举一例，汤若望位列钦天监监正，加太常寺少卿衔时（1645年），安文思（Gabriel de Magalhães）虽为同会修士，尽力抨击，坚请若望辞职。罗马公教大学教授，组织一委员会，讨论此事，经十五年之久，耶稣会会长奥利瓦（Paul Oliva）得结论如次："汤若望居此重位，并无不合适处，不只地位尊荣，而且借此可以传教。"⑥时1664年1月13日。

二

康熙与耶稣会人士关系，颇为复杂与微妙，究其蕴底，首当归于康熙天性。《传信集》叙述康熙天性时，言具有三种特质："宽仁、明智与好奇。"⑦

---

① Brucker, *Conmunication sur L'exécution des cartes de la Chine par les missiounaires du XVe siècle d'après documents inédits*, Paris, p.387, 1890.
② 《传信集》系耶稣会来华教士写往欧洲之信，原名为 *Lettres edifiiantes et curieuses écrites par des missionnaires de la compagnie de Jésus mémoires de la Chine de t.T. XXVXI chez Gaume Frères*, 1831-1832.
③ 南怀仁随康熙外出，遇一鸟，帝问西语作何音，南怀仁以弗拉曼（Flamand）语对。过数年后，帝又遇同种鸟，仍能以弗拉曼语呼之。见 Bouvet, *op*, pp. 30-31。
④ 《传信集》, T. XXIII, 第18页。
⑤ 礼节问题，非常复杂，容另立专文论述，其要点，耶稣会主张尊孔敬祖先，非耶稣会人士反对之，结果以政治关系，耶稣会失败。1941年2月24日，瓦蒂冈合众社电，罗马教廷允许供奉孔子，以其为民族英雄及大哲学家。
⑥ J. de la Serviere, *Le P. Adam Schall d'avec un ouvrage nouveau reçue d'Histoire des missions*, pp. 519-521, 1934.
⑦ *Let. Editeur*, T. XXV, p.16.

这些特质，说明熙朝之伟大。宽仁必近人性，明智必重理性，好奇必贵经验，趋重科学，此种精神，正合欧洲 18 世纪思潮。在《中华帝国志》①内附有哈克（Raquet）审查书，以康熙与路易十四并称，他说："法国耶稣会人士，分外受人敬重，他们的才智与精神，博得 18 世纪最伟大两君主宠幸与保护：路易十四与康熙。"②

康熙之宽仁，可取故宫发现文献佐证之："上面谕尔西洋人，自利玛窦到中国，二百余后并无贪淫邪乱，无非修道，平安无事，未犯中国法度……"③ 其待多罗（Tournon），纵使立于相反地位，康熙仍以宽柔为怀，"传与多罗宽心养病，不必为愁"。④ 所以德礼贤（D. Elia）下此结语："康熙以后的满清君主，虽则依旧重视教士们的学术，却已痛恨着他们的宗教。"⑤

康熙实有清一代度量最大者，西人视之为超人。名画家王致诚（Attiret）致亚萧（Assaut）信，论及过去说："此地只有一人，即皇帝。"⑥ 但是从别一方面看，这种赞语，表示一种绝对权力，狄哈尔（Du Halde）说："康熙之功绩与光荣，远扬海外，全欧与一重视与崇敬。"⑦

三

康熙朝隆盛，为清代特有，狄哈尔说："中国享受太平，由康熙皇帝智慧所致。"⑧ 以公教论，康熙视之为外物，却能一视同仁。当西人争论礼节问题时，康熙亲手写着说："凡各国各会皆以敬天主者，何得论比

---

① 《中华帝国志》系 Du Halde 所著，原名为：*Déscription Géographique. historique chronologique politique et physique de l'empire de la chine Henri Scheurleer La haye* 1736, 4 Vol。
② 同上书，第一卷。
③ 《康熙与罗马使节关系文书影印本》第十一件，康熙五十九年十一月十八日。
④ 同上书，第一件。
⑤ 德礼贤：《中国天主教传教史》，第 81 页。
⑥ *Let. Editeur*, T. XXXV, p. 24.
⑦ Du Halde, *Description de la Chine*, T. II, p.6.
⑧ Du Halde, *Description de la Chine*, T. I, p.4.

（系彼之误）此，一概同居同住，则永无争竟（系'竟'之误）矣。"①

自西方人士看，康熙"生于迷信中"，②而马若瑟（Premare）却在致谢士信中说："最使我们安慰处，是皇帝很赞助公教。"③倘若没有别的文献参证，几疑西人自作宣传。如安文思死后，康熙十六年四月初六日所下诏谕："谕，今闻安文思病故。念彼当日在世祖章皇帝时，营造器具，有孚上意，其后管理所造之物，无不竭力，况彼从海外而来，历年甚久。其人质朴夙著，虽负病在身，本期疗治痊可，不意长逝，朕心伤悯，特赐银二百两，大缎十匹，以示朕不忘远臣之意。特谕。"④

四

白晋叙述康熙，有一段文章，可知康熙之处世接物："康熙好发问，不肯先说出自己的主张，听人所说后，退朝闲时默想，未见有帝王如是考虑所见所闻者。"⑤此种态度，非唯表示谨慎，而且接近科学精神。

明末清初之科学介绍，其重要多人言之矣。康熙知其重要，礼贤下士，必潜心研究。罗马华谛冈图书馆内，藏有康熙治代数文献，证明帝之好奇与好学。如"朕自起身以来，每日同阿哥等察阿尔热巴拉……"⑥

西学给康熙影响不小，白晋论及此时，以种高傲态度说："自从许久以来，耶稣会人士，给康熙世界各国知识，同时赠予许多精美之

---

① 《康熙与罗马使节关系文书影印本》第二件。
② 李明（Louis le Lomte）, *Nouveaux Mémoires sur L'état présent de la Chine*, T.I, Epire, J. Anisson, Paris, 1696.
③ 马若瑟（Prémare），即元剧《赵氏孤儿》之译者。其致谢士信，为1699年2月17日，见 *Let. Editeur*, T. XXV. p.89.
④ 安文思，字景明，路西大尼亚国人（即葡萄牙人）。明崇祯十三年庚辰来华，传教四川等处，几死者数次。顺治五年戊子来京，遇宠。死后葬于阜成门外滕公栅栏，著《复活论》二卷。
⑤ Bouvet, *op*, p.28.
⑥ 罗马华谛冈图书馆内：Borg Cin. 439，见附录。

著述，特别是关于西方各种科学，使康熙明白：不只中国有科学与艺术优秀的人才，外国也有……"①

康熙好奇，似乎非为纯知，取重实用，狄哈尔论及康熙治学时，他说："于处理国政大小事件外，犹能有时间研究科学……康熙嗜好之科学，为几何、代数、物理、天文、医学与解剖学。"②

因为爱知与好奇，康熙卧室内，所陈列者不是古物与艺术作品，乃是科学仪器。"介乎许多仪器中，最使康熙皇帝高兴的是平准器，上面装着带秒针的时计，测验非常准确，他将之陈列在卧室内。"③这不是卧室，这是一所实验室。

五

"以科学与理智征服知识阶级"④，是耶稣会传教唯一的方法，于明清之际，在中国有意外的成功。有明一代，舍《天工开物》与《徐霞客游记》外，科学著述，实凤毛麟角。自航路发现后，西学逐渐流入东土，天文与数学尤为士大夫所嗜好，形成一种新景象，⑤纵使无惊天之伟绩，然开创之功，实不能寂然埋没。

彼诺（V. Pinot）在其名著中说："因为中国人对数学天文的推重，耶稣会人士备极赞扬中国精神……实际上并非如是。"⑥彼诺（V. Pinot）文意，认西人只做夸浮宣传，不近事实。《明史》意大利传内说："其国人东来者，大都聪明特达之士，意专行教，不求禄利，其所著书，多华人所未道，故一时好异者咸尚之。"

康熙重人才，绝不肯放过西方有学之士，巴黎刊印《现代著述评

---

① Bouvet, *op*, p.3.
② Du Halde, *op*, T.I, pp.478-479.
③ Bouvet, *op*, pp. 142-143.
④ G. S. de Morant, *L'épopée des Jésuites français en Chine*, p.43, Grasset, 1924。
⑤ 参看梁启超：《中国近三百年学术史》，第 13、14 页。
⑥ V. Pinot, *La Chine et la formation de l'esprit philosophique en France*, p.21.

论》中说："中国传教之耶稣会人士，不仅信德高尚，而且精通文学、几何、天文，在欧洲为知名之士。"① 这是一种科学传教政策，耶稣会视科学为有力工具。白晋很坦白地说出："一世纪的经验，天主要我们利用科学来华传教，现在似乎更为需要。因为从此以后，借科学的力量，可以击溃偶像的崇拜。"②

1703年2月15日，洪若翰（Jean de Fontaney）写给谢士说："11月2日，皇帝宏恩要我们进京，并言凡谙数学者，皆留宫效力，余者任去内地各省，各从其愿。"③

康熙仁厚，珍念远臣，自采取一种怀柔政策，而西方人士之品德与学识，亦为重视的原因。倘如从人性方面看，除这些冠冕大道外，尚有别种细微原因，虽不重要，而实能博得帝王之欢心。

罗马华谛冈图书馆内，有一文献，很可说明耶稣会处处用心，不肯放松一个机会。"……前者朕体违和，尔等跪奏西洋上好葡萄酒，乃高年人大补之物。即如童子饮乳之力，谆谆泣奏，求皇上进葡萄酒，或者有益。朕即准其所奏，每日进葡萄酒几次，甚觉有益，饮膳亦好，今每日竟进数次，朕体已经大安。念尔为朕之诚心，不可不晓谕……"④

六

康熙重用西士，亦一实利问题，熙朝定案内，载有事实如次：永定河决，卢沟桥费八万余金始告成，未几有石料经过，有重十余万斤者，恐伤桥，工部拟用木料护之，估计约费万金。"奉旨着用西洋滑车拉过，仁等遂以绞架滑车数具运之，每架用十余人，共出数百斤之力，

---

① 《现代著述评论》，原名：*Obervation sur les écrits modernes*, 1736, T.Ⅵ, p.284.
② Bouvet, *op*, pp. 250-251.
③ *Let. Edzteur*, T.XXⅦ, pp. 76-77.
④ 华谛冈图书馆：Borg Cin. 3，见附录。

俄顷过桥，甚为轻便，并无损伤，且有护桥之费。"①

来华耶稣会人士，实际是技术人员，《传信集》内，颇多此种记载。如"刘应（Visdelou）受康熙之命，至内地各省治河"。②所以，彼诺以一种含讥语调说："在耶稣修士生活中，手艺一如强称之为机械学，亦未尝不可一较数学占重要的地位。"③但是，耶稣会人士，并不视此为侮辱，相反的，这是一种光荣，他们的目的在传教。结果，他们胜利了。

1692年3月22日，康熙下诏谕，保护全国教堂，允许人民信仰自由，有人比之如君士坦丁大帝（Constantin）。

我们只举一件小事：从康熙五十年到六十一年（1711—1722年），康神父一人购买房地，有十五处。④这虽不足说明教会发展，但是亦可窥见一斑了。次之，雍正十年，清朝禁教，广东总督报告，在广州一城内，有教堂八所，教友超过一万以上。⑤

七

1703年，洪若翰说，"康熙不惜手执圆规"⑥，静聆雅教。这是一位好学生，进度很快，"在短时期内，其才智颖出，著有《几何学》一书"⑦。白晋为康熙教授，亦曾言及："读欧克利（Euclid）《几何学》，从头到尾至少有12次之多。"⑧这可说帝王治学的佳话。

康熙治科学，亦重在实用，南怀仁所教者，复请安多默（Antoine

---

① 仁即南怀仁，此文系康熙十年十一月十四日，见《熙朝定案》第2—3页。
② Let. Editeur, T. XXVI, p.96.
③ V. Pinot, op, p. 23.
④ 罗马传信部档案，见附录。
⑤ 见陈垣：《从教外典籍见明末清初之天主教》。
⑥ Suceo Goto les Premiers Echanges de la civilisation d'orient et L'occident dans les temps. moderne, Revue de littérature comparée Examen 192. p.4.
⑦ Ibid.
⑧ Bouvet, op, pp.128-131.

Thomas）解释，特别是关于测量器具，"应用几何学，凡事有如学者们，他要彻底明白"。

康熙科学知识颇广，当时批评《中华帝国志》者，曾论到康熙科学范围，"有光学、物理学各种实验，反射学、透视学、静力学与流体力学"①。为此，康熙特别优待他们，取得尊荣地位。白晋说："康熙要他们坐在身旁，除太子外，无人能享有此尊荣者。"②不是夸张，这正是中国教师之大道。

八

自康熙三十一年诏谕后，事实上，宗教已成公开性质。高伯阳（Charles Le Gobien）叙述康熙对公教意见，认为"绝无邪乱之处"③。1693年7月，钦赐法国耶稣会修士房屋一所，位于皇城内。六年后，特许建立教堂，据《传信集》中称："帝遣使前来，以志殊恩。"④洪若翰亦说，当康熙二次南巡时（1689年），曾问："所过之处，是否亦有教堂。"⑤而最使人惊奇者，帝遣特使至南京与杭州，"代帝行祭，并询实况"⑥。

康熙不反对宗教，然亦无坚确信心，其优待西方人士，可说是外交手腕，以示大国风度。证据在开教诏谕下后，随即遣人告来华西士："须写给各省传教士，善用此种特许，毋使各地官吏有所控告。反之，朕即立刻撤销。"⑦

又在《清室外纪》，亦叙及康熙与宗教："前传闻中国皇帝有入教

---

① *Obervation sur les écrits modernes*, T.Ⅶ, p.17.
② Bouvet, *op*, p.165.
③ Gobien, *Histoire de L'étude de L'Empereur de la Chine en France la religion chrétienne*, p.126, J. Anisson, Paris, 1698.
④ *Let. Editeur*, T. XXVI, p.127, 这所教堂毁于1827年。
⑤ *Let. Editeur*, T. XXVI, p.106.
⑥ *Let. Editeur*, T. XXVI, p. 107.
⑦ *Let. Editeur*, T. XXVI, pp. 125-126.

之意。不知汝曾闻之否？但此消息不甚确实，余今日亦尚疑之。"①

耶稣会人士亦明白康熙心理，《传信集》有许多处提及，唯西人精神，始终不认失望存在，一片痴诚，相信他们的方法。第一步，借实用科学，取得康熙与学者们的同情，俾有接近机会。第二步，指出儒家理论与公教理论吻合，正如彼诺所说："这样，中国人视公教非舶来品，不特不与中国习惯与历史相冲突，而且是表现中国历史与习惯。"②

这种传教方式，虽受人攻击，却是得到教皇伊诺散第十一（Innocent XI）之允许，1681年12月3日致南怀仁信中说："承天之助，在中国传教，须借重你与你一样的人物……"③ 因之，西人憧憬着一种幻想，不说"康熙是公教的保护者"④，即说"在一世纪内，中国会成为一个公教的国家"⑤。

允礽初废立后，康熙沉入"深痛中，心脏弱，跳得很快，卧病几死"⑥，罗德先（Rhodes）进药，痊愈，遂荣任内廷御医。这在康熙与耶稣会人士关系上，又多一层友谊。

九

康熙重用西士，最显著结果，为公教发展。陈垣先生从教外典籍中，立有精论。史学家万斯同有句说："流入中华未百年，骎骎势几遍海内。"⑦ 西人善利用时机，深入宫中内部生活，难免参预机密，穆经远（Bloan Moraon）事，即一证例。余在罗马获两种文献，可以说明雍正即位后宗室与禁教之惨剧。⑧

---

① 《清室外纪》第2章。
② V. Pinot, *op.* p. 2.
③ Brucher, *La compagnie de Jésus*, p.62, 1912.
④ *Let. Editeur*, T. XXVI, p.127.
⑤ Bouvet, *op*, pp.42-44.
⑥ *Let. Editeur*. T. XXVIII, p.52.
⑦ 参看陈垣著：《从教外典籍见明末清初之天主教》。
⑧ 罗马华谛冈图书馆，Borg Cin. 439，罗马传信部档案室，东方文献，T18, p. 536, 见附录。

康熙一朝，耶稣会人士居高位者，颇不乏人。在钦天监有南怀仁与戴进贤（P. Kogler）；中俄订《尼布楚条约》时（1689 年），张诚（Gerbillon）等随索额图前去，订最公平条约。其他如白晋、巴多明（Parrenin）等，皆受特宠。"当奉旨外出时，乐队先行，丁马卫护，坐八人轿，旁有仗仪与万人伞，威风凛冽，实非笔可形容。"① 彼诺是不大同情耶稣会的，他说："一件朝衣，便是一张品德的证件。"② 这虽是一种讥笑，却有一部分真理。

洪若翰知道受西方人士指诘，在一封信内说："我可向你保证，我们绝不贪求这些虚荣，并且竭力设法避免过。但是在中国，奉旨行事，自己不能做主，不得不如此。"③

西人在康熙朝供职，其重要乃在沟通东西文化，容后专述。只地理一项，便可见到一斑。"中国地理最伟大时期，乃在 1687 年。是年法国派去许多知名学者，如张诚、刘应、李明、白晋等，由他们的工作，我们始有亚洲东部历史、人种、地理的知识与文献。"④ 圣马丁（St. Martin）的话，并非过言。

十

1722 年 11 月，圣祖驾崩，这与耶稣会是一重大打击。殷弘绪（François Xavier d'Entvecolles）写给狄氏说："幸福的时候完结了，与这位大帝一齐完结了。"⑤ 37 年后，钱德明（Amiot）谈到宋君荣（A. Gaubil）之死，写给学者利斯尔（L'Dsle），回想到光荣的过去，语调中含着沉痛的悲哀。他说："在北京，在中国，一切都改旧观，保护圣

---

① Gio Ghirardini, *Relation du Voyage fail à la Chine sur le Vaisseau l'Amphitrite. en l'année* 1698. Paris chez Nicolas pepie, pp.73-75, 1709.
② V. Pinot, *op*, p.3.
③ *Let. Editeur*, T. XXVII, p. 18.
④ Vivien de St. Martin, *Histoire de La Géographie*, Paris, p.401.
⑤ *Let. Editeur*, T. XXXVI, p.101.

教会的康熙，伟大的康熙不复存在了……"[1]

附录一（共四件）

（一）字启

傅先生知尔等所作的阿尔热巴拉，闻得已经完了。乞立刻送来以便手订，明日封报莫误。

二月初四日　和　素　传
李国屏
Borg Cin. 439

（二）启

傅巴杜　先生知二月二十五日

三王爷传旨：去年哨鹿报上发回来的阿尔热巴拉书，在西洋人们处所有的西洋字的阿尔热巴拉书，查明一并速送三阿哥处，勿误，钦此。帖到可将报上发回来的阿尔热巴拉书，并三堂众位先生所有西洋字的阿尔热巴拉书，查明即刻送武英殿来，莫误。

二月二十五日　和　素　传
李国屏
Borg Cin. 439

（三）

谕王道化，朕自起身以来，每日同阿哥等察阿尔热巴拉新法，最难

---

[1] *Let. Editeur*, T.T. XXXVII, pp.12-13.

明白，他说比旧法易，看来比旧法愈难，错处亦甚多，鹘突处也不少，前者朕偶尔传与在京西洋人开数表之根，写得极明白，尔将此上谕抄出，并此书发到京里去，着西洋人共同细察，将不通的文章一概删去，还有言者甲乘甲，乙乘乙总无数目，即乘出来亦不知多少，看起来此人算法平平尔，太少二字即是可笑也。特谕六月二十二日二更报到奉旨朕在这里都算得了。虽然，仍教他们算完启奏。钦此。

Borg Cin. 439

（四）

十月十八日奉上谕新阿尔热巴拉，朕在热河发来上谕，原有着众西洋人公同改正，为何只着傅圣泽一人自作，可传与众西洋人，着他们众人公同算了，不过着傅圣泽说中国话罢了，务要速完。钦此。

王道化 传

纪先生 知

Borg Cin. 439

附录二

四十八年正月二十五日奉上谕：西洋人自从南怀仁、安文思、利类思、徐日昇等在内廷效力，俱勉力公事未尝有错，中国人亦多不信，朕向深知其真诚，所以可信。即历年以来朕访查尔等之行，实并无过犯，况非礼之事断不去做。前者朕体违和，尔等跪奏西洋上好葡萄酒，乃高年人大补之物，即如童子饮乳之力，谆谆泣奏，求皇上进葡萄酒，或者有益。朕即准其所奏，每日进葡萄酒几次，甚觉有益，饮膳亦好。今日竟进数次，朕体已经大安。念尔等为朕之诚心，不可不晓谕，今将众西洋人传在养心殿都叫知道。钦此。

附录三

罗马传信部档案处藏有大宗东方文件，当余抄录各样交通史料时，随时发现康熙时传教士购置产业契约，皆系抄稿，余一一撮记，共二十件。

时间	卖者	买者	性质	价钱	地方
康熙三十七年八月	袁士隆	思边	房	一百五十两	钱塘县馨如坊
康熙四十年七月十五日	刘象乾	西洋南、劳	房	三百八十两	坝口街西
康熙四十一年九月	张孟升	天主堂	房	三百两	虞子号安着
康熙四十三年十月十三日	齐门徐氏	天主堂梅	房	三百五十两	长安县含光坊前街水池
康熙五十年六月十六日	刘太绪	西洋康	房	十六两二钱	南关
康熙五十一年二月十六日	龚席珍	天主堂康	房	二百四十两	
康熙五十二年九月十一日	郭起凤	西洋康	房	一百两	
康熙五十二年闰五月十六日	方烛碧	西洋康	地	四十两零二钱	城南石长屯
康熙五十四年八月十三日	沈起贵	康	房	二百六十五两	西坝口街
康熙五十五年正月初十日	衣衮	西洋康	房	五十两	
康熙五十五年六月	方自西	西洋康	地	二十二两六钱八分	城南石长屯
康熙五十五年九月二十二日	张继祯	西洋康	地	五两二钱四分一厘三毫	
康熙五十七年二月二十二日	刘子器	西洋康	房	三十两	西坝口街
康熙五十七年七月十三日	方烛碧	西洋康	地	五十一两零四分	
康熙五十九年三月初十日	方升大	西洋康	地	五两二钱二分	
康熙五十九年十二月十六日	方烛碧	西洋康	地	八两五钱四分	
康熙六十年二月初四日	董殿邦	天主堂穆、巴	房	八百两	南海甸街
康熙六十年十一月初七日	刘司兴	西洋康	房	六十五两	西坝口
康熙六十年五月二十二日	李贵荣	西洋康	地	二两八钱一分	
康熙六十一年五月二十日	任礼存	西洋康	房	九百两	北门里

总计：在 24 年内（康熙三十七年至六十一年）所买房十三，地七，而康神父所购者有十五，共费银三七八一两九三一三。

附录四（共二件）

（一）

财买结塞思黑行止恶乱，谋望非常，暗以资贤人心，且使门下之人广为延誉，称其仁孝，夸其相貌，如西洋人穆经远伊皆收为心腹，各处为之揄扬，以希图储位，众人所知。

又畏罪而诈称有扶杖而行反，私向西洋人穆经远云，因皇父欲立我为皇太子，我是以诈病回避，僭妄无耻，莫此为甚，众所共知。

允䄉往军前时，塞思黑又私与密约，若圣祖皇帝圣躬欠安，即遣人驰信军前，以便计议。此秦道然、穆经远吐供明鉴，众所共知。

塞思黑初到西宁时，穆经远恐将来移住口外，向塞思黑私虑，塞思黑云，你不知道越远越好。据此，即心怀悖乱显然，众所共知。

在西宁时，于所居后墙，潜开窗户，密与西洋人穆经远从窗户往来，商谋计议，行踪诡秘，众所共知。

又与穆经远商议，欲将资财藏匿伊所。又令穆经远觅人开铺，以便将京中带来信悉物件，先放铺中，慢慢送与塞思黑处，有何机密诡诈若此，众所共知。

塞思黑又向穆经远云，前日有人封一字叫我的太监送进来，上写山陕百姓说我好又说我很苦的话。我随people送还此字，并向伊说，我兄弟没有争天下的道理。彼时穆经远劝塞思黑将此人拿交楚仲，塞思黑云，若拿交楚仲，此人就吃大亏了。此等奸民，塞思黑不即行拿交该管官员，又恐其吃亏，纵令逸去。至云我兄弟没有争天下的道理，塞思黑身在拘禁，无权无勇，属下无人，而尚为此不争天下之语，则其平时念念不忘争天下，积想成痴，至今日，冲口随心，在在皆成悖逆，众所共知。

罗马传信部档案处 T. 18, P. 36

（二）雍正四年六月二十二日

刑部为请旨事，会看得穆经远附和塞思黑，朋奸不法一案。据穆经远供：

我在塞思黑处行走有七八年，他待我甚好，人所共知，如今奉旨审我，不敢隐瞒。

当年太后欠安，听得塞思黑得了病，我去看，他向我说，我与八爷、十四爷三人有一个皇太子，大约我身居多，我不愿坐天下，所以装病成废人。后十四爷出兵时说，这皇太子一定是他。这都是塞思黑说过的话。

我原与年希尧相与，在年希尧家会过年羹尧，后年羹尧在口外，塞思黑写了何图名字，叫我拿到年羹尧处，托他照看。我问他要什么西洋机件，他说别的都不要，就只爱小荷包。我就向塞思黑说，他叫我拿了三四十个小荷包给年羹尧，他留下了。我因向年羹尧说，塞思黑大有福气，将来必定要做皇太子的。原是我赞扬他的好处，要年羹尧为他的后，年羹尧向我说，皇上把九贝子骂了。我听见这话心上不服，因对他说：皇上骂九贝子是作用不足为凭的，怕年羹尧不信我的话，所以向他这样说的，如今一字不敢隐瞒。

塞思黑将到西宁时，我向他说，我们到了西宁，皇上若叫我们出口，如何受？塞思黑说越远越好，看他的意思远了由他做什么了。塞思黑原与阿其那允禩很好，自皇上登极后，也不如意，虽不说，我在旁也看得出来。他到西宁后，有骡夫张五往来寄信，他儿子五阿哥到西大同来，塞思黑向我抱怨，塞思黑的五阿哥告诉塞思黑说，他家人太监把允禵当日出兵时，曾嘱咐塞思黑若圣祖皇帝但有欠安，带一信给允禵的话，塞思黑也向我说过，这话是有的。在西宁听有十四爷处抄出塞思黑的帖子，他向我说，我同十四爷往来的帖子，我原叫他看了就烧，不知道他竟把帖子留下不烧，也为这事抱怨十四爷，我如今想来，他们帖子不是好话，塞思黑在西宁常向他跟随人抱怨说把我一人怎么样了，也罢了，把我跟随的都累在这里，我心上过不去，若他过一平安日，我死也甘心。底下人听这话都感激他，我也说他是好人，造出字来写信叫儿子，不愿带累他们，邀买人心，中什么用。我有一本格物穷理书，他看了说有些像俄罗素的字样，这字可以添改，不想他后来添改了，写家信我不知道。

  我住的去处与塞思黑只隔一墙，他将墙上开了一窗，时常着老公叫我。后我病了，他自己从这窗到我住处是实，他时常抱怨，我劝他求皇上，说不是时候，等三年孝满，才可求得话，我实不知道他甚么缘故。在西宁同我商量说，京中家抄了，这里定不得也要抄。我要将银子拿二三千放在你处，向你取用，怕万岁爷知道，不曾拿这银。

  上年冬天我到塞思黑那里去，向我说有一怪事："外边有个人说是山陕百姓，拿了一个帖子，我看了随退还了。向那人说，我弟兄没有争天下的理，此后再说我要拿了。"我向他说这人该拿，交与楚仲才是，他说若拿他就大吃亏了。帖子上的话，我没有看见，只见他说话神情，那帖子中明有不好的话，事情我当日原看他是个好人，后来他知道圣祖皇帝宾天时，眼泪也没有。我是外国人，逢人赞扬他，就是我该死之处，有何办处等语。

  查穆经远以西洋微贱之人，幸托辇毂之下，不遵法度，媚附塞思黑，助其狂悖。当塞思黑在京时，养奸诱党，曲庇魍魉，什物遗赠，交结朋党，而经远潜与往来，密为心腹，广行交游，煽惑人心。至塞思黑称病闲居，佯言甘于废弃，实心储位自许，鲜耻丧心已无伦比，而经远逢人赞扬塞思黑大有福气，将来必为皇太子之言。及塞思黑诸恶败露，本当立正典刑，蒙我皇上至圣至仁，令往西宁居住，冀其洗心悔罪，乃不但绝无愧惧之心，益肆怨尤之恶，而经远之穴墙往来，构谋愈密，奸逆愈深，是王法之所不容，人心之所共愤。除塞思黑已经诸王大臣同议罪，奏请王法外，穆经远应照奸党律拟斩监候，但穆经远党附悖逆，情罪重大，应将穆经远立决枭示，以为党逆之戒可也。

Valican Borg Cin. 439

《身见录》注略

一、《身见录》自序

余姓樊氏，名守义，生长山右之平阳[①]，虔事真主，惟期无歉于己而已。忆自康熙丁亥岁，季冬之月，远西修士艾先生讳者[②]，奉命遣往泰西，偕余同游。凡所过山川都邑及夫艰险风波，难更仆数，其或耳闻之而目有未睹者，我姑弗道，即所亲历，亦竟未尝笔载一端也。乃于庚子之六月，余独回归中土，时督抚提明，遵旨赴京，获觐天颜，仰荷宠眷，至辛丑孟夏，蒙王公大人殷殷垂顾，询以大西洋人物风土，余始以十余年之浪迹，一一追思，恍如昨见，爰举往返巅末，为记其略云。

二、《身见录》

起自澳门，登巨舰，备资粮，浩浩洋洋，洪无际涯，向西南而昼

[①] 樊守义生于绛州，明以州隶平阳府，清初仍旧，雍正二年改为直隶州，领五县。以故，他的墓上刻着生于绛州。
[②] 艾先生即艾若瑟，亦名艾逊爵，1662生于法国南部的尼斯，1695年到澳门。1707年，康熙遣往罗马，负驳斥多罗的禁令。1720年东还的途中，死于好望角附近。

夜行焉。行二月经过之国，巴拉哥亚①也，莫尔乃阿②也，玛辣加③也，盘噶④也，稣玛尔辣⑤也，及多海岛⑥。地气至热，物土丰厚，人烟稠密，产丁香胡椒桂皮稣木檀香佳果，终岁不绝。人之容颜，带有紫色，情性和平，大概如是。内玛辣加国⑦有大府名巴打斐亚⑧者，乃河滥打国⑨商客集居之地。有洋船二百余艘，停泊海口，兵马获⑩守城门，昼夜不懈。其城内街市中界一河，道旁树木遍值⑪河沿。凡大小西洋与夫中国种种货殖，靡不毕具，缙绅之家，构园囿于城外。余于是府停舟候风十五日而后行。

约行三四月，始见大狼山⑫，因舟中乏水，遂至亚墨里加洲⑬巴以亚府⑭。府之前乃平水湾，有大船百余艘，更有极高大而甚坚厚者为战船，上置大炮。此地富厚，地气清爽，天时无寒。产巴尔撒木香⑮、刀伤油、鼻烟、桂皮、白糖、长米、粮、畜、牛、羊，而金若银多，且易取波尔都尔国⑯。此处有地靠海边，府内建立天主堂、圣人堂、修道会院，咸

---

① 巴拉哥亚为 Palawan 的对音，亦作巴拉望，《诸蕃志》"三屿"条内作巴姥酉。魏源《海国图志》卷十一"海岛国"内说："巴拉望岛，又名巴拉瓜。"
② 莫尔乃阿为 Borneo，《明史》作婆罗。
③ 玛辣加为 Malacca，《瀛涯胜览》称满剌加，《明史》有传。
④ 盘噶即 Bangka，《岛夷志略》中称彭家，亦作邦家。
⑤ 稣玛尔辣为 Sumatra，古称须文达那，《岛夷志略》作须文答剌，今天称苏门答腊。
⑥ 多海岛，指麻六甲与波罗洲间的群岛。
⑦ 内玛辣加国即《宋史》中婆国，《岛夷志略》"爪哇"条说："爪哇即古婆国也。"
⑧ 巴打斐亚即 Batavia，即今日的雅加达。
⑨ 河滥打国即荷兰。1602年，荷人组织联合东印度公司，向印尼进行侵略，1684年，借印尼发生事故，成立殖民地的统治政权。
⑩ 获，应为护。
⑪ 值，应为植。
⑫ 大狼山，狼为浪之讹，即非洲南端的好望角，于1486—1487年由地亚士发现，称"风波角"，1488年更名为好望角。
⑬ 亚墨里加洲即美洲。1504—1505年间，刊行亚美利克·维斯补琪（Americ Vespuce）的信，他曾参加了四次航行，因而在1507年出版的地志中，将哥伦布发现的新地，即以维斯补琪的名定为亚美利加。
⑭ 巴以亚府即 Bahia，亦名圣萨尔瓦多（St. Salvator）。16世纪葡人占领巴西，1763年即以巴以亚为都城。1822年离葡独立。
⑮ 巴尔撒木香为 parfum 的译音，意为香料。
⑯ 波尔都尔国及以后的波尔多嘞尔国皆指今之葡萄牙。

极崇固。诸种器具，悉用雕金，置大学中学，各方俊秀，多会于此。人品聪颖清和，总理其间者若巡抚然，而以下文武共襄其事。有一耶稣会院在山之巅，修道者百余士人。凡所需之物，则制机轮，用一人在内行走，即时挽上，其巧妙如此。然其地不产石，所盖大堂，乃先于大西洋制就石料，移此凑成。有屋一所甚宽，其间多藏珍重，上层为书库，庄①书五六十架，不啻数十万卷，乃是巴以亚府实绩也。

是年八月初，始抵大西洋波尔多嘞尔国，进海口，多有筑防守炮台，凡洋物至此②，则发号炮，查明报知有司方许入。行五里即见京城，城外有大河③一道，从内地出流于海，停泊洋船三四百。

是日也，余登岸居耶稣会院，修士乍见，殷勤如故，即送安顿银器俱。全视④风景，壮丽可观，允称富国，无物不备。地多泉穴，其房俱三四层不一，而公侯王府，更极崇美。若天主堂、圣母堂、圣人堂纯用石造，奇峻特异，雕饰供器，悉以金银。修道院颇多，而每院修道者凡数百，并设学校，分小学四品，中学二品，大学三品。且有养济院数处，甚广大，更多富贵园囿。第三日，国王⑤召见，其宫殿之崇美，目所⑥睹者也。外设兵卫，内侍群僚，王之右有弟三人。王年近二旬，容颜温励谦和。异日复见王，命朝内游，见红帐复墙，或锦或绣，若绘画然。夏以磁器掩下截，玻璃窗、花毡垫、金镶凳、水晶桌，炫耀人目也。而朝内亦有天主堂，王之便于瞻礼者。往谒大臣，若华⑦差减耳。又翌日，王与后往宗堂谢主，其舆服华丽，则又不可胜述矣。国王之诞，余往祝其礼。国王上立，旁群臣仰上鞠躬，凡三躬，近王前，亲王手，或问答，或退班，约略如是，时康熙四十八年

---

① 庄为藏之讹。
② 凡洋物至此，文不可解，依照停泊洋船语，物当为船之讹。
③ 京城即葡萄牙首都里斯本，大河指达若（Tage）河。
④ 视当为市之讹。
⑤ 这时葡萄牙国王为若望五世（Jean V）。
⑥ 按语意，所字下似缺一未字。
⑦ 按语意，华字下似缺一丽字。

正月也，居其国已四月矣。

及辞行，给水陆照各一纸，赠程仪。王公大人各有所馈。爰起程，往东行，过依大利亚国地中海①，南望亚非利加，北眺大西洋。程途一月，风阻巴斯尼亚国②，有城如波尔多嘞尔亚国者忘其名矣。又一地，人皆安分，不炫富贵，爱清雅，惟喜亭囿，大率如是。

两月后，乃至意大里亚国界，曾入一城，宫室悉以石造，多天主堂，产阿里伐果③、榛子树。风土温和，最为丰厚。有耶稣会院，无论内之规模，见其外貌庄重，已令人景羡矣。余于此留住一日，因大舟难进，易小舟行。二月下旬，至蛇奴划国④，其属国名格尔西加⑤者，风土无非富足，亦产格里伐果，可造油。多城郭，人情与前各国无异，惟喜出外谋为⑥。王公大族，门楼峻大，金银珍宝，容人觇玩，在西洋郡⑦称是国为冠也。所盖之精，宫室之美，人才之盛，世家之富，难以尽述。城外则近海，有大小洋船百余，建塔于海口，每夜有以灯照远客船，至都司格纳诸侯之国里务尔诺⑧府，城虽不大，然坚固齐整可观，风土人情丰厚。

余于此始行陆程，至比撒⑨府，乃古府也。犹有古时宫殿宝塔遗址⑩，周城水绕。又至西合捺府，有总学⑪，招四方弟子学习格物穷理，有耶稣会院。

余居数日而后行往教化王⑫之国，其京都名罗马府，乃古来总都，

---

① 按照海程计算及文意，应当是经直布罗陀海峡，至西班牙的安达鲁西亚（Andalusia）。
② 巴斯尼亚即西班牙，文中误将巴斯颠倒，应为斯巴尼亚。
③ 阿里伐及后之格里伐皆为拉丁文 Oliva 之译音，即橄榄果。
④ 蛇奴划国为 Genova，意大利西岸的重城，属于利古利亚（Liguria）地区，航业很发达。
⑤ 格尔西加为 Corsica，原属 Genova，1768 年卖给法国。
⑥ 为似为生之误。
⑦ 按语意，郡为群之误。
⑧ 都司格纳为 Toscana，1860 年始并入意大利。里务尔诺为 Livorno，由麦地谢士（Medicis）族统治。
⑨ 比撒为 Pisa，位于阿尔诺（Arno）河畔，属都司格纳地区。
⑩ 宝塔即著名的斜塔，建于 12 世纪。遗址指公墓，有壁画为骷髅舞。
⑪ 西合捺即 Siena，总学即大学，自 14 世纪即著名。
⑫ 即教皇，这时的教皇为克莱芒十一世（Clement XI，1700—1721 年在位）。

城围百里，教王居焉。城门暮夜不闭。余至此二日，见教王，承优待，命阅宫殿，内外房宇几万所，高大奇异，尤难拟议。多园囿，有大书库，库列大厨，无论其所藏经书之多，即书柜书箱，总难屈指。开辟迄今，天下万国史籍，无不全备。教王普理圣教事，下有七十二宰相及主教司铎，本国文武，共襄王事。朝外兵卒，日数更替，法虽有绞斩流，而犯者卒少。有宫殿二所，一在伯多禄圣人堂左①，为常居；一在石马山②，为教王夏月居焉。

公侯家，绣缎饰墙，金花镶凳，宝器无价，摆设床帐，不啻万亿。其出入车马鞍帏，华美难比。使役仆卒，各以衣帽分职，城内外花园有多景致，每年修理，春夏憩息，摆列珍玩。又凡各国使臣，务极浮华，为国君光彩。邻邦货物，靡不悉具。邻邦英俊，群集城内。

人造一高梁③，长九十余里，引远高山大泉之水，流入城内，挖洞得泉，十字街堆石山，凿石人，四傍冒水，街道铺石，各家俱有水法④，货物成市，必有其类。修道者每会不计其数。天主堂、圣人圣母堂，无论内外之美，即一祭台令人看玩不尽。大概以石为之，而祭台则更以珍贵之石为之也。供器无非金银。耶稣会有十院，又有三堂。堂中所用器皿祭衣，镶珠玉金宝。又一堂系一夫妇年老者所建立，因夫妇年老乏嗣，愿献家产于圣母，而未经创制，忽夫妇同兆，见圣母指示盖堂之处，有雪者是也。时乃炎天，果见有雪处，随奏教王查阅，建一圣母堂，因名圣母雪堂⑤。有一圣若望堂⑥者，傍有古教王宫殿⑦，堂内深大，雕成十二宗徒白石像，中有圣物库，四面铁门。有一完石

---

① 此处所指，即今日的梵蒂冈宫。
② 石马山由于两座雕像得名，即 Castore 与 Pohuce。此所宫殿由般琪奥（Flaminio Fonzio）计划，建于 1574 年。
③ 高梁系指克洛底亚水道（Agua Claudia），长 38 古罗马里，引苏彼亚哥（Subiaco）水入城。
④ 水法系指喷泉。
⑤ 圣母雪堂系罗马八十圣母教堂中最壮丽者。关于建筑起源的传述，仅能追述到 13 世纪。
⑥ 圣若望堂相传君士坦丁大帝赠予教皇西尔维斯脱（Sylvestre，314—335 年在位）者，事不可靠。至教皇塞尔若斯（Sergius Ⅲ，904—911 年在位）始更名为圣若望堂。
⑦ 古教王宫殿即拉脱朗宫（Latrano），自 313 年后，各教皇居此。1308 年，此宫焚毁，于 1568 年由封达纳（Dcm Fantana）重建。

空塔[1]，可容千人。有一所非宫非殿，其房如塔，形圆，上下五层相连，有万余间，周围窗户，层层便看，乃古时养狮处[2]，今已坍毁其半矣。有一大桥名天神桥[3]，两傍多造天神石像，各执耶稣受难之具。有一大爆台[4]，铁栅，乃护守宗堂之要。

有一大堂名圣伯多禄堂[5]，堂门外有一石塔，座下四石狮，从厄日多国[6]送来。上有字迹，乃厄日多国文字。堂门外两傍，乃石围廊，内广，上平，高可三丈，二百四十八石柱，前后左右，白石圣像二百位。左右有水泉，宽二尺，水上涌。堂前面有大门七所，上面有大高石造成门楼数层。其殿宇闳阔，不一而足。柱围六抱，柱墩尤大，宝盖高十余丈，门窗数千。顶上空球内可容二十人，远望百里，傍宝盖二座，地铺花石板，柱用彩石墙，露造圣像。又有圣人伯多禄圣像，堂内葬伯多禄圣身。总言之，则殿处看人若孩。[7]又耶稣受难像在铜柱亭内。有圣额我略[8]，圣盎伯洛削[9]，圣热乐尼莫[10]，圣奥斯定[11]四位

---

[1] 完石空塔即安东石柱（CoLonna di Marcus-Aurelius）。高 92.5 米，共 28 石所成，上刻与日尔曼人战争图。中空，螺旋而上，人可至其顶，所言容千人事，不确。

[2] 养狮处即斗兽场（Collosseum），系罗马帝王维斯巴卿（Vespatienus，69—79 年在位）而建，可容五万人。初名伏洛维剧院，取维斯巴卿王朝之名；8 世纪更名为 Collosseum，有说是以剧院宏大，有说是以奈宏大石像的缘故。80 年举行落成典礼，游艺百日，死兽五千多。中古流行谚语："斗兽场永存，罗马永存；斗兽场消灭，罗马消灭。果有此时，世界末日到了。"

[3] 天神桥，横跨地伯尔河上，于 136 年由罗马帝王亚德里安（Adrien，117—138 年在位）所建。1668 年，采用泊尔南（Bernin）的设计，两边装置天使雕像十尊，以故称天神桥。

[4] 大爆台，爆为炮之误。台为圆形，临地伯尔畔，由墙内螺旋而上，墙很厚，上有宫殿，宫墙有瓦加（Vaga，1501—1547 年）的壁画。此建筑物系亚德里安所建，直到哈加拉（Caracalla）死后（217 年），罗马帝王葬于此。6 世纪时，蛮人侵入，罗马人用此守城，变为炮台，此坚固奇怪的建筑物，在中世纪时，变成了野心家争夺的藏身地，14 世纪末，归教皇所有。1527 年，教皇克莱芒七世在此受围困有六个月。

[5] 圣伯多禄堂建于 326 年，15 世纪又加改造。

[6] 厄日多国为埃及 Egypte 之译。所言石塔系罗马帝加利古拉（Caligura，37—41 年在位）时，自埃及运回。高 25.5 米，一完整石柱，1586 年，竖立于此。

[7] 按语意，这句话是形容伯多禄堂的广大，从内看人如小孩。

[8] 额我略为 Gsegoise（330—390?），著有诗文。

[9] 盎伯洛削为 Ambroise（340—397），为米兰主教，善诗文，精音律，为奥古斯定老师。

[10] 热乐尼莫为 Jerome（331—420），精哲学与神学，译《圣经》为拉丁文。

[11] 奥斯定为 Augustin（354—430），著作甚多，最著名者为《忏悔录》。

圣人之像在焉。凡石柱傍空处，则更有石圣像。堂门外左向，约行里半程①，绳②用石环洞相连，至教王内庭之路，统计伯多禄圣人堂，悉用石造并无寸木，以前略言其概。

罗马府城内学宫，一乃热尔玛尼亚国公侯子弟之学宫③，一乃厄肋西亚④国世家子弟之学宫，一乃各国世家子弟统学宫，一乃本府总学，无分贵贱，各有分师，但不若各国者在内居住，俱属耶稣会管理，别院不知其详，然所学之事，皆格物穷理之学。城内多养济院，有兵役养济院、过客养济院、穷民及痫病养济院，皆受益焉。富贵家蠲助，延内外医生，药室各有专司，其病人之床，洁净可爱，大约千间，器皿全具而且洁净也。又有孤子院，衣食俱备。圣伯多禄曾于狱中化人时，画十字于地，即得水泉，以便领洗，至今尚在。瞻礼日，各堂音乐大成时，洋洋充满，恍若天国，难以言语形容。教王视朝，与夫赐宴，威仪情状，亦复难比。

城外二十里，有国君奉教名各斯当底囊⑤者，建圣保禄堂⑥，有圣保禄泉。当时保禄为道致命，圣首下地，三掷即成三泉，余曾饮是泉水。王公家，筑园于城外三十里，有城名夫辣斯加的⑦，如园囿、水法、水琴、水风，种种奇异。又有城名底伏利⑧，亦去府城三十里。类如此，虽西洋亦属著名园者也。

---

① 约行里半程，按实际距离，应为行约半里程。
② 绳为纯之误。
③ 学宫即修道院，热尔玛尼亚指神圣罗马日尔曼帝国，即德国。
④ 厄肋西亚，按当时耶稣会发展情况，当为法国，即 Gallia 译音，果如是即当为厄肋亚。下文统学宫当为总学宫。
⑤ 各斯当底囊即君士坦丁大帝（Constantin，274—337），自306年后，逐步统一罗马帝国。
⑥ 圣保禄堂系386年狄奥多西所建，并非君士坦丁，如文中所言。1823年毁于火，1854年又重新建立，失去原建筑朴质的风格。保禄泉亦称三泉，传述如文所言，罗马人迷信饮泉水可以去病。
⑦ 夫辣斯加的为 Frascati，距罗马24公里，在阿尔班山中。景色秀丽，别墅甚多。
⑧ 底伏利即 Tivolli，距罗马城约40公里，系避暑最好的地方，瀑布甚多。别墅中最著名的为埃斯特别墅（Villa d'Este），建于1550年，为文艺复兴时代建筑的代表作品，楼台如画，喷泉林立，大小不等，水声如乐，游息于其间，宛若置身于水林。

居罗马五月，乃至热尔玛尼亚之属国挪波里[1]国中，路经各所，富足无比。入加蒲亚[2]府，有耶稣会院。因入挪波里国，都城土地，华美富厚，人性和乐。城外临海，各国船集。有山出火烟[3]，城内宫殿，有遗址并有圣迹。一乃拿禄[4]圣人之血，收藏堂中。此圣人去世多年，然每遇圣人瞻礼之日，堂中所存圣人本身之血，向系干泯，而诵圣经之时，其血复化，流如新鲜，瞻礼毕，又变为干。一乃若翰圣人之血，当日为道致命，而门人收葬圣人，惟留取圣人本身之血保存焉，无非思念圣人之功德。圣若翰以迄于今去世已一千七百余年矣。而圣人之血，尚存堂中，不独存而已，且于每遇圣若翰弥撒，诵圣若翰经，则圣人本身之血，亦化如新，变为多矣。乃弥撒经诵毕，随又变干而少。此圣迹不论何日，惟圣若翰弥撒经为定，约余诚目睹者也。

复回至罗马府，进见教化王，赐见降福，赐大设[5]圣物。在罗马起程，四[6]至都司噶纳国，都城名福乐冷济亚[7]，府内宫殿、露台、堂殿、学宫、修道会院，略与罗马府相同。有一堂经造二百余年未免[8]，坚固精巧，难以言语形容。于此往见国王，即圣德贤王，赐见，赐坐，命冠，赐问，赐饮食之物，着人送至馆。又赐游看宫殿、宝藏、花园。又往一园，内畜虎象异兽之类。另赐宝药奇异二箱，又赐车马送至交界。

又到波罗尼亚[9]大府，乃古时一都城，地极丰丰[10]，人民富庶，公

---

[1] 挪波里系古希腊人所建的殖民地，中古世纪，由纳曼人建立双西西里岛王国，此后法国、西班牙与德国经常争夺，1860年始属于意大利。这里景色美丽，多艺术作品。意人常言："看过挪波里后，好再死去！"
[2] 加蒲亚即Capua，位于乌尔杜纳（Vulturne）河畔，风景秀丽。公元前215年，汉尼拔屯军于此，因而有"深睡在加蒲亚美妙之中"的谚语，意为沉于逸乐失掉好时光。
[3] 山出火烟指维苏夫（Vesuves）火山，高1200米。
[4] 拿禄（Janvier，250?—305）系贝奈文（Beneven tum）的主教。
[5] 按文义，设应为赦之误。
[6] 四当为回之误。
[7] 福乐冷济亚为Firenze，为文艺复兴的中心。
[8] 免似为完之误。
[9] 波罗尼亚（Bolognia）位于来诺（Reno）河畔，中世纪，它的大学以法学著称。
[10] 后一丰字似为厚字。

侯世家繁众，城池宫室极华，而府内人民聪俊好学。后至莫得纳①府，诸侯都城。又到巴尔玛②大府，诸侯之都城。此府宫室人物之美，不能述记，诸侯赐见。又过巴未亚③等府，难以记述。

又至弥辣诺④大府，古时龙巴尔的亚⑤国地方，土产极丰，人性和平，府内人民俱富饶，露台宫殿，尽美难言。公侯世家俱多造物主之圣堂，有百余所。又有一总堂⑥建造至今数百余年，尚未成就，其两旁之墙垣，亦未成工，一边其柱墙如古，其一边尚未砌完。有大学宫甚多，大养济院俱系宰相圣家禄盖造。又有修道会院极多，金银宝藏花园，亦不乏有。古时宗王宫殿⑦之形迹尚存焉。此时有撒索尼亚⑧及波禄尼亚二国世子游至此府，欲见余，往见时，赐坐赐宴在大众之前，有音乐。后及辞，过诺瓦辣⑨府，极多城池。到物尔车利⑩名府，又有则济利亚⑪国王长子赐顾，余即回见焉。后又到都利诺⑫府都城，此府虽不大，见伯孟得⑬诸侯。此府土产丰厚，人性坚强有勇，好交往，又好学，又多公侯世家，臣民俱忠。诚⑭内宫室房屋，均平一体，贫富相等，乙式高大，即穷人亦与大富相同耳。又有一宗堂，在国王宫殿之内，堂中间有祭台，其台上有珍宝箱柜，外金宝镶嵌，内藏天主耶稣受难去世至宝之物，遗留与门人，至今显迹千万世焉。于次⑮

---

① 莫得纳（Modena）于1860年并入意大利。
② 巴尔玛（Parma）系伊脱拉斯人所建，1545年改为公国，与莫得纳同时并入意大利。
③ 巴未亚（Pavia）临代桑河，1525年，法朗梭与查理第五战于此而被俘。
④ 弥辣诺即Milano，系意大利北部重要城市。
⑤ 龙巴尔的亚为Lombardia。6世纪末，龙巴尔的亚人随歌德人南移，越阿尔卑斯山，入意大利北部波河流域，到处劫掠，经二十多年便定居这里，因而这块地带就称为龙巴尔的亚。
⑥ 总堂为峨特式，建于1386年，至1805年始完成，共用了419年。
⑦ 古时宗王宫殿系指斯伏尔查（Sforza）宫，今为米兰博物馆。
⑧ 撒索尼亚即Saxonia，即德同的北部。
⑨ 诺瓦辣即Novara，1513年，法人败溃于此。
⑩ 物尔车利即Vorcelli。
⑪ 则济利亚即西西里岛，那时与挪波里合而为一王国。
⑫ 都利诺即后之都林（Torino），位于波河左岸，19世纪意大利统一的中心。
⑬ 伯孟得为Piemont，意为"山麓"，撒丁王国的主要部分，在意大利的西北部。
⑭ 诚似为城之误。
⑮ 次之下似失一"日"字。

见国王，而国王赐见，亦谦恭待人。又罕见希奇之物有二，不知何人巧作。用一大架，水盘上用一巨木为柱，柱上又小转轮数个，不用人力，其轮自转作，就丝线傍着二人，可抵五六百人之工。其一有巨木欲为板者，不用人力，乃制①之水中，其锯自能推收其木，又用一绳，自能伸缩相凑，便成为板矣。

又至都林府，有默想会院一所，在于城外。每年有王侯缙绅世家，皆往此院，修省平日，善恶无亏，以八日为度，去而复更。院内楼房宫殿，清雅洁净。后又至鄂洛稣国②二诸侯之子。起身时往罗肋多③府拜圣室，其圣室在一大堂内。堂右有一大宝藏，右旁有教王行宫一所，甚坚固高大。圣室即圣母之室，乃天神朝报天主降孕之处。先载④如德亚国纳撒肋府⑤，后因年久，人民不诚，天主降罚，许寇贼入境戕害之。圣母预令天神，拔举圣室渡海，而置之玛祭亚⑥国中，乃圣母初迁是国也。越四载，国民亦复如是，圣母又徙至意大利亚国。有兄弟二人，因往者多利益，日繁，致相虐害，圣母又弃之，徙其室于罗肋室⑦，今数百年矣，不复移动，竟成罗肋多府矣。盖圣母屡迁之后，遐迩流传，朝礼者甚众，所遇困难，万种疾病，苦难灾禋，一入圣室，其病立愈消除。所以王侯公卿所赠金银极多，四海之内，奇珍异宝，概聚圣室之中。曾有盗贼，闻圣室厚积，顿起谋心，望见圣殿之顶，即若雷击，惊栗失措，不能移步，遂逃归焉。于是圣教宗主，大兴营造，宝石名木，外立巨殿，包围圣室，又以文锦奇珍彰之。置左六院所，聚博学成德之士，供之使之，或主教或祭祀，或拯济穷民之匮乏。至于奉教主并大小官职，悉感圣室之圣威灵验。所以老弱贫

---

① 制为置之误。
② 鄂洛稣国即俄罗斯。
③ 罗肋多（Loreto）属安哥纳（Ancona）省。据传述圣室移于此系1291年5月9日夜。终年朝进者，踵趾相接。
④ 载为在之误。
⑤ 如德亚即犹太，纳撒肋传说为耶稣生地。
⑥ 玛祭亚现属南斯拉夫，临亚得里亚海。
⑦ 室为多之讹。

病士民人等，无不得其养者。余拜圣室之后即往返焉。

至康熙五十七年二月，复回波尔多噶利亚国，复见国王，即赐见。温厚赐问良久，又赐黄金一百。于五十八年三月初旬，至①大西洋波尔多噶利亚国起身回中国。于康熙五十九年六月十三日至广东广州府。于是年八月二十八日至京。于九月初五日到热河，九月十一日在于波罗湖同北三十里，叩见皇上，赐见赐问良久，此乃余往大西洋之略志也。

后　记

当16世纪初，葡萄牙人发现新航路后，中国与欧洲的关系开辟了一种新的局面。随着西方侵略者殖民地的开拓，中西人士的往来亦逐渐频繁。就资料中所提供的，最早去欧洲的是郑玛诺。

郑玛诺是澳门人，字维信，自幼随意大利人卫匡国学习，继后跟他去欧洲，顺治十一年（1654年）到罗马，学格物穷理探源之学，于康熙十年（1671年）东归，住在北京，康熙十四年（1675年）去世，活了38岁。②

康熙二十年（1681年），法人柏应理西还，带了许多中国书籍，法国即借这些书籍开始了汉学的研究。为了翻译汉文，柏应理邀沈、黄二人西行。到欧洲后，沈学于葡京里斯本，于康熙三十二年（1693年）东还。黄独留巴黎，精法文，仅知在1716年仍流落在法国。③

康熙四十四年（1705年），因为"礼节问题"，罗马派多罗来华，处理纠纷。清廷以宾礼优遇，但是多罗作风不正，于康熙四十六年（1707年），自南京发布"禁约"，康熙非常不满，亲笔批"禁约"

---

① 至为自之误。
② 费赖之著：《入华耶稣会士列传》，法文本，第1卷，141号。
③ 巴黎图书馆藏：F. N. A. F. 280，有黄亲笔写的借书条，系法文，1716年2月19日。

说："览此告示，只可说得西洋人等小人，如何言得中国之大理……"①为了将是非澄清，便在同年，康熙派艾若瑟西去，樊守义随行。

樊守义②字利和，于康熙二十一年（1682年）生于山西平阳府。康熙四十六年（1707年）冬，奉清廷命令，随艾若瑟去欧洲。初学于意大利的都林，继后学于罗马，笃志好学，体质柔弱③，于康熙五十八年（1719年），偕艾若瑟东还。舟行至好望角附近，艾若瑟病故，樊守义独归中土。康熙重视所遣使臣，命两广总督赵弘灿向粤海关及香山县探查。樊守义回广东后，随即至北京。康熙六十年（1721年）夏，很多人询问欧洲的风土情况，遂将其亲身经历，写成这篇《身见录》。这是国人写的最早的一部欧洲游记，不论其内容如何，都是有特殊意义的。《身见录》原稿未曾刊行。藏在罗马图书馆中，夹在《名理探》书内。我于1937年，将原稿摄回，共14页。樊守义归国后，并无什么可叙述的地方，死在乾隆十八年（1753年）。

《身见录》原稿未分段，未断句。现在按照原文加以分段，并试加注释，也许有不少错误的地方。这篇旅欧的记录，就内容来说没有什么特殊的价值。但是，旅欧将近十三年，就他的观感记录下来，也反映了当时的情况，如意大利封建割据的分裂，充满了中世纪晚期的气氛。其次，明末西方传教士东来，自然于文化交流起了一定的作用，但是对于殖民地的发展与以后帝国主义的侵略也起了一定的影响，这是无可否认的。所谓"礼节问题"也便是文化侵略的开端。

纵使如此，我们觉着《身见录》仍有它的历史资料的意义，这是我国最早的一部旅欧游记，距今已250多年了。其性质与《佛国记》相仿佛。《佛国记》的作者为法显，晋安帝隆安三年（399年）春，发自长安，西去求经。"显俗姓龚氏，平阳武阳人。"平阳时出名人，晋时有涉绝幕的法显，清初又有渡重洋的樊守义，两人记述，幸完整传

---

① 《康熙与罗马使节关系文书影印本》第十四件，故宫博物院编。
② 费赖之著：《入华耶稣会士列传》，法文本，第2卷，310号。
③ "纵使体质不强……"，见《传信集》，第3卷，第466页。

于今日，这是有特殊意义的。为此，将《身见录》刊印，能够注释的加以注释，不妥当的地方还请读者多提意见。

本文最早刊于1941年桂林《扫荡报》《文史地》副刊52—53期，《山西师范学院学报》于1959年2月号重新刊载。

《北使记》笺注

一、绪言

  13世纪初，成吉思汗进攻中亚时，蒙古大将木华黎与金国作战，深入山西、河北、陕西等境内。金主完颜珣觉着局势的严重，于兴定四年（1220年），派遣礼部侍郎吾古孙仲端（"吾"亦作"乌"），出使北朝，翰林院待制安延珍随行。

  关于此次出使，金元两史的记载不同。《金史》记出使为一次，即自兴定四年七月至五年十二月（《金史》卷十六与卷一二四）。刘祁之《归潜志》中《北使记》与《金史》是一致的。《元史》却为两次，系于太祖十六与十七两年，而使臣又同为吾古孙。《元史》分系于两年，显然是错误的，因短促的时间内吾古孙不可能有两次的行程。

  兴定五年（1221年）夏，吾古孙奉国书前往请和，觐见成吉思汗于回鹘国，期两国和好，以兄弟相称。成吉思汗不允，并向金使说："我向欲汝主授我河朔地，令汝主为河南王，彼此罢兵，汝主不从，今木华黎已尽取之，乃始来请耶。"仲端乞哀。帝曰："念汝远来，河朔既为我有，关西数城未下者，其割付我，令汝主为河南王，勿复违也。"（《元史·太祖纪》）吾古孙出使的情况只有这样简略的记述，却说明这次出使是失败的。

吾古孙仲端，名卜吉，字子正，承安二年（1197年）策论进士。兴定四年（1220年）七月，出使北朝。初谒木华黎，安延珍留止；吾古孙独往西域，涉流沙，逾葱岭。于兴定五年（1221年），谒成吉思汗，致其使事，无结果而还。吾古孙后为翰林学士，留守汴京。感触既深，情意萧索，知国事不可为，于癸巳（1233年）正月，闭户自缢（《归潜志》卷六）。

刘祁为吾古孙朋友，记其出使事实。刘祁字京叔，山西浑源人。生于金泰和二年（1202年）。父名从益，弟名郁，同为金元间之名家。崔立事变后，文献丧失甚多，祁留心时事，著《归潜志》，保存了当时一部分资料。《秋涧集》内，王恽叙述浑源刘氏时，以刘祁活了四十八岁。这样，他死在元定宗五年（1250年）了。

《北使记》附于《归潜志》卷十三内。王国维在《古行纪校录》中，有简括的校注（《海宁王国维先生遗书》，三十七）。金人称蒙古为北朝，故以《北使记》命名。若就所记之内容言，实为出使中亚的记述，关于西辽的情形，各地的风俗，亦可补正史的不足，与其弟刘郁所作《西使记》是相同的。此就所知者试为笺注。

二、《北使记》笺注*

兴定四年七月，诏遣礼部侍郎吾古孙仲端，使于北朝，翰林待制安延珍副之。至五年十月复命。

> 吾古孙：《金史》卷一二四与《归潜志》卷六作乌古孙。又《金史》卷一六，"兴定四年七月，以乌古论仲端使大元"，按：《金史》"论"为"孙"之讹。《金史》卷一二四有"乌古孙仲端传"，应从《金史列传》作乌古孙。

---

* 本文中《北使记》原文为正文字体格式，笔者笺注为楷体格式，以为区别，望读者识之。——编者注

五年十月复命：《金史》卷一六有"兴定五年十二月丁巳，礼部侍郎乌古孙仲端、翰林待制安延珍使北还，各迁一阶"。以故原文十月应为十二月。

吾古孙谓余曰："仆身使万里，亘天之西，其所游历甚异。喜事者，不可不知也。公其记之。"

刘祁于其《归潜志》卷六中，述及记录北使记的经过。当吾古孙出使返金后，"备谈西北所见，属赵闲闲记之。赵以属屏山，屏山属余。余为录其事，赵书以石，迄今传世间也"。按：《归潜志》卷一，赵秉文号闲闲，字周臣，磁州滏阳人。李纯甫号屏山，字之纯，宏州襄阴人。刘祁以文称著，并与他们关系很深，故作此记述。

自四年冬十二月，初出北界行，西北向，地浸高，并夏国前七八千里。山之东，水尽东；山之西，水尽西。地浸下。又前四五千里，地甚燠。历城百余，皆非汉名。访其人云，有磨里奚、磨可里、纥里迄斯、乃蛮、航里、瑰古、途马、合鲁诸番族居焉。

磨里奚即蔑儿乞（Merkites）部，亦名兀都亦惕。

磨可里即客烈亦惕（Keraites），包括五个分部。

纥里迄斯即今吉尔吉斯（Kirghiz）。

乃蛮（Naimans）为大部，住斡儿寒河上游。

航里即康里（Kancalis），系乌古思支派之一。

瑰古即畏兀儿（Uigur），蒙古兴起时，畏兀儿已衰落，却仍然保存较高文化。由畏兀儿字母产生了蒙古与满洲字母。

途马即秃马惕（Toumates），其地近吉尔吉斯。

合鲁即合刺鲁（Karluks），《唐书》称之为葛逻禄，系乌古思支派之一。

又几万里，至回纥国之益离城，即回纥王所都，时已四月上旬矣。

益离城即《元史》亦剌八里（Ilbalik），位于亦列河上，城因河而得名。靠近固勤扎（Kulja），在今伊宁县内。

大契丹大石者，在回纥国中，昔大石林牙，辽族也。太祖爱其俊辩，赐之妻而阴蓄异志。因从西征，挈其孥，亡入山后，鸠集群凶，径西北，逐水草居，行数载，抵阴山，雪石不得前。乃屏车，以驼负辎重，入回鹘，攘其地而国焉。日益强，僭号德宗，立三十余年。死，其子袭，号仁宗。死，其女甘氏摄政。奸杀其夫，国乱，诛。广宗者次子立，以用非其人，政荒，为回鹘所灭。

辽族大石林牙事略，见《辽史》卷三十之《天祚本纪》。天祚保大二年（1122年），金太祖入居庸关，耶律大石自古北口逃走。次年四月，金将娄宝俘获大石，为太祖次子宗望当向导，不以俘虏对待。是年九月，大石自金逃走。

保大四年（1124年）七月，耶律大石自立为王，驻北庭都护府，即别失八里（Besbalik）。集聚十八部族首长，逐水草，以谋恢复疆土。

天会十年（1132年），大石称帝于起儿漫（Kerman），号葛尔罕（Gurkhan），改元为延庆。延庆三年（1134年），大石林牙东还，建都于虎斯斡耳朵（Ghaz-ordo），改国号为康国，即世所称之西辽。康国十年（1243年），耶律大石死，庙号德宗。其子夷列年幼，皇后塔不烟统理国政，有七年之久（1144—1150年）。继后，夷列即位，改元绍兴，在位十三年（1151—1163年）而卒，庙号仁宗。

仁宗子幼，其妹普速完掌握国政，即《北使记》所称之甘氏。改元崇福，在位十四年（1164—1177年）。

普速完为萧斡里剌子萧朵鲁不妻，与其夫弟朴古只沙里私通，杀其夫，其翁率兵围宫，射死普速完及朴古只沙里。立仁宗次子直鲁古，改元天禧，在位三十四年（1178—1211年）。

先是，于1208年，西辽史上发生两件重要的事情。一为花剌子模国王穆罕默德的势力扩大，并撒马儿罕，脱离西辽藩属而独立。一为屈出律被成吉思汗击败后，逃至西辽，受到直鲁古的庇护，并娶了他的女儿。直鲁古庸弱昏聩，启屈出律的野心。屈出律与穆罕默德联络，共谋西辽。1211年，陷虎斯斡耳朵，俘获直鲁古，西辽以此灭亡。并非如《北使记》中所说：为回纥所灭。按《北使记》文意，回纥是指花剌子模帝国。如果这样理解，回纥仅起协助的作用，非灭亡西辽的主角。

阴山即塔勒奇（alki）山，耶律楚材《西游录》谓此山东西千里，南北二百里。《西使记》说："过亦堵两山间，土平民伙，沟洫映带，多故垒坏垣，问之，盖契丹故居也。"常德过此，距西辽之亡，已四十八年。

今其国人无几，衣服悉回纥也。其回纥国，地广袤际，西不见疆界，四五月百草枯如冬。其山暑伏有蓄雪，日出而燠，日入而寒。至六月衾犹绵。夏不雨，造秋而雨，百草始萌。及冬，川野如春，卉木再华。

回纥国地广袤际，系指花剌子模帝国而言。其时花剌子模帝国统治中亚全境，东起锡尔河，西至乌尔米亚湖，东南至印度河，南至波斯湾。气候特殊，《长春真人西游记》中说："始师来觐，三月竟草木繁盛，羊马皆肥。及奉诏而回，四月终矣，百草悉枯。"又，"二月二日春分，杏花已落。"耶律楚材《西游录》，记寻斯干气候时亦称："盛夏无雨。"

其人种类甚众，其须髯拳如毛，而缁黄浅深不一，面惟见眼鼻。其嗜好亦异。有没速鲁蛮回纥者，性残忍，肉必手杀而啖，虽斋亦酒脯自若。有遗里诸回纥者，颇柔懦，不喜杀，遇斋则不肉食。有印度回纥者，色黑而性愿。其余不可殚记。其国王阉侍，选印都中之黔而陋者，火漫其面焉。

关于中亚居民之状貌，张骞西去时，便观察出他们的不同。《大宛传》中说："自大宛以西……其人皆深眼多须髯。"颜师古注《汉书·西域传》说，"今之胡人，赤眼赤须，状类弥猴者，本其种也。"但是，这仅是一种相貌，并没有什么可重视处。至于面惟见眼鼻，不能作沙网掩面，那只是形容须髯过多，仅露眼鼻。

没速鲁蛮为"Mussulman"的译音，指花剌子模居民而言。遗里为"Herat"译音，在今阿富汗境内。印都即今之印度。

其国人皆邑居，无村落，复土而屋，梁柱檐楹皆雕木。窗牖瓶器，皆白琉璃。金银珠玉，布帛丝枲极广。弓矢车服，甲仗器皿甚异。甃甓为桥，舟如梭然。惟桑五谷颇类中国。种树亦人力，其盐产于山，酿葡萄为酒，瓜有重六十斤者，海棠色殊佳，有葱美而香，其兽则驼而孤峰，牛有口脊，羊而大尾。又有狮象孔雀水牛野驴。有蛇四趾，有恶虫状如蜘蛛，中人必号而死。自余禽兽，草木鱼虫，千态万状，俱非中国所有。

盐产于山：长春真人至西域后，遇碣石城（Kesh），度铁门，又东南行，"西望高涧若冰，乃盐耳。山上有红盐如石，亲常见之。东方惟下地生盐，此方山间亦生盐"。（《长春真人西游记》卷下）

瓜有重六十斤者：耶律楚材《西游录》说："八普城西瓜大者五十斤"，又说，"瓜大者如马首"。

羊而大尾：马致远《紫芝路》中："青草畔有牧酪牛，黑河边有扇尾羊，他只是思故乡。"

蛇有四趾：刘郁《西使记》说："过立讫儿城，所产蛇皆四趾，长五尺余，首黑身黄，皮如鲨鱼，口吐紫焰。"

恶虫状如蜘蛛：刘郁《西使记》说："有虫如蛛，毒中人则烦渴，饮水立死，惟过醉葡萄酒，吐则解。"七十一著《回疆风土记》："八乂虫，新疆在在有之，形类土蜘蛛，色褐而圆，八爪微短，紫口，口有四歧，啮铁有声。……少动触之，辄噬人，最为毒恶，痛彻心髓，须臾不救，通身溃烂而死。"

有山曰塔必斯罕者，方五六十里。葱翠如屏，桧木成林，山足而泉。其裕衣缟素，衽无左右，腰必带。其衣衾茵帻，悉羊毳也，其毳植于地。其食则胡饼、汤饼而鱼肉焉。

123

兴定五年（1221年），吾古孙仲端至西域后，觐见成吉思汗于何地，史无明确的记述。《元史·太祖本纪》十六年（1221年）辛巳夏四月，驻跸铁门关，秋，帝攻班勒纥（Balkh）等城。《元圣武亲征录》说：十六年夏，"上驻军于西域速望坛（按即算端）避暑之地"。多桑述及1221年，"成吉思汗灭塔里寒后，驻夏于其附近山中"（多桑：《蒙古史》，一卷七章）。塔里寒（Talikan）位于波谜罗川（Murghab）之旁，即塔必斯军山可能为巴落帕美斯（Parapamisus）山脉中之一，亦即吾古孙谒见成吉思汗之地。

衣缟素，袄无左右：长春真人叙述中亚习尚时，"衣则或用白氎，缝如注袋，窄上宽下，缀以袖，谓之衬衣，男女适用"。

其毳植于地，此即《西使记》中所提及之垅种羊，按耶律楚材的解释，垅种羊是木绵。（《湛然居士文集》十二，《赠高善诗》）

其妇人衣白，面亦衣，止外其目。间有髯者，并业歌舞音乐。其织袄裁缝，皆男子为之。亦有倡优百戏，其书契束，并回纥字，笔苇其管。言语不与中国通。人死不焚葬，无棺椁，比敛，必西其首。其僧皆发，寺无绘塑。经语亦不通。惟和沙州寺象如中国，诵汉字佛书。

间有髯者：长春真人《西游记》卷下，"妇人出嫁，夫贫则再嫁；远行逾三月者，则亦听他适。异者，或有须髯"。

面亦衣：即指纱网，今波斯等处，妇人仍以纱网掩面，只露两目。

笔苇其管：中亚一带用苇笔，波斯人称之为Kalam。

和州为今之吐鲁番。

沙州为今之敦煌县。

予曰：嘻，异哉，公之行也。昔张骞、苏武衔命使绝域，皆历年始归。其艰难困苦，仅以身免。而公以苍生之命，挺身入不测之敌，万里沙漠，嘻笑而还。气宇恢然，殊不见衰悴忧戚之态。盖其忠义之气，素贮乎胸中。故践夷貊间，若不出闺闼然。身名偕完，森动当世，懔乎真烈丈夫哉。视彼二子亦无愧。故余乐为之书，以备他日史有采云。

《金史·乌古孙仲端列传》，论及"仲端为人，乐易宽厚，知大体，奉公好善，独得士誉"，这与刘祁的跋语是一致的。

原载《山西地方史研究》第二辑，山西人民出版社1962年版。

《西使记》笺注

绪　言

　　元宪宗九年（1259年），常德出使中亚，浑源刘郁笔录其经过，题为《西使记》，其中也反映了旭烈兀西征的事迹。

　　当成吉思汗死后（1227年），中亚问题并未得到解决。蒙古虽征服了花剌子模帝国，中亚局势亦未安定下来。波斯仍在继续抵抗，报达帝国实力强大，威胁蒙古所占领的地带。旭烈兀承袭了传统政策，于宪宗二年（1252年），受命继续向西方进攻，消灭波斯的木乃奚。此后即进兵两河流域，征服报达帝国，结束了阿拔斯王朝。复向西进军，占领叙利亚，到达地中海滨，建立起伊尔汗国。"伊尔汗"意为各族人民的统治者。便在此时，常德奉命西行，出使慰问。自宪宗九年离和林，至世祖中统元年（1260年）返国，共需时一年又二月。记中虽未提及觐见旭烈兀地点，但按照当时动向，很可能在今日之大不里士（今伊朗）。中统四年（1263年）三月，刘郁录其出使情况，成为研究蒙古向外发展的重要资料。

　　关于常德的情况，我们是不了解的。只知常德字仁卿，《元史》也没有特殊的记述。王恽《秋涧集》中，有诗二首，题其出使中亚西觐旭烈兀的情况,亦难说明什么问题,附录于常德注释中。

关于刘郁的情况,我们知道的较多一点。王恽作《浑源刘氏世德碑》(《秋涧集》卷五十八)说:"郁字文季,亦名士。中统元年,肇建中省,辟左右司都事。出尹新河,召拜监察御史。能文辞,工书翰,别号归愚,卒年六十一。"

但是关于刘郁常有混淆之处。元朝与刘郁同名者,别有一人,字仲文,析州蒲阴人。乌程施国祁于《礼耕堂丛说》中,曾为文明辨。根据刘因《静修集》卷七的叙述,刘仲文"少从事亳州参军,谢病归,杜门不出,以春秋左氏学为业。所居里名黄台,因以为号。后仕京师,为将仕郎,年六十余,命酌赋诗而终"。显然这不是《西使记》的作者,顾嗣立于《元诗选》内所采之鹊山诗。自系刘文季的作品,因文季工书翰,为篆隶真行名家,其首章末二句为:"倚天翠壁三千仞,只欠磨崖字几行。"这表现出一种自信,与其善书法是相符合的。

其次刘郁的籍贯亦误为真定人。《元史·世祖纪》有:"中统元年,召真定刘郁、邢州郝子明、彰德胡祗遹等,乘传赴阙。"这里的刘郁即《西使记》作者。那时他寄寓在真定,征召时自按居住地开列,并不是他的原籍。修《元史》者仓卒照档案抄录,未加订正,以致误刘郁为真定人。《四库》书的修订者亦未能详察,提要中亦沿此错误了。丁谦于《〈西使记〉地理考证》中(浙江图书馆丛书第二集),删去浑源二字,谓刘郁为真定人,已属错误。更进一步,又以常德为郁的本名,仁卿其字,更是错误了。前人如张星烺等已多指正。

《西使记》刊于王恽《玉堂嘉话》中(《秋涧大全集》卷九十四)。王国维于《古行纪校录》内,有简略的校注(《海宁王静安先生遗书》,三十七)。道光五年(1825年),法人雷慕沙(A. Rémusat)译为法文;光绪元年(1875年),俄人孛勒斯齐纳德(E. Bréstchneider)译为英文,对研究中古中亚史是有积极意义的。

《中州集》内,元遗山简介刘从益时说:从益"有二子,祁字京叔,郁字文季,俱有名于时"。(《中州集》,卷六)刘祁笔录乌古孙出使北朝的经过，刘郁又记述常德出使的情形，真是兄弟媲美了。从山西地方文献而言，两种记述，弥足珍贵。故就所知者试为笺注，作为研究中亚历史的资料。

《西使记》笺注[*]

壬子岁，皇弟旭烈统诸军，奉诏西征，凡六年，拓境几万里。

《元史·宪宗纪》，宪宗二年壬子（1252年）秋七月命"旭烈征西域素丹诸国"。宪宗即蒙哥的庙号。旭烈即旭烈兀，拖雷之子，蒙哥之弟，生于元太祖十二年（1217年），死于至元二年（1265年）。

宪宗三年（1253年）五月二日，旭烈兀离和林。宪宗六年（1256年）师次阿姆河，继入波斯，击溃木乃奚的抗拒。宪宗八年（1258年）灭报达帝国。宪宗九年（1259年）入叙利亚。继因蒙哥皇帝之死，停止远征。

己未正月甲子，常德字仁卿，驰驿西觐。

宪宗九年（1259年），常德离和林西行，依据波斯所记，那时旭烈兀驻帖必力思，亦作大不里士（Tabriz），常德应至其地。关山万里，途路艰辛，王恽称赞常德的西觐，附其《题常仁卿运使西觐记行》诗二律：

九万鹏搏翼，孤忠驾使轺。功名元有数，风雪不知遥。抵北逾鳌极，维南望斗杓。胡生摇健笔，且莫诧东辽。

三策条民便，逾年致节旄。梦惊羊胛日，险历幻人刀。碧碗昆坚异，黄金甲第高。白头书卷里，留滞敢辞劳。（《秋涧大全集》，卷十二）

自和林出兀孙中，西北行二百余里，地渐高。入站，经瀚海，地

---

[*] 本文中《西使记》原文为正文字体格式，笔者笺注为楷体格式，以为区别，望读者识之。——编者注

极高寒，虽暑酷，雪不消。山石皆松文。西南七日，过瀚海，行三百里，地渐下。有河阔数里，曰昏木辇，夏涨以舟楫济。

和林即哈剌和林（Karakorum），因和林川得名。今称额尔德尼昭（Erdenitso）。兀孙，《四库》本作乌孙，泛指今蒙古人民共和国西部及新疆的东北部。

昏木辇，蒙古人称浑浊为昏（hun），称河为木辇（Muren）。昏木辇意为"浑浊河"。按时间估计，当为今之额尔济斯河。

数日过龙骨河。复西北行，与别失八里南已相直，近五百里。多汉民，有二麦黍谷。河西注潴为海，约千余里，曰乞则里八寺。多鱼可食。有碾硙，亦以水激之。

龙骨河即乌伦古（Ulungur）河。所注入之乞则里八寺（Kizilbash）海，即今之乌伦古湖。1872年，于河入口处建布伦托海城。《元史》卷一四九《郭德海传》，有"从先锋柘柏西征，渡乞则八里海"之语。

别失八里（Beshbalik）为唐之金满县，系北庭都护所在地，在今乌鲁木齐东孚远县的北部。突厥称"五"为别失，称"城"为八里。耶律楚材《西游录》，称此城为"鳖思马"。

南已相直的"已"为北之误。南北相直始可与下文相接。《汉西域图考》卷三有说明，已为北之讹。

碾，《丛书集成》本（简作《丛书》本）作辗。

行渐西有城曰业瞞，又西南行，过孛罗城，所种皆麦稻。山多柏，不能株，络石而长。城居肆圊，间错土屋，窗户皆琉璃。城北有海，铁山风出，往往吹行人堕海中。西南行二十里，有关曰铁木儿忏，察守关者皆汉民。关径崎岖似栈道。

业瞞（Emil）为河名，亦为城名。《元史》称业瞞城为叶密里，《西域图志》称为额敏城，今称为额敏县。

孛罗（Borotala）为河名，亦为城名。孛罗城《元史·西北地附录》作普剌，《西游录》作不剌，今作博罗县。

城北有海，海指亚拉湖（Alakul）。鲁柏罗克（G. Rubruck）于1253年（元宪宗三年）曾经此地，记述海中有岛，岛上有山，称阿拉尔脱伯（Araltube）。此山即铁山，亦即《郭德海传》中所说的铁山。山峡中，时起大风，可将行人吹堕海中。

铁木儿忏系蒙古语"Temor cham"的译音，意为"铁的路"。元时称之为松关，今称之为松树头。《湛然居士集》卷三，有《过夏国新安县》诗："昔年今日度松关，车马崎岖行路难。瀚海潮喷千浪白，天山风吼万林丹。"祁韵士《西域释地》，释及塔尔奇山时说："由博罗塔拉越此山之岭而入，峻险如关，阔路曲折，通一线为果子沟。林木茂密，疑非凡境。"

出关，至阿里麻里城，市井皆流水交贯。有诸果，惟瓜、蒲萄、石榴最佳。回纥与汉民杂居，其俗渐染，颇似中国。又南有赤木儿城，居民多并汾人。有兽似虎，毛厚，金色无文，善伤人。有虫如蛛，毒中人则烦渴，饮水立死。惟过醉葡萄酒，吐则解。有嗏酒。孛罗城迤西，金银铜为钱，有文而无孔。方至麻阿中，以马棒拖床递铺，负重而行疾。或曰，乞里乞四，易马以犬。

阿里麻里，回语为Almalik。鄂本笃在《契丹导言》中说："固尔扎（Kulja）位于伊犁河上，距古代阿力麻里城不远。"根据俄人谢米诺夫所说，固扎尔西北四十俄里伊犁河谷处为阿里麻里，在今伊宁县境内（参看岑仲勉先生《蒙古史札记》）。《长春真人西游记》说："土人呼果为阿里马，盖多果实，以是名其城。"

赤木儿，《四库》本作齐穆尔。耶律大石西移时，统率汉军，多有并汾人，留在那里落户成家。似虎之兽系凶猛的野猫，体力甚强，皮很珍贵，蒙古人称为歇鲁斯（Shelus）。

毒蛛，土人称之为哈剌库尔忒（KharaKurt），意为黑虫，系虫中最毒者，咬人即死。清七十一《回疆风土记》（《小方壶斋舆地丛钞》，第二帙），称之为"八义虫"，形似"土蜘蛛，色褐而圆，八爪微短，紫口，只有四歧，啮铁有声"。

嚼酒，《丛书》本作畜酒。

麻阿，未详。按文意似指阿里麻里。

乞里乞四为吉尔吉思（kirghiz），《新唐书》称为黠戛斯。

二月二十四日，过亦堵两山间，土平民伙，沟洫映带，多故垒坏垣。问之，盖契丹故居也。计其地去和林万五千里而近。有河曰亦，运流汹汹东注。土人云，此黄河也。

亦堵为"夷朵之略也"（王国维：《西辽城考》）。亦堵即《辽史·天祚纪》之虎思斡尔朵（Guz Ordo）。耶律楚材《西游录》说："又西有河曰亦列，其西有城曰虎思窝鲁朵，即西辽之都是也。"亦堵在吹河（Chu）之畔。

亦河"即叶河，亦即碎叶之略"（王国维，同上）。隋唐时，称吹河为碎叶川。准噶尔人言混浊曰"吹"，故土人说吹河为黄河。

《丛书》本误断句为"有河曰亦运"，运当与"流汹汹"相连。

二十八日，过塔剌寺。三月一日，过赛蓝城，有浮图，诸回纥祈拜之所。三日，过别石兰，诸回纥贸易，如上巳节。四日过忽章河，渡船如弓鞋然。土人云，河源出南大山，地多产玉，疑为昆仑。山以西多龟蛇，行相杂。邮亭客舍，氄如浴室。门户皆以琉璃饰之。民赋岁止输金钱十文，然贫富有差。

塔剌寺（Talas）为河名，亦为城名。塔剌寺城即汉时的郅支城（《汉书》七十，《陈汤传》）。《元史》作答剌速。河名今仍旧，城名今为Auliata。

赛蓝即塞里木（Sairam）。《明史》卷三三二说："赛蓝在达失干之东，西去撒马儿罕千余里。有城郭，周二三里，四面平旷。"王国维注《长春真人西游记》，以赛蓝为唐初笯赤建国。

别石兰似为石国的都城柘折（Chaj）。拉施特称之为白讷克特（Binkath）。《明史》作达失干（Tashkend）。长春真人西行时，自赛蓝至霍阐没辇，需用六天时间。常德经此时，自赛蓝至忽章河，路途相同，而仅用三天的时间。按时间推算，当为今之塔什干城。

忽章河即今之锡尔河（Syr Darya）。《隋书》与《唐书》中称药杀水。大食称细浑河（Sihun），突厥称叶叶河（yapyap），意为川流不息。

蒙古西侵后，规定丁税最富者每人每年纳十底纳尔（Dinar），贫者纳一底纳尔。这样造成贫者负担过重。1258年，阿儿浑陈明此弊，旭烈兀敕令改变丁税，贫者仍旧，富者增至五百底纳尔（多桑：《蒙古史》，四卷五章）。

南大山，《丛书》本作南太山，以大山为是。

八日过挦思干。城大而民繁。时群花正坼花，惟梨、蔷薇、玫瑰如中国。余多不能名。隅城之西，所植皆蒲萄粳稻，有麦亦秋种，其乃满地。产药十数种，皆中国所无。药物疗疾甚效。曰阿只儿，状如苦参，治马鼠疮，妇人损胎及打扑内损，用豆许，咽之自消。曰阿息儿，状如地骨皮，治妇人产后衣不下，又治金疮，脓不出，嚼碎傅疮上即出。曰奴哥撒儿，形似桔梗，治金疮及肠与筋断者，嚼碎傅之自续，余不能尽录。

挦思干即撒马儿罕（Samarkand），《希腊古地志》作marcanda。《大唐西域》作飒秣建，在今乌兹别克。挦思干位于塞拉夫森河（Zarafshan）南，此河亦称金河，源出于吉沙尔山。《丛书》本干讹作千。

《丛书》本坼作开，坼后之花字在梨字之后，作"时群花正开，惟梨花，蔷薇……"

《丛书》本无隅字。又缺"其乃"二字，按文意删去是不妥当的。

所言阿只儿、阿息儿及奴哥撒儿药物，均为李时珍辑入《本草纲目》二十一卷内。惟李著中称《西使记》为《西域记》，不知所本。

十四日，过暗不河。夏不雨，秋则雨。溉田以水，地多蝗，有鸟飞食之。十九日，过里丑城，其地有桑枣，征西奥鲁屯驻于此。二十六日，过马兰城，又过纳商。草皆苜蓿，藩篱以柏。二十九日，殚扫儿城，山皆盐，如水晶状。

暗不河之"不"系木之误，《元史·郭宝玉传》有"次暗木河"之语。暗木河（AmuDaria）古称妫水（Oxus），今称阿姆河。大食称之为只浑河（Jihun），亦作齐红河。

里丑城不可考。按文义，"征西奥鲁屯驻于此"，而奥鲁（Ogrouk）意为留置眷属及辎重之处，那么旭烈兀于宪宗六年一月初，渡阿姆河后，曾结营于泰布儿干（Schaubourgan）草原，于此驻冬（多桑：《蒙古史》，四卷四章），即里丑城当在此地的周近。

马兰，《元史》作麻里兀，亦作马鲁（Merv）。《后汉书·安息传》称之为木鹿。

纳商，《元史》作你沙不儿（Nishapur）。尼沙与纳商音相近，不儿为城之意。

殚扫儿城前缺一"过"字，依《丛书》本补正。城的位置不可考。按自纳商至殚扫儿城只用了三天的时间，距木乃奚国仅六七里，这样情况，殚扫儿城可能在沙赫鲁德（Shahrud）周近。宪宗六年六月，旭烈兀至徒思城（Tus），结幕于阿儿浑园，继后又至尼沙不儿。到十一月去木乃奚国时，曾经过沙赫鲁德，而这一带至今仍是产盐地区。为此，殚扫儿城可能在沙赫鲁德城的周近，或者就是这个城。

近西南六七里，新得国曰木乃奚。牛皆驼峰黑色。地无水，土人隔山岭凿井，相沿数十里，下通流以溉田。所属山城三百六十，已而皆下。惟担寒西一山城名乞都不，孤峰峻绝，不能矢石。丙辰年，王师至城下，城绝高险，仰视之，帽为坠。诸道并进，敌大惊。令相大者纳失儿来纳款。已而兀鲁兀乃箄滩出降。箄滩犹国王也。其父领兵别据山城，令其子取之。七日而陷。金玉宝物甚多，一带有直银千笏者。

木乃奚，《元史》作木剌夷（《太宗纪》），亦作没里奚（《宪宗纪》），同为大食语 Malahidas 的译音。波斯语称木乃奚为亦思马因（Ismail），意为"迷途者"。这个国家实力很强，占领枒梭答而（Mazanderan）及库底斯坦（Kurdistan）地区。堡寨很多，选择地势险峻的绝壁，以资防守，与蒙古人作长期对抗。其寨著名者，有阿拉模兹（Alamut）与乞都不（Ghirdkuh）等。波斯缺雨，自古即组织复杂的人工灌溉，隔山凿井，称之为坎儿井（kariz），亦称暗井。

所属山城三百六十，《丛书》本作三百五十。

担寒可能为里海南 Damghan 的对音。《丛书》本担误作檐。乞都不，《元史·郭侃传》作乞都卜。此城须悬梯上下，守以精兵悍卒。当蒙古大将怯的不花围攻之时，郭侃架炮轰击，守将火者纳失儿投降。按：原文大为火之误。火者，尊称也。故"令相大者"应为"令相火者"。

兀鲁兀乃应为兀克乃丁（Rokn-ud-din khourschah），系阿老瓦丁（Ala-ud-dinllmohammed）之子。1255 年 12 月 2 日，阿老瓦丁被暗杀后，其子兀克乃丁继位，成为木乃奚的统治者，常居麦门底司（Mei-moun-diz）。兀克乃丁命其民遵守正教，清除盗匪，以期有所建树。是的旭烈兀西征，木乃奚割据堡垒，失掉互相联系，而蒙古吸取中国攻城战术，所向无敌。兀克乃丁迫于形势，不得已有投降之意，但是态度并不坚决。为了利用他的影响，旭烈兀施以压力，1256 年 11 月 19 日，兀克乃丁投降蒙古。次年正月，随旭烈兀至哈马丹，受到旭烈兀的优待。便在这一年，兀克乃丁自请入朝蒙哥皇帝。既至后，蒙哥拒绝接见，于返归的途中，蒙古命人杀之于统阿山附近。

山城指阿剌模兹，系木乃奚首都。阿剌模兹在可疾云（Kazvin）东北的爱尔不斯山（Elburs）中，建于 860 年。此城地形优良，凿岩为室，储存宝物、图书、粮食甚多，经久不变，可保存长久的时间。旭烈兀巡视时，见此高山绝岭，深为惊异。蒙古围攻阿剌模忒时，兀克乃丁之父已死。蒙古人纵火焚烧房屋，却取得许多珍贵的图书及仪器。

金玉宝物，依《丛书》本补入"玉"字。

其国兵皆刺客，俗见男子勇壮者，以利诱之。令手刃父兄，然后充兵。醉酒，扶入窟室，娱以音乐美女，纵其欲。数日，复置故处。既醒，问其所见，教之能为刺客，死则享福如此。因授以经咒日诵，盖使蛊其心志，死无悔也。令潜使未服之国，必刺其主而后已。虽妇人亦然。其木乃奚在西域中最为凶悍，威胁邻国四十余年。王师既克，诛之无遗类。

木乃奚系波斯回教的宗派，属十叶派。亦称亦思马因派。好勇斗恨，自视如神，阴结党羽，使权贵畏慑。常采用暗杀方法，消除异己，因称之为"刺客派"。刺客之名，源于叙利亚的亦思马因人。称此等人为哈失歆（Haschischin）。富浪人读此字为"Assissin"，由此而引申出法文Assassln，意为刺客或暗杀者。

旭烈兀出师时，蒙哥命他灭尽亦思马因人。征服木乃奚后，单就库底斯坦一地区，死者达万二千人。其未死之木乃奚人，如，犹太人分散于诸国。受刺客威胁者，至此始安。（参看多桑:《蒙古史》，四卷四章）

威胁邻国四十余年，《丛书》本作霸四十余年。

四月六日，过讫立儿城。所产蛇皆四趾，长五尺余。首黑，身黄，皮如鲨鱼，口吐紫焰。过阿剌丁城，裼咱苍儿人，被发，率以红帕首。衣青如鬼然。王师自入西域，降者几三十国。

讫立儿，《元史·郭侃传》作兀里儿。宪宗七年（1257年）正月，蒙古军于此伏兵取胜。按自媂扫儿城至此的时间推算，当在今德黑兰的西边。

阿剌丁即阿剌模忒（Alamut），《郭侃传》作阿剌汀，蒙古军

135

破木乃奚游兵三万。祸咱苍儿系 Mqzenderan 的译首，苍为答字之讹。祸咱答儿为波斯省名，即今之基良省。

红帕首，《丛书》本作红帕勒首，多勒字为是。

有佛国名乞石迷西，在印毒西北，盖传释迦氏衣钵者。其人仪状甚古，如世所绘达摩像。不茹荤酒，日啖粳一合，所谈皆佛法，禅定至暮方语。

乞石迷西即《新唐书》所称个失蜜。《元史·郭侃传》作乞石迷，今称克什米尔（Kashmir）。开元八年（720年）八月，唐遣使册个失蜜国王真陁罗秘利为个失蜜国王（《册府元龟》卷九六四）。元宪宗二年（1252年）秋七月，命诸王托罗该萨奇勒征身毒。宪宗三年夏六月命塔塔儿带等征怯失迷儿等国。《西使记》所言或即此次出征的结果。《郭侃传》说："至乞石迷部忽里箕滩降。"

丁巳岁，取报达国。南北二千里，其主曰合里法。其城有东西，城中有大河。西城无壁垒，东城固之以甃，绘其上甚盛。王师至城下，一交战，破胜兵四十余万。西城陷，皆尽屠其民。寻围东城，六日而破，死者以数十万。合里法以舸走获焉。其国俗富庶为西域冠。宫殿皆以沈檀乌木降真为之。壁皆黑白玉为之。金珠珍贝，不可胜计。其妃后皆汉人。所产大珠曰太岁强兰石瑟瑟金钢钻之类。带有值千金者。其国六百余年，传四十年，至合里法则亡。人物颇秀于诸国。所产马名脱必察。合里法不悦，以橙浆和糖为饮。琵琶三十六弦。初合里法患头痛，医不能治。一伶人作新琵琶七十二弦，听之立解。土人相传，报达诸胡之祖，故诸胡皆臣服。

丁巳为1257年。当旭烈兀征服木乃奚后，即着手准备征服报达的工作。1257年9月21日，旭烈兀遣使至报达，通知哈里法谟斯塔辛（Mosta'ssim）投降。谟斯塔辛庸弱无能，沉溺逸乐，妄自尊大。在位十五年（1242—1257），无所建树。其复旭烈书，有"余将为伊兰之主，进兵杜兰，恢复原状。持此举将足以变更世界面目"之语，说明他昧于形势而不知大祸之将临。

合里法，《丛书》本误作："其王曰合法里。"

1257年11月中，旭烈兀军次曲儿忒山地，结营于塔克怯斯剌（Thak-kessra）附近。这时候，蒙古大将怯的不花已占领罗耳大部分土地。1258年1月，蒙古大军已渡达过水，达过水即今之底格里斯河。18日，旭烈兀结营于报达城东。30日，蒙古诸军同时进攻，战斗剧烈。2月5日，蒙古军占领阿只迷门楼。哈里法知大势已去，三次遣人投降，旭烈兀拒绝接见。10日，谟斯塔辛率其三子及阿里族人三千，亲至旭烈兀军营，旭烈兀以礼接见，留于怯的不花营中。13日，蒙古大军入城。15日，旭烈兀宴诸将于哈里法宫中。劫掠报达城有七日之久，蒙古人获得无数的财富。

"妃后皆汉人"的说法是不够正确的。报达城沦陷后，旭烈兀命人籍其后宫人数，得嫔妃女奴七百人，宦者千人。旭烈兀允许选留百人，谟斯塔辛选其亲属。西方记述中未见有提及汉人者。

东城固之以甕罌，王国维校本多一罌字，依《秋涧》本删去。

报达城陷后，屠城七日，秽气满城，旭烈兀移驻城外瓦迦夫（Vacaf），命人召谟斯塔辛，合里法知在所难免，决意就死。2月20日，蒙古军以囊盛谟斯塔辛及其长子，并宦者五人，在瓦迦夫附近，驱群马践踏，至死为止。谟斯塔辛死之日，旭烈兀任命阿里八哈都儿（Ali Bahadour）为报达长官。谟斯塔辛活了四十六岁。

"传四十年"的"年"为"主"之误，依《丛书》本改正。

公元762年，合里法满速儿（Al Manssour，745—775）定都于报达城，横跨达过水。632年，阿布伯克（Abou-Bek）建立第一任合里法。但是，在750年，阿布尔阿拔斯（Aloul-Abbas）建立阿拔斯王朝，传至谟斯塔辛为三十七世，并非四十世。若以穆罕默德纪年言，自622年至1258年共为636年，即常德所言六百余年是正确的。

旭烈兀西征，灭木乃奚与报达，在波斯建立起一个新国家，称伊尔汗国，都于帖必力思（Tabriz），统治了七十八年（1256—1334）。

报达之西，马行二十日，有天房。内有天使神，胡之祖葬所也。师名癖颜八儿。房中悬钱缗，以手扪之，心诚者可及，不诚者，竟不得扪。经文甚多，皆癖颜八儿所作。辖大城数十，其民富实。

天房指默伽（Mekka）言，亦柞麦加。祖葬所指黑石殿（ka'aba）。穆罕默德不葬于麦加，而葬于麦地纳。

癖颜八儿，《四库》本作巴延巴尔，系波斯语 Peighember 之对音，意为"先知者"。

西有密乞儿国，尤富。地产金，入夜视有光处，志之以灰。翌日发之，有大如枣者，至报达六千余里。

阿拉伯人称埃及首都开罗为密乞儿（Misr），开罗建于973年。《元史·郭侃传》作密昔儿。当蒙古军向西亚扩张的时候，埃及强盛，于1249年俘获法王路易九世。那时，法王为封建领主的领袖，继续十字军的侵略战争，侵略埃及而为埃及所挫败。1250年，名将艾伯各（Eibeg）即位，在埃及建立马麦鲁克（Mamlloucs）王朝，奋发图强，抗拒外来敌人的侵略。

报达灭亡后，旭烈兀向叙利亚进军，以怯的不花为前锋，占领摩苏尔、阿勒坡、大马士革等城。自忽秃思（Couttouz）为埃及算端后，决心抗拒蒙古的侵略，1260年7月（不是9月），两军战于拜桑（Baissan）附近，蒙古军遭受到沉痛的打击，怯的不花战死。旭烈兀震惊，急欲为怯的不花复仇，但是因蒙哥皇帝的死，被迫放弃报复性的侵略，他不能再作远征了。

国西即海，海西有富浪国。妇人衣冠如世所画菩萨状。男子胡服，皆善寝，不去衣。虽夫妇亦异处。有大鸟，驼蹄，苍色，鼓翅而行。高丈余，食火，其卵如升许。

富浪国指欧洲而言，系 Franks 的译音。当欧洲十字军处于衰落的时候，路易九世遭受到挫败，故遣使鲁柏罗克（G. Rubruk）至和林，1254年1月3日，觐见蒙哥皇帝，企图结盟，拒抗土耳其，以保护欧洲人在西亚所获的利益。终于无结果而还。

大鸟即鸵鸟。陈藏器说："高七尺，足如橐驼，鼓翅而行。"（《本草纲目》卷五十下）

依库本补卵字。

其失罗子国出珍珠。其王名袄思阿塔卑。云西南海也，采珠，盛以革囊，止露两手。腰纼石坠入海，手取蛤并泥沙，贮于囊中。遇恶虫，以醋噀之即去。既得蛤满囊，撼纼，舟人引出之，往往有死者。

失（石）罗子（Shiraz），《元史》作泄剌失（《西北地附录》）。在波斯故都柏舍波里（Persepolis）南。到中古后期，石罗子衰落，其商业为记施（Kish）所代替（《诸蕃志》，卷上）。

袄思阿塔卑，《元史·郭侃传》作换斯干阿答华。阿塔卑为Atabeg的译音，系地方首长的称号。

印毒国去中国最近。军民一千二百万户。所出细药、大胡桃、珠宝、乌木、鸡舌、宾铁诸物。国中悬大钟，有诉者击之。司钟者纪其事及时，王官亦纪其名，以防奸欺，民居以蒲为屋，夏大热，人处水中。

印毒即印度。蒙古人侵印度仅至印度河流域。到宪宗时虽有征身毒及怯失迷儿之举，并无结果可言。

己未年七月，兀林国阿早丁箅滩来降，城大小一百二十，民一百七十万。山产银。

1259年蒙古征兀林国事，《元史·郭侃传》言之较详。"己未破兀林游勇四万，阿必丁箅滩大惧，来降，得城一百二十。"这样，阿早丁之早为必之误。《四库》本作乌兰国阿克丹。兀林国当在石罗子与乞里湾之间，很难确定切实地方。戊午年（1258年），郭侃征富浪后，师还至中亚西南部石罗子，又至宾铁。己未年又至兀林及乞里湾。按其进军行程，排列顺序，即兀林国应为波斯南部滨海地区，现在的第七省。

黑契丹国名乞里弯，王名忽教马丁箅滩。闻王大贤，亦来降。其拔里寺大城。狮子雄者，鬃尾如缨，拂伤人，吼则声从腹中出，马闻之怖溺血。狼有鬃。孔雀如中国画者，惟尾在翅内，每日中振羽。香猫似土豹，粪溺皆香如麝，鹦鹉多五色，风驼急使乘，日可千里。鹁鸽传日亦千里，珊瑚出西南海，取以铁网，高有至三尺者。兰赤生西南海山石中。有五色鸭，思价最高。金钢钻出印毒，以肉投大涧底，飞鸟食其肉，粪中得之。撒八儿出西海中，盖璕玎之遗精；蛟鱼食之，吐出，年深结为，价如金。其假者，即犀牛粪为之也。骨笃犀大蛇之角也，解诸毒。龙种马出西海中，有鳞角。牡马有驹，不敢同牧。骝马引入海，不复出。皁雕一产三卵，内一大者，灰色而毛短，随母影而走，所逐禽无不获者。墭种羊出西海，羊脐种土中，溉以水，闻雷而生。脐系地中，及长，惊以木，脐断，啮草，至秋可食，脐内复有种。又一胡妇，解马语，即知吉凶，甚验，其怪异等事，不可殚纪。往返凡一十四月。

  黑契丹即西辽。乞里弯即今之给尔曼（Kerman）。当成吉思汗于1218年征服西辽后，哈籍伯（Borak Hadjib）逃走至给尔曼，自立为主，建立新国，维持到1309年。忽教马丁，《郭侃传》作忽都马丁，投降蒙古，借以维持流亡局面。拔里寺城，依据张星烺意见（《汇篇》，五册）似指给尔曼首府 Bardashir 城。

  这段所叙述妁各种奇产异物，久经传述，真伪相杂，兹就特殊者，简注如次。

  香猫：亦称灵猫，李时珍依据刘郁所述收入《本草》五十一卷中。

  珊瑚：波斯语为 marjan。景教碑有"南流珊瑚之海"。

  兰赤：《辍耕录》卷七，回回石头有刺，色艳如红玫瑰，即红宝石。兰赤译音而兼译意。兰即《辍耕录》所称之刺，系波斯语 Lal 的译音。

  思价最高，库本作其价最高，以其为是。

  撒八儿：系阿拉伯语 Anbar 的译音，即龙涎香。

璕玞：《本草》记述大如扇，似龟甲有文，解毒兼辟邪。

年深结为：《丛书》本作年深结成，以结成为是。

垄种羊：《湛然居士集》卷十二《赠高善长》说："西方好风土，大率无蚕桑，家家植木绵，是为垄种羊。"按此，垄种羊为木绵的别名。

郁叹曰：西域之开，始自张骞。其土地山川固在也。然时代浸远，国号变易，事亦难考。今之所谓瀚海者，即古金山也。印毒即汉身毒也。曰鸵鸟者，即安息所产大马爵也。蜜昔儿即唐拂菻地也。观其土产风俗可知已。又《新唐书》载拂菻去京师肆万里，在海西上，所产珍异之物，与今日地里正同，盖无疑也。中统四年三月浑源刘郁记。

丁谦改"郁叹曰"为"郁跋曰"。据《秋涧集》仍以"叹"为是。拂菻是拜占庭，密昔儿是埃及，不能混而为一，刘郁所言是错误的。

中统四年为1263年。

原载《山西地方史研究》第二辑，山西人民出版社1962年版。

《佛国记》笺注[*]

法显昔在长安，慨律藏残缺。于是遂以弘始二年，岁在己亥，与慧景、道整、慧应、慧嵬等同契，至天竺寻求戒律。

《晋书》载记十七《姚兴》上，有"改元弘始"的话，却没有说相当于晋帝的哪一年。但是在姚兴改元弘始后，提到襄阳流入万人叛晋而奔姚兴，《晋书·帝纪十》将此事系于安帝隆安二年十二月。这样可以确定姚兴改元弘始在隆安二年十二月前了。己亥为隆安三年，改元弘始时为元年，所以法显称其动身时为弘始二年。

《高僧传》初集卷三说到法显，"以晋隆安三年（399）年，发自长安，西渡流沙"。按在乾归国法显夏坐时间推算，即他离开长安的时间，应该是在隆安三年三月间。《〈法显传〉考证》中，日人足立喜六说："依《晋书》后秦姚兴改元弘始，时在隆安三年九月，实法显发迹长安后之事也。"这样说法是不够妥当的。

初发迹长安，度陇，至乾归国，夏坐。

陇指陕西与甘肃间之陇山，山高而长，古称"欲上者七日乃

---

[*] 本文中《佛国记》原文为正文字体格式，笔者笺注为楷体格式，以为区别，望读者识之。——编者注

得越"。

　　《晋书》载记二五称，乞伏国仁死后，乞伏乾归被推为"河南王，赦其境内，改元曰太初"，这是发生在太元十三年（388年）。隆安元年（397年），吕光"遣其子纂伐乾归，使吕延为前锋。……引师轻进，果为乾归所败，遂斩之"。乾归取胜后，因"所居南景门崩，恶之，遂迁于苑川"。按洪亮吉《十六国疆域志》卷十五，苑川"即今兰州理是也"。法显到时，这个小国暂时安定，法显去后的次年（400年），这个国便为后秦灭亡了。《晋书》十说："隆安四年秋七月，姚兴伐乞伏乾归降之。"

　　夏坐亦称安居，雨季时静修的意思。《西域记》卷八说："故以四月十六日入安居，七月十五日解安居也。"为时约三个月。法显常提到安居，有助推算他的行程。

夏坐讫，前行至耨檀国。

　　耨檀国即南凉秃发傉檀统治的国家。《晋书》记述隆安三年"秋八月，秃发乌孤死，其弟利鹿孤嗣伪位"。元兴元年（402年），"秃发利鹿孤死，其弟傉檀嗣伪位"。由此可见法显至南凉时，傉檀尚未继承王位。法显所以称为耨檀国是回忆的提法，也是印象的提法。《晋书》载记二六说："是以诸兄不以授子，欲传之于傉檀。及利鹿孤即位，垂拱而已。军国大事皆以委之。"这说明法显到南凉时，傉檀是实际领导者。《晋书》又说："乌孤以安帝隆安元年（397年）僭立，至傉檀三世凡十九年，以安帝义熙十年（414年）灭。"这样，南凉为西秦灭亡时，法显已返国两年了。事经既久，傉檀统治较长，亦较为突出，语之为"傉檀国"，亦是可理解的。秃发居地为乐都，即今之碾伯县。

度养楼山至张掖镇。张掖大乱，道路不通。张掖王殷勤遂留为作檀越。于是与智严、慧简、僧绍、宝云、僧景等相遇。欣于同志，便共夏坐。

　　关于养楼山尚无确定的解释，可能为养女山。《水经注》卷二说："长宁亭北有养女岭，即浩亹山，西平之北山也。"《十三州志》中，张澍亦引作"浩亹之西山，西平之北山也"。西平为秃发乌孤称西平王之地，在今西宁县北。

法显到张掖，段业为张掖王。《晋书》八七说："吕光末，京兆段业自称凉州牧。"所言张掖大乱，道路不通，系指段业部属李嵩与索嗣的冲突。

关于张掖王殷勤，足立校刊中改为"张掖王段业"，文虽显明，却又如他说，"诸本所未见"，这样仍以存疑为是。

檀越梵文为 Dānapai，意为保护者。

夏坐讫，复进到敦煌。有塞，东西可八十里，南北四十里。共停一月余日。

敦煌为汉武帝元鼎六年（公元前111年）设置。敦煌塞指玉门关附近一段长城。武帝为了防御匈奴，诏谕酒泉太守，根据"察地形，依阻险，坚壁垒，远望侯"的原则，建筑长城和烽燧。

法显等五人随使先发，复与宝云等别。敦煌太守李浩供给度沙河。沙河中多有恶鬼热风，遇则皆死，无一全者。上无飞鸟，下无走兽，遍望极目，欲求度处，则莫知所拟。唯以死人枯骨为标识耳。

胡震亨跋《佛国记》说："敦煌太守李浩，即凉武昭王李暠，按暠于是年（指隆安四年）三月，受段业敦煌之命。"浩为暠是无疑的。阚骃《十三州志》说："后魏天兴三年（400年），凉昭王立于敦煌，以子让为之郡守。"

沙河即沙漠。法显自敦煌西行，出玉门关，经沙漠感到严重的困难。玄奘于《西域记》十二说："从此东行入大流沙，沙则流漫，聚散随风，人行无迹，遂多迷路。四远茫茫，莫知所指，是以往来者聚遗骸以记之。"

行十七日，计可千五百里，得至鄯善国。其地崎岖薄瘠。俗人衣服，粗与汉地同。但以毡褐为异。其国王奉法，可有四千余僧，悉小乘学。诸国俗人及沙门尽行天竺法，但有精粗。从此西行所经诸国，类皆如是。唯国国胡语不同,然出家人皆习天竺书,天竺语。

鄯善国古称楼兰国,是西域许多国家中最靠近中国的。汉昭帝时攻破楼兰,改名为鄯善。《西域记》称楼兰为"纳缚波",意为新城,即梵语Navapur的译音。《魏书》说到鄯善,"地多沙卤,少水草",与法显所说"崎岖薄瘠"是相符合的。

住此一月日。复西北行十五日到乌夷国。

乌夷国,《西域图志》称之为哈喇沙尔(Karashahr),《西域记》卷一称之为阿耆国。乌夷国古称焉耆国,今称焉耆县。

乌夷国僧亦有四千余人,皆小乘学,法则齐整。秦土沙门至彼都不预其僧例。法显得符行堂公孙经理,住二月余日。于是还与宝云等共为乌夷国人,不修礼义,遇客甚薄。智严、慧简、慧嵬遂返向高昌,欲求行资。法显等蒙符公孙供给,遂得直进。

《魏书》卷一〇二论焉耆说,"俗事天神,并崇信佛法",学小乘,歧视大乘,所以法显说:"秦土沙门至彼都不预其僧例。"今锡兰、缅甸等地,尚保存此种习俗。大乘出家者至其处,须重新依法出家,方能参预僧例。但在执行上,亦有宽严不同。

魏晋之时,对焉耆的评论是苛刻的。《魏书》说:"国小人贫,无纪纲法令。"《晋书》卷九七说,"好货利,任奸诡",这与法显所说乌夷国人"不修礼仪,遇客甚薄"是相似的。

高昌为吐鲁番县属之哈剌和卓城。汉时为高昌壁,晋时称高昌郡。

西南行,路中无居民,涉行艰难,所经之苦,人理莫比。

法显由乌夷国出发,向西南行,经一月多的时间到于阗。法显于通路叙述简略,途路艰苦,可能横渡大沙漠,溯媲摩川,出尼攘城,然后到于阗。《西域记》十二有:"媲摩川东入沙碛,行二百里至尼攘城,周三四里,在大泽中。泽地热湿,难以履涉,芦草荒茂,无复途径。唯趣城路,仅得通行。故往来者,莫不由此城焉。"媲摩川为今之克里雅河,依玄奘所述,即此路为晋所趣之道。

《水经注》卷二，将"涉行"改为"沙行"，涉有经行之意，仍以涉为是。

在道一月五日，得到于阗。其国丰乐，人民殷盛。尽皆奉法，以法乐相娱。众僧乃数万人，多大乘学，皆有众食。彼国人民星居，家家门前皆起小塔，最小者可高二丈许。作四方僧房，供给客僧，及余所须。

《北史》九七论"于阗，山多美玉。……俗重佛法，寺塔僧尼甚众"。《西域记》称于阗为瞿萨旦那（Kustana），今之和田县。

国主安顿法显等于僧伽蓝。僧伽蓝名瞿摩帝，是大乘寺。三千僧共犍槌食。入食堂时，威仪齐肃，次第而坐。一切寂然，器钵无声。净人益食，不得相唤，但以手指麾。

僧伽蓝为 Saingharama 的译音，意为园林。以后略作"伽蓝"，变为寺院的通称。

瞿摩帝为 Gomati 的译音，意为洁净。

犍槌，梵文为 Ganta，寺院中集合众僧用的打击乐器。

慧景、道整、慧达先发向竭叉国。

竭叉国，《水经注》卷二引道安语："有国名迦舍罗逝，此国狭小而总万国之要，道无不由。"《高僧传》初集《智猛传》说："猛于奇沙国见佛文石唾壶。"由此可见竭叉、迦舍与奇沙同为 Khasa 的译音。《西域地名》Khasa 条中以为是 Kashkar 之省译，"因其名与 Kashgar 相类，故义净不空误识为疏勒"。竭叉不是疏勒，而是今之 Chitral。

法显等欲观行像，停三月日。其国中十四大僧伽蓝，不数小者。从四月一日城里便扫洒道路，壮严巷陌。其城门上张大帏幕，事事严饰。王及夫人采女皆住其中。瞿摩帝僧是大乘学，王所敬重，最先行像。离城三四里，作四轮像车。高三丈余，状如行殿。七宝庄校，悬缯幡盖。像立车中，二菩萨侍，作诸天侍从，皆金银雕莹，悬于虚空。

像去门百步，王脱天冠，易着新衣，徒跣持华香，翼从出城迎像。头面礼足，散华烧香。像入城时，门楼上夫人婇女，遥散众华，纷然而下。如是庄严供具，车车各异。一僧伽蓝则一日行像。四月一日为始，至十四日行像乃讫。行像讫，王及夫人乃还宫耳。其城西七八里有僧伽蓝名王新寺。作来八十年，经三王方成。塔后作佛堂，庄严妙好，梁柱户扇窗牖皆以金薄。别作僧房亦严丽整饰，非言可尽。岭东六国诸王，所有上价宝物，多作供养，人用者少。

岭东六国指葱岭以东南方的六国，即沙车、于阗、扞弥、精绝、且末与鄯善。

既过四月行像，僧韶一人随胡道人向罽宾。

僧韶是本初作僧绍，据思溪藏本仍以僧韶为是。

罽宾即今之迦湿弥罗（Kasmira）。《西域记》卷三称："四境负山，山极峭峻，虽有门径而复隘狭，自古邻敌无能攻伐。"

法显等进向子合国，在道二十五日便到其国。国王精进。有千余僧，多大乘学，住此十五日已。

子合国为今之叶城县。《后汉书》西夜条说："子合国居呼鞬谷，去疏勒千里。"《洛阳伽蓝记》作朱驹波国，谓"人民山居，五谷甚丰"。《新唐书》卷二二一上说："朱俱波亦名朱俱槃，汉子合国也。……直于阗西千里。"

于是南行四日，入葱岭山，到于麾国安居。

葱岭含意较广，包含新疆西南诸大山，不专指帕米尔。

于麾国为汉之蒲犁，亦称塔什霍尔军（Tashkurghan）。《西域地名》以于麾为今蒲犁县治，全县境称色勒库尔（Sarikol）。

安居已，山行二十五日到竭叉国，与慧景等合。值其国王作般遮越师。般遮越师汉言五年大会也。会时请四方沙门皆来云集，集已，庄严。众僧坐处，悬缯幡盖，作金银莲华，著缯座后，铺净坐具。王及群臣如法供养。或一月二月或三月，多在春时。王作会已，复劝诸群臣设供供养，或一日二日三日五日。供养都毕，王以所乘马鞍勒百副，使国中贵重臣骑之。并诸白毡，种种珍宝，沙门所须之物，共诸群臣，发愿布施。布施已，还从僧赎。

足立于《〈法显传〉考证》中，妄改"安居已，山行二十五日"为"安居讫，北行二十五日"是没有根据的。前已提到竭叉国不是疏勒，法显自无北行的需要。

般遮越师为Pancavariska的译音。阿育王（前272—前232）第十二年宣布："在朕领属内忠良之臣民及外国人，须每五年参于大会。"

其地山寒，不生余谷。唯熟麦耳。众僧受岁已，其晨辄霜，故其王每请众僧，令麦熟然后受岁。其国中有佛唾壶，以石作，色似佛钵。又有佛一齿，国人为佛齿起塔。有千余僧，尽小乘学。自山以东，俗人被服，粗类秦土，亦以毡褐为异。沙门法用转胜，不可具记。其国当葱岭之中。自葱岭已前，草木果实皆异，唯竹及安石榴甘蔗三物与汉地同耳。

受岁指僧人受戒后，每年夏坐，即增一法腊。七月十五日为受岁之日，在那里早晨即要降霜了。

从此西行向北天竺，在道一月得度葱岭。葱岭冬夏有雪，又有毒龙，若失其意，则吐毒风雨雪，飞沙砾石，遇此难者万无一全，彼土人即名为雪山也。度岭已到北天竺。始入其境，有一小国名陀历。亦有众僧，皆小乘学。

法显由竭叉国起程，行一月至陀历。陀历为Daril的译音，在葱岭之南，印度河的北面，距乌苌国旧都城瞢揭厘（Manglaor）约有千里。这条路是去乌苌国最短与最险的道路。《洛阳伽蓝记》说："渐出葱岭，土田垲㟎，民多贫困，峻道危路，人马仅通。"

其国昔有罗汉，以神足力将一巧匠上兜率天，观弥勒菩萨长短色貌，还下刻木作像。前后三上观，然后乃成。像长八丈，足趺八尺。斋日常有光明，诸国王竞与供养，今故现在于此。

昔有罗汉为末田底迦（Madhyantika）。《西域记》卷三说："达丽罗川中大伽蓝侧,有刻木慈氏菩萨像……末田底迦阿罗汉之所造也。"

顺领西南行十五日,其道艰阻,崖岸险绝。其山唯石,壁立千仞,临之目眩。欲进则投足无所。下有水名新头河。昔人有凿石通路施傍梯者,凡度七百。度梯已,蹑悬絙过河。河两岸相去减八十步。九驿所记,汉之张骞、甘英皆不至此。

凡西行而经此途路者,都叙述这段道路的艰阻。宋云说:"铁锁为桥,悬虚为度,下不见底,旁无挽提。倏忽之间,投躯万仞,是以行者望风谢路。"玄奘说:"逆上信度河,途路危险,山谷杳冥。或履絙索,或牵铁锁,栈道虚临,飞梁危构。椓杙蹑蹬,行千余里至达丽罗川,即乌杖那国旧都也。"达丽罗川即陀历。

众僧问法显:"佛法东过其始可知耶?"显云:"访问彼土人皆云:古老相传,自立弥勒菩萨像后,便有天竺沙门赍经律过此河者。像立在佛泥洹后三百许年,计于周氏平王时。由兹而言,大教宣流,始自此像。非夫弥勒大士继轨释迦,孰能令三宝宣通边人识法。固知冥运之开,本非人事。则汉明之梦有由而然矣。"

关于释迦牟尼逝世的年代,历来有不同的意见,有的以为在公元前483年,有的以为在公元前543年。如取后一种年代,即法显所记立像的时间为公元前243年,这样当然不是周平王的时候了。

度河,便到乌苌国。其乌苌国是正北天竺也。尽作中天竺语,中天竺所谓中国,俗人衣服饮食亦与中国同。佛法甚盛,名众僧住止处为僧伽蓝。凡有五百僧伽蓝,皆小乘学。若有客比丘到,悉供养三日。三日过已,乃令自求所安。常传言佛至北天竺,即到此国也。佛遗足迹于此。迹或长或短,在人心念。至今犹尔。及晒衣石,度恶龙处,亦悉现在。石高丈四尺,阔二丈许,一边平。

度河,指渡苏婆(Svat)河,喀布尔河的支流。

乌苌国,《洛阳伽蓝记》作乌场国。宋云经此地时说:"北接葱岭,南连天竺,土气和暖,地方千里,民物殷阜。"《西域记》

卷三作乌仗那（Udyana），其地花果茂盛，寒暑和畅；其人好学而不功，禁咒为艺业。都城为瞢揭厘，即今之Mankial。

慧景、道整、慧达三人先发向佛影那竭国。法显等住此国夏坐。

那竭国，《洛阳伽蓝记》作那迦罗诃（Nagarahara），其都城为今之迦拉拉巴特（Jalalabad）。《西域记》卷二称其地："深涧峭绝，瀑布飞流，悬崖壁立。"

坐讫，南下到宿呵多国。其国佛法亦盛。昔天帝释试菩萨，化作鹰鸽，割肉贸鸽处。佛既成道，与诸弟子游行。语云：此本是吾割肉贸鸽处。国人由是得知，于此处起塔，金银校饰。

宿呵多国在斯瓦特河与印度河之间，斯坦因在Girarai处发现遗址，得到证实。《洛阳伽蓝记》说："七日渡一大水，至如来为尸毗王救鸽之处，亦起塔寺。"《往五天竺国传》中，慧超称宿呵多为西业者多（Svastu），并称"此城俯临辛头大河北岸"。

从此东下五日行到犍陁卫国，是阿育王子法益所治处。佛为菩萨时，亦于此国以眼施人。其处亦起大塔，金银校饰，此国人多小乘学。

犍陁卫国（Gandhusa），《北史》九七乾陀国条称："在乌苌国西，本名业波，为嚈哒所破，因改焉。"都城为布色羯罗伐底（Pushkaravati），约在今Hashtanagara处。

法益为阿育王太子拘浪拏。他的遗迹在呾义尸罗。《西域记》卷三记呾义尸罗城外东南，"南山之阴，有窣堵婆高百余尺，是无忧王太子拘浪拏为继母所诬抉目之处，无忧王所建也"。

《西域记》卷二，记述以眼施人的传述，发生于犍陁卫国。"从众生欲惠施不倦，丧身若遗。于此国土，千生为王，即斯胜地，千生舍眼。"

自此东行七日，有国名竺刹尸罗。竺刹尸罗汉言截头也。佛为菩萨时，于此处以头施人，故因以为名。

竺刹尸罗为Taksacila的译音。Taksacila由Chedanarm与Siras两字形成，意为截头。《西域记》卷三说："如来在昔修菩萨行为大

国王，号战达罗钵刺婆，唐言月光，断头惠施，若此之舍，凡历千生。"竺刹尸罗当今 Shahdheri 处。

复东行二日，至投身饿饿虎处。此二处亦起大塔，皆众宝校饰。诸国王臣民竞与供养，散华然灯，相继不绝。通上二塔，彼方人亦名为四大塔也。

> 关于传述中舍身喂虎的地点，至今并无定论。沙畹释《宋云行纪》说："欲求其地，应在 mahaban 中寻之。"这也是不可能的。
> 四大塔系指贸鸽、舍眼、截头与喂虎四塔。

从犍陁卫国南行四日，到弗楼沙国。

> 宋云称弗楼沙为佛沙伏。《洛阳伽蓝记》说："复西行十三日至佛沙伏城。川原沃壤，城郭端直，民户殷多，林泉茂盛。"佛沙伏为 Purushapura 的译音。《西域记》卷二言及健驮罗国的都城，"号布路沙布逻，周四十余里。王族绝嗣，役属迦毕试国，邑里空荒，居人稀少。"由宋云与玄奘的记述，弗楼沙在隋唐之间的变化是很大的。弗楼沙当今之白沙瓦（Peshawar）城。

佛昔将诸弟子游行此国，语阿难云："吾般泥洹后，当有国王名罽腻伽于此处起塔。"后罽腻伽王出世，出行游观时，天帝释欲开发其意，化作牧牛小儿，当道起塔。王问言："汝作何等？"答曰："作佛塔。"王言大善。于是王即于小儿塔上起塔，高四十余丈，众宝校饰。凡所经见塔庙，壮丽威严，都无此比。传云阎浮提塔，唯此为上。王作塔成已，小塔即自傍出大塔南，高三尺许。

> 罽腻伽为贵霜王国的创始人，于公元前 58 年即位，统治了大约 28 年。按其排列为迦腻色迦一世。

佛钵即在此国。昔月氏王大兴兵众，来伐此国，欲取佛钵。既伏此国已，月氏王笃信佛法，欲持钵去，故大兴供养。供养三宝毕，乃校饰大象，置钵其上。象便伏地，不能得前。更作四轮车载钵，八象共牵，复不能进。王知与钵缘未至，深自愧叹。即于此处起塔及僧伽蓝。并留镇守，种种供养，可有七百余僧。日将欲中，众僧则出钵与白衣等，种种供养，然后中食。至暮烧香时复尔。可容二斗许，杂色而黑多，四际分明，厚可二分，莹彻光泽。贫人以少华投中便满。有大富者欲以多华而供养，正复千万斛，终不能满。

《大庄严论经》马鸣说："我昔曾闻拘沙坛中有王名真檀迦腻吒，讨东天竺。"马鸣为公元2世纪的人。拘沙为贵霜的别译，所谓"我昔曾闻"，必然是回忆往日的事实。真檀迦腻吒即迦腻色迦一世。

宝云、僧景只供养佛钵便还。慧景、慧达、道整先向那竭国供养佛影佛齿及顶骨。慧景病，道整住看。慧达一人还于弗楼沙国相见。而慧达、宝云、僧景遂还秦土。慧景应在佛钵寺无常。

关于"慧景应在佛钵寿无常"的解释，胡震亨于《佛国记》跋语中，谓佛钵寺无常者为慧景，而法显南度小雪山同行为道整与慧应。《佛游天竺记考释》中，岑仲勉亦以为是慧景，"但应之为义，是追述时归咎运命之语，不云小雪山而云佛钵寺者，乃举其附近胜地言之"。在《〈法显传〉考证》中，足立以为死于佛钵者为慧应，"景"字系窜入原文者。根据法显前后文情，足立所说较近事实。法显于同行者的生死是不会忽略的。

由是法显独进，向佛顶国所。西行十六由延，便至那竭国界醯罗城。中有佛顶骨精舍，尽以金薄七宝校饰。国王敬重顶骨，虑人抄夺。乃取国中豪姓八人，人持一印，印封守护。清晨八人俱到，各视其印，然后开户。开户已，以香汁洗手，出佛顶骨，置精舍外高座上。以七宝圆碟。碟下琉璃钟覆上，皆珠玑校饰。骨黄白色，方圆四寸，其上隆起。每日出后，精舍人则登高楼，击大鼓，吹螺，敲铜钹。王闻已，则诣精舍，以华香供养。供养已，次第顶戴而去。从东门入，西门出。王朝朝如是供养礼拜，然后听国政。居士长者亦先供养，乃修家事。日日如是，初无懈倦。供养都讫，乃还顶骨于精舍中。有七宝解脱塔，或开或闭，高五尺许以盛之。精舍门前，朝朝恒有卖华香人。凡欲供养者种种买焉。诸国王亦恒遣使供养，精舍处方四十步，虽复天震地裂，此处不动。

由延（Yojana），《西域记》卷二作踰缮那，并称"踰缮那者，自古圣王一日军行也。"在《〈法显传〉考证》中，足立将法显与玄奘所记行程作了比较，法显用六朝尺度较玄奘用者为大。法显所称之由延，亦因地不同。在北部，每一由延为8.045公里；在恒河流域，每一由延为10.458公里。

醯罗（Hidda）系梵文Hilo的讹转，其意为骨，在今Begram附近。《西域记》卷二醯罗城"周四五里，竖峻险固，花林池沼，光鲜澄镜。……第二阁中，有七宝小窣堵波，置如来顶骨。"

从此北行一由延，到那竭国城。是菩萨本以银钱贸五茎华，供养定光佛处。城中亦有佛齿塔，供养如顶骨法。城东北一由延，到一谷口，有佛锡杖，亦起精舍供养。杖以牛头旃檀作，长丈六七许。以木筒盛之。正复百千人，举不能移。入谷口四日西行，有佛僧伽梨精舍供养。彼国土亢旱时，国人相率出衣礼拜供养，天即大雨。那竭城南半由延有石室，博山西南向，佛留影此中。去十余步观之，如佛真形。金色相好，光明炳著。转近转微，仿佛如有。诸方国王，遣工画师模写莫能及。彼国人传云：千佛尽当于此留影。影西百步许，佛在时剃发剪爪。佛自与诸弟子共造塔，高七八丈，以为将来塔法，今犹在。旁有寺，寺中有七百余僧。此处有诸罗汉辟支佛塔乃千数。

僧伽梨（Samghati）即袈裟，为僧人用衣之一。

博为搏之讹。搏，圜也，有环绕之意。后文到耆崛山时，有"入谷搏山，东南上十五里"。

辟支（Pratyeka），意为独觉，言在无佛之世，能独自领悟者。

住此冬三月，法显等三人，南度小雪山。雪山冬夏积雪。山北阴中遇寒风暴起，人皆噤战。慧景一人不堪复进，口出白沫，语法显云："我亦不复活，便可时去，勿得俱死。"于是遂终。法显抚之悲号，本图不果，命也，奈何。

由那竭国南行，度小雪山。所谓的山隘可能是Khyber隘。

按照叙述慧景死的情况，法显的悲伤，这样深刻的事件，法显不会错误的。佛钵寺去世者不是慧景，而是慧应。

复自力前得过岭南，到罗夷国。近有三千僧，兼大小乘学。住此夏坐。

罗夷国（Rohi）为今之 Lakki，在 Kurram 河南岸的小镇。

坐讫，南下十日到跋那国。亦有三千许僧，皆小乘学。

跋那国，《西域记》卷十一作伐剌挐（Varnu），当今之 Bannu，亦作 Harana。

从此东行三日，复渡新头河，两岸皆平地。过河，有国名毗荼，佛法兴盛，兼大小乘学。见秦道人往，乃大怜愍。作是言："如何边地人能知出家，为道远求佛法。"悉供给所须，待之如法。

毗荼，《西域记》卷十一作钵伐多国（Parvata），即今之 Llch。

从此东南行，减八十由延，经历诸寺甚多，僧众万数。过是诸处已到一国，国名摩头罗。

摩头罗（Mathura）为今之 Muttra，在阎牟那（Yamuna）河西岸。《华严经音义》中言及摩头罗说："此云孔雀城，或云密善，皆吉事者也。"

又经蒱那河，河边左右有二十僧伽蓝，可有三千僧，佛法转盛。凡沙河已西天竺诸国，国王皆笃信佛法。供养众僧时，则脱天冠，共诸宗亲群臣，手自行食。行食已，铺毡于地，对上座前坐。于众僧前，不敢坐床。佛在世时，诸王供养法式相传至今。

蒱那河亦译作阎牟那河，为恒河支流。

从是以南名为中国。中国寒暑调和，无霜雪。

中国（Madhyadesa）为中天竺之别称。《水经注》卷一说："自是以南皆为中国，人民殷富。"

人民殷乐，无户籍官法。唯耕王地者，乃输地利。欲去便去，欲住便住。王治不用刑斩，有罪者但罚其钱，随事轻重。虽复谋为恶逆，不过截右手而已。王之侍卫左右，皆有供禄。举国人民，悉不杀生，不饮酒，不食葱蒜，唯除旃荼罗。旃荼罗名为恶人，与人别居。若入城市，则击木以自异，人则识而避之，不相搪突。国中不养猪鸡，不卖生口。市无屠酤及酤酒者。货易则用贝齿。唯旃荼罗渔猎师卖肉耳。

> 旃荼罗为 Candala 的译音，《翻译名义集》作旃陀罗。《摩奴法典》确定四个瓦尔纳（婆罗门、刹帝利、吠舍、首陀罗）后，不同种姓者不得通婚。如果违犯这种规定而生的子女，即为"最下的贱民"，贱民必须住在村外，阶级的压迫是十分残酷的。此处所提的旃荼罗着重指渔猎师。

自佛般泥洹后，诸国王长者居士为众僧起精舍供养。供给田宅、园圃、民户、牛犊。铁券书录后王王相传，无敢废者，至今不绝。众生住止房舍、床蓐、饮食、衣服，都无缺乏。处处皆尔。众僧常以作功德为业，及诵经坐禅。

> 印度奴隶主竭力支持宗教，压迫人民。统治者建立寺庙，给予如文中所说那样丰富的物资，寺庙经济得到有力的发展。通过这些寺庙，奴隶主巩固他们的政权。

客僧往到，旧僧迎逆，代担衣钵，给洗足水，涂足油，与非时浆。须臾息已，复问其腊数次第，得房舍卧具，种种如法。众僧住处，作舍利弗塔、目连阿难塔，并阿毗昙律经塔。

> 印度习俗称正午前为时，正午后为非时，非时不得食，只能饮果汁等，故称非时浆。

> 舍利弗、目连、阿难同为释迦弟子。阿毗昙意译为"论"。

安居后一月，诸希福之家，劝化供养僧，行非时浆。众僧大会说法，说法已，供养舍利弗塔，种种香华，通夜然灯。使伎人作舍利弗，本婆罗门时诣佛求出家。大目连大迦叶亦如是。诸比丘尼多供养阿难塔，以阿难请世尊听女人出家故。诸沙弥多供养罗云。阿毗昙师者供养阿毗昙。律师者供养律。年年一供养，各自有日。摩诃衍人则供养般若波罗蜜、文殊师利、观世音等。众僧受岁竟，长者居士婆罗门等各持种种衣物，沙门所须，以布施僧。众僧亦自各各布施。佛泥洹以来，圣众所行，威仪法则，相承不绝。自渡新头河至南天竺，迄于南海四五万里，皆平坦无大山川，止有河水耳。

阿难请世尊听女人出家，《印度简史》有解释，其大意：当释迦说法的第五年，输头陀罗国寡居的皇后，三次请求出家都被释迦拒绝了。但是她并不甘心，剪去头发，着破衣，随着释迦行列前进。阿难看到这种情况，又为她三次请求，却又被释迦拒绝了。阿难就问释迦："假如一个妇女由于奉行释迦牟尼佛所宣布的教义和宗规，离开家庭去过无家室的生活，能够悟解精神上的真理吗？"释迦回答："她能够。"阿难乘势请求，释迦同意妇女出家。

大迦叶为释迦弟子。罗云为释迦之子罗睺罗。

摩诃衍即大乘教法。

般若波罗蜜，般若意为"智慧"，波罗蜜意为"到彼岸"，便是说竭其智慧以求达到涅槃境地。

从此东南行十八由延，有国名僧伽施。佛上忉利天三月为母说法来下处。佛上忉利天，以神通力，都不使诸弟子知。未满七日乃放神足。阿那律以天眼遥见世尊，即语尊者大目连，汝可往问讯世尊。目连即往，头面礼足，共相问讯。问讯已，佛语目连："吾却后七日当下阎浮提。"目连既还，于时八国大王及诸臣民，不见佛久，咸皆渴仰。云集此国，以待世尊。

僧伽施在阎牟那河与恒河之间，即今之僧结萨（Sankisa）。《西域记》卷四作劫比他国。

阎浮提（Jambuduipa）为佛经所称四大洲之一。中国与印度同属阎浮提洲。

时优钵罗比丘尼即自心念，今日国王臣民皆当奉迎佛。我是女人，何由得先见佛。即以神足化作转轮圣王，最前礼佛。佛从忉利天上来向下，下时化作三道宝阶。佛在中道七宝阶上行。梵天王亦化作白银阶，在右边执？

156

寺北五十由延，有一寺名火境。火境者恶鬼名也。佛本化是恶鬼，后人于此起精舍，布施阿罗汉以水灌手，水沥滴地，其处故在。正复扫除，常现不灭。此处别有佛塔，善鬼神常扫洒，初不须人工。有邪见国王言：汝能如是者，我当多将兵众住此，益积粪秽，汝复能除不？鬼神即起大风，吹之令净。此处有百枚小塔，人终日数之不能得知。若至意欲知者，便一塔边置一人已，复计数人。人或多或少，其不可得知。有一僧伽蓝可六七百僧。此中有辟支佛食处，泥洹地大如车轮。余处生草，此处独不生。及晒衣地处，亦不生草，衣条著地迹，今故现在。法显住龙精舍夏坐。

此节系法显在僧伽施的传闻，并非实地经历者。

坐讫。东南行七由延到罽饶夷城。城接恒水，有二僧伽蓝，尽小乘学。

罽饶夷城为戒日王所居地，即今之 Kanauj。《西域记》卷五，称此城为羯若鞠阇，意为花城，亦即曲女城。

恒水（Ganges）《西域记》作殑伽河。罽饶夷城长二十余里，跨越殑伽河两岸。《西域记》卷五称"城隍坚峻，台阁相望，花林池沼，光鲜澄镜。异方奇货，多聚于此"。

去城西六七里，恒水北岸，佛为诸弟子说法处。传云说无常苦、说身如泡沫等。此处起塔犹在。

关于说法处，《西域记》卷五称："在昔如来，于此六月。说身无常，苦空不净。"

度恒水南行三由延，到一村名呵梨，佛于此中说法、经行、坐处，尽起塔。

呵梨亦作呵梨底（Hariti），意为欢喜天。

从此东南行十由延，到沙祇大国。出沙祇城南门道东，佛本在此嚼杨枝，刺土中即生长七尺，不增不减。诸外道婆罗门嫉妒，或斫或拔远弃之，其处续生如故。此中亦有四佛经行坐处，起塔故在。

沙祇大为 Saketa 之译音。《佛游天竺记考释》中，岑仲勉引

157

用《括地志》的话："沙祇大国即舍卫国也，在月氏南万里，即波斯匿王浚处。"按：浚应作治，以唐人讳改之。《西域记》卷五作鞞索迦，即今之Ayodhya。

从此南行八由延，到拘萨罗国舍卫城。城内人民希旷，都有二百余家，即波斯匿王所治城也。大爱道故精舍处，须达长者井壁及鸯掘魔得道般泥洹烧身处，后人起塔皆在此城中。诸外道婆罗门生嫉妒心，欲毁坏之，天即雷电霹雳终不能得坏。

南行八由延为"北行"之误，因法显出沙祇城北行八由延恰好至舍卫城。

拘萨罗（Kosala），《西域记》作忻萨罗。《西域地名》以南北二国同用此名，南国以沙祇为国都，北国以舍卫城为国都。

舍卫城，《西域记》卷六作室罗伐悉底（Sravasti），在今帕特那（Patna）西北的sahet-mahet地区，近发掘出许多遗物。法显至此城时，人民希旷，反映衰落的情况。

波斯匿（Prasenajit）王为拘萨罗国王。曾亲自拜见释迦。《西域记》言及舍卫城时，"此则如来在世之时，钵逻犀那特多王所治国都也"。

出城南门千二百步，道西，长者须达起精舍。精舍东向开门户。两厢有二石柱。左柱上作轮形，右柱上作牛形。池流清净，林木尚茂，众华异色，蔚然可观，既所谓祇洹精舍也。佛上忉利天为母说法九十日。波斯匿王思见佛，即刻牛头栴檀作佛像，置佛坐处。佛后还入精舍，像即避出迎佛。佛言还坐，吾般泥洹后，可为四部生作法式，像即还坐。此像最是众像之始后人所法者也。佛于是移住南边小精舍，与像异处，相去二十步。

须达为舍卫城长者，《西域记》卷六称之为"苏达多"（Sudatta）。玄奘注此："唐言善施，旧曰须达，讹也。"

祇洹精舍本有七层，诸国王人民竞兴供养。悬缯幡盖，散华烧香，燃灯续明，日日不绝。鼠衔灯柱，烧华幡盖，遂及精舍，七重都尽。诸国王人民皆大悲恼，谓栴檀像已烧。却后四五日，开东小精舍门，忽见本像。皆大欢喜，共治精舍，得作两重，还移像本处。

> 须达于舍卫城南，购祇陀太子园林，建立精舍，即著名的祇洹精舍。法显至此。精舍仍蔚然可观。玄奘称此地为"逝多林"，距法显仅二百多年，精舍"室宇倾圮，唯余故基"，园林已荒废了。

法显、道整初到祇洹精舍，念昔世尊住此二十五年。自伤生在边夷，共诸同志游历诸国，而或有还者，或有无常者。今日乃见佛空处，怆然心悲。彼众僧出问显等言："汝从何国来？"答云："从汉地来。"彼众僧叹曰："奇哉！边地之人，乃能求法至此。"自相谓言，我等诸师和上相承以来，未见汉道人来到此地也。

> 相传释迦在祇洹精舍住二十五年，说《金刚经》与《阿弥陀经》。法显至其地，追怀往昔，怆然心悲。

> 边夷，足立喜六校本作"边地"，按下文有"奇哉，边地之人"，应以边地为妥。

精舍西北四里，有林名曰得眼。本有五百盲人依精舍住此。佛为说法尽还得眼。盲人欢喜，刺杖着地，头面作礼。杖遂生长大。世人重之，无敢伐者，遂成为林。是故以得眼为名。祇洹众僧中食后，多往彼林中坐禅。祇洹精舍东北六七里，毗舍佉母作精舍，请佛及僧，此处故在。

> 毗舍佉为弥伽罗长者的女儿，因她生于二月，而印度称二月为毗舍佉，故亦名毗舍佉。毗舍佉为鹿子长者之母，故亦称鹿母，所建的堂称鹿母堂。

祇洹精舍大院落有二门，一门东向，一门北向。此园即须达长者布金钱买地处。精舍当中央佛住此处最久。说法、度人、经行、坐处亦尽起塔，皆有名字。及孙陀利杀身谤佛处。

> 相传外道谤佛，以孙陀利与佛有利。复杀此女而缄其口，埋尸于逝多园。

出祇洹东门，北行七十步道西，佛昔共九十六种外道论议，国王、大臣、居士、人民皆云集而听。时外道女名旃遮摩那起嫉妒心，乃怀衣着腹前似若妊身，于众会中谤佛以非法。于是天帝释化作白鼠，啮其腰带断，所怀衣堕地，地即劈裂，生入地狱。

> 旃遮摩那系婆罗门女，《西域记》卷六作瞿伽梨苾刍，以她带盂谤佛，欲"败佛善誉，当令我师独擅芳声"。

及调达毒爪欲害佛，生入地狱处，后人皆标识之。又于论议处起精舍，精舍高六丈许，里有坐佛。

> 调达为释迦从弟，与释迦有宿怨。《西域记》卷六称："伽蓝东百余步，有大深坑，是提婆达多（Devadatta）欲以毒药害佛，生身陷入地狱处。"

其道东有外道天寺，名曰影覆，与论议处精舍夹道相对，亦高六丈许。所以名影覆者，日在西时，世尊精舍影则映外道天寺。日在东时，外道天寺影则北映，终不得映佛精舍也。外道常遣人守其天寺。扫洒、烧香、燃灯供养。至明旦，其灯辄移在佛精舍中。婆罗门恚言："诸沙门取我灯，自供养佛为尔不止。"婆罗门于是夜自伺候。见其所事，天神持灯绕佛精舍三匝，供养佛已，忽然不见。婆罗门乃知佛神大，即舍家入道。传云近有此事。绕祇洹精舍有九十八僧伽蓝。尽有僧住，唯一处空。此中国有九十六种外道，皆知今世后世。各有徒众，亦皆乞食，但不持钵。亦复求福于旷路侧立福德舍。屋宇床卧饮食供给行路人及出家人来去客，但所期异耳。调达亦有众在，供养过去三佛，唯不供养释迦文佛。舍卫城东南四里，琉璃王欲伐舍夷国，世尊当道侧立，立处起塔。

> 琉璃王《西域记》作毗卢择迦王（Viru-dhaka），系波斯匿王之子，末利夫人所生。

> 舍夷国（Sakya）意为证者。《西域记》卷六作劫比罗伐窣堵国（Kapilavastu），亦称迦夷，系释迦所生地。舍夷在今尼泊尔境南，白塔瓦尔州的塔赖（Talai）地方。净饭王夫人寝殿侧有精舍，以纪念释迦生处。公元前252年时，阿育王立纪念柱，刻

"释迦牟尼佛生于此"。此柱于1895年在Uska西北处发现,证实生于岚毗尼园中的传述。

世尊当道侧立,《西域记》卷六说:"毗卢择迦王嗣位之后,追怨前辱,兴甲兵,动大众,部署已毕,伸命方行时,有苾刍闻已白佛。世尊于是坐拓树下,毗卢择迦王遥见世尊,下乘敬礼。退而言曰:茂林扶疏,何故不坐?柘枿朽蘖,而乃游止。世尊告曰:宗族者,枝叶也。枝叶将危,庇荫何在!王曰:世尊为宗亲耳,可以回驾。于是睹圣感怀,还军返国。"

城西五十里,到一邑名都维,是迦叶佛本生处,父子相见处,般泥洹处,皆悉起塔。迦叶如来全身舍利亦起大塔。

都维(Tadwa)是迦叶佛(Kasyapa)本生处。都维亦称碓国,在舍卫城西五十里。玄奘去时已荒芜。

从舍卫城东南行十二由延,到一邑名那毗伽,是拘楼秦佛所生处,父子相见处,般泥洹处,亦有僧伽蓝,起塔。

那毗伽(Napika)是拘楼秦佛(Krakuch-chhanda)本生处。《西域记》卷六谓此系故城,在劫比罗伐窣堵南五十余里。

《法显传考证》译本中,略去"起塔"二字,这是错误的。《西域记》卷六说:"城南不远,有窣堵波。"

从此北行减一由延,到一邑是拘那含牟尼佛所生处,父子相见处,般泥洹处,亦皆起塔。

拘那含牟尼(Kanakamuni)《西域记》卷六作迦诺迦牟尼,为旧大城市,在那毗伽东北三十余里,按嘉来尔(Carlleyle)的考订,拟今之Kanakpur村。

从此东行减一由延,到迦维罗卫城。城中都无王民,甚如丘荒。只有众僧,民户数十家而已。白净王故宫处,作太子母形像。及太子乘白象入母胎时,太子出城东门,见病人回车还处皆起塔,阿夷相太子处,与难陀等扑象槲射处。箭东南去三十里入地令泉水出,后世人治作井,令行人饮之。佛得道,还见父王处,五百释子出家向优波离

161

作礼地六种震动处。佛为诸天说法,四天王守四门,父王不得入处。

　　法显至伽维罗卫城时,城无王民,甚如荒丘,玄奘去时,"荒芜已甚,王城颓圮"。

佛在尼拘律树下东向坐。大爱道布施佛僧伽梨处,此树犹在。

尼拘律树即榕树。佛至榕树园,大爱道即憍昙弥以金缕袈裟献佛。《大智度论》卷二十二说:"佛知众僧堪能受用,告憍昙弥以此上下衣与众僧。"

琉璃王杀释种子,释种子先尽得须陀洹,立塔今亦在。

　　琉璃王前欲灭种,遇佛当道还兵。继又听其生母言,复带兵前往,攻陷迦维罗卫,悉灭释种。

　　须陀洹即预流果,意为"去凡夫初入圣道之法流也"。

城东北数里有王田,太子树下观耕者处。城东五十里有王园,园名论民。夫人入池洗浴,出池北岸二十步,举手攀树枝,东向生太子。太子堕地行七步。二龙王浴太子身,浴处遂作井。及上洗浴池今众僧常取饮之。凡诸佛有四处常定。一者成道处,二者转法轮处,三者说法论议伏外道处,四者上忉利天为母说法来下处,余则随时示现焉。

　　论民园为释迦外祖母岚毗尼所有,故亦称岚毗尼(Lumbini)。

释迦父为净饭王,母为摩诃摩耶(Mahamaya),当她怀妊时,相传在园中手攀无忧树而生释迦。阿育王二十年时,于此建立石柱,以作纪念。

迦维罗卫国大空荒,人民希疏,道路怖畏白象师子,不可妄行。

　　迦维罗卫途路艰险,慧超经行时说:"林木荒多,道路足贼,往彼礼拜者甚难,方迷。"

从佛生处东行五由延,有国名蓝莫。此国王得佛一分舍利,还归起塔,即名蓝莫塔。塔边有池,池中有龙,常守护此塔,昼夜供养。阿育王出世,欲破八塔,作八万四千塔。破七塔已,次欲破此塔,龙便现身,持阿育王入其宫中,观诸供养具已。语王言:"汝供若能胜是,便可坏之持去,吾不与汝争。"阿育王知其供养具非世之有,于是便还。此中荒芜，无人洒扫，常有群象以鼻取水洒地，取杂华香而供养塔，诸国有道人来，欲礼拜塔，遇象大怖，依树自翳，见象如法供养。道人大自悲感。此中无有僧伽蓝可供养此塔，乃令象洒扫。道人即舍大戒还作沙弥，自挽草木，平治处所，使得净洁。劝化国王作僧住处。已为寺主。今现有僧住，此事在近。自尔相承至今，恒以沙弥为寺主。

蓝莫，《西域记》卷六称："蓝摩国空荒岁久，疆场无纪，城邑丘墟，居人希旷。"蓝莫今地尚未能确定。

从此东行三由延，太子遣车匿白马还处，亦起塔。

车匿（Chandaka）为释迦的侍者，所乘白马为犍陟（Kanchaka）。释迦出蓝莫城后，解宝衣，去璎珞，命车匿还白马于其父，从此远去了。

从此东行四由延到炭塔，亦有僧伽蓝。

炭塔为毕钵罗部族所建。释迦寂灭后，舍利已分，毕钵罗部族无所获，乃求炭烬供养。《西域记》卷六说："收余灰炭，持至本国，建此灵基而修供养。"

复东行十二由延到拘夷那竭城。城北双树间希连河边，世尊于此北首而般泥洹。及须跋最后得道处，以金棺供养世尊七日处，金刚力士放金杵处，八王分舍利处，诸处皆起塔，有僧伽蓝，今悉现在。其城中人民亦希旷，止有众僧民户。

拘夷那竭城，《西域记》卷六作拘尸那揭罗（Kusinagara），在印度联合省葛拉喀堡（Gorakhpar）地区。通常称"mathakumuar"，意为"太子涅槃"。

希连河为今之拉普底（Rarti）河。

须跋亦作苏跋陀罗（Subdhara），为拘夷那竭城的贤者，耆老多智。当他听到佛将涅槃，即来双树间，听佛说法，成为释迦最后的弟子，先佛而涅槃。

法显到拘夷那竭城，居民希旷。慧超去时，"佛入涅槃处，

163

其城荒废无人住也"。

从此东南行十二由延,到诸梨车欲逐佛般泥洹处而佛不听。恋佛不肯去,佛化作大深堑不得渡。佛与钵作信遣还其家。立石柱上有铭题。

梨车(Lichhavis),据《佛游天竺记考释》可能为占领毗舍利北部族之一,后为摩竭提阿阇世王所击退。

《增壹阿含经》卷三六说:"尔时世尊欲使毗舍离城人民还归,即化作大坑,如来将诸比丘众在彼岸,国土人民而在此岸。是时世尊即掷己钵,在虚空中与彼人民。"

自此东行五由延,到毗舍离国。毗舍离城北大林,重阁精舍,佛住处及阿难半身塔。

毗舍离(Vaisali)为古北族居民的城市。《西域记》卷七作吠舍厘,玄奘去时,"城已甚倾颓,其故基址,周六七十里。宫城周四五里,少有人居"。《佛游天竺记考释》引用肯宁汉(Cunningham)的考订,毗舍离当今之Besarh村。

其城里本庵婆罗女家为佛起塔,今故现在。城南三里道西,庵婆罗女以园施佛,作佛住处。佛将般泥洹,与诸弟子出毗舍离城西门。回身右转,顾看毗舍离城,告诸弟子是吾最后所行处。后人于此处起塔。

庵婆罗女为毗舍离淫女。听到佛至毗舍离,便先梨车迎佛至家供养,听说法而得道。《西域记》卷七言吠舍厘城南,"有精舍,前建窣堵波,是庵婆罗女园,持以施佛"。

城西北三里有塔名放弓仗。所以名此者,恒水上流有一国王,王小夫人生一肉胎。大夫人妒之,言:汝生不祥之徵。即盛以木函,掷恒水中。下流有国王游观,见水上木函。开看,见千小儿端正殊特。王即取养之。遂便长大甚勇健。所往征伐,无不摧伏。次伐父王本国,大王愁忧。小夫人问王,何故愁忧。王曰:彼国王有千子,勇健无比,欲来伐吾国,是以愁耳。小夫人言:王勿愁忧,但于城东作高楼,贼来时置我楼上,则我能却之。王如其言。至贼到时,小夫人于楼上语贼言："汝是我子，何故作反逆事？"贼曰："汝是何人，云是我母？"小夫人曰："汝等若不信者，尽仰向张口。"小夫人即以两手搆两乳。乳各作五百道，俱堕千子口中。贼知是我母，即放弓仗。二父王于是思惟，皆得辟支佛。二辟支佛塔犹在。后世尊成道，告诸弟子，是吾昔时放弓仗处。后人得知，于此起塔，故以名焉。千小儿者，即贤劫千佛是也。佛于放弓仗塔边告阿难言：我却后三月，当般泥洹。魔王娆固阿难，使不得请佛住世。

千子见父母事，《西域记》卷七记述较为复杂，言小夫人为鹿女，足所踏过的地方便生莲花。梵豫王畋游，见花寻迹，同载而返。"日月既满，生一莲花，花有千叶，叶坐一子。余妇诬罔，咸称不祥，投殑伽河，随波泛滥。乌耆延王下流游观，见黄云盖，乘波而来，取以开视，乃有千子，乳养成立，有大力焉。"

魔王娆固意为阿难被魔王波旬所惑。《西域记》卷七，言魔王请佛，佛答："却后三月，吾当涅槃，魔闻欢喜而退。"

从此东行三四里有塔，佛般泥洹后百年，有毗舍离比丘，错行戒律，十事证言，佛说如是。尔时诸罗汉及持戒律比丘凡有七百僧，更检校律藏，后人于此处起塔，今亦在。从此东行四由延，到五河合口。

五河合口处为由毗舍离到巴连弗邑的渡口。五河为恒河（Ganges）、摇无那河（Jumna）、舍牢浮河（Saragu）、阿夷罗婆提河（Hiranyavati，即今之Gandak河）及拉普底河（Rapti）。

阿难从摩竭国向毗舍离欲般泥洹，诸天告阿阇世王。阿阇世王即自严驾将士众追到河上。毗舍离诸梨车闻阿难来，亦复来迎，俱到河上。阿难思惟，前则阿阇世王致恨，还则梨车复怨，即于河中央入火光三昧烧身而般泥洹，分身作二分，一分在一岸边。于是二王各得半身舍利还归起塔。

摩竭提（Magadha）于公元前6世纪时，为恒河两岸十六国之一。在频毗沙罗统治期间，征服了东部鸯伽王国，摩竭提便这样强盛起来。

阿阇世王（Ajatasatru）为频毗沙罗之子，于公元前491年即位，崇信佛法。为了与梨契察毗族斗争，加强控制，在恒河岸上建立华氏城。华氏城亦名巴连弗邑城。

关于分身事，《西域记》卷七说："东南行三十余里，殑伽河南北岸各有一窣堵波，是尊者阿难陀分身与二国家。阿难陀者，如来之从父弟也。"二国指摩竭提与毗舍离。

度河，南下一由延到摩竭提国巴连弗邑。巴连弗邑是阿育王所治。城中王宫殿皆使鬼神作。累石起墙阙，雕文刻镂，非世所造，今故现在。

巴连弗邑（Pataliputia）为摩竭提国的首都，即今之巴特那（Patna）。《罗摩衍史诗》中亦提到这所名城。《西域记》卷八说："昔者人寿无量岁时，号拘苏摩补罗城（唐言香花宫城），王宫多花，故以名焉。逮乎人寿数千岁，更名波吒厘子城（旧曰巴连弗邑，讹也）。"玄奘去时，其城荒芜虽久，基址尚在。

阿育王弟得罗汉道，常住耆阇崛山，志乐闲静。王敬心请于家供养。以乐山静不肯受请。王语弟言，但受我请，当为汝于城里作山。王乃具饮食，召诸鬼神而告之曰：明日悉受我请，无座席，各自赍来。明日诸大鬼神各持大石来，辟方四五步。坐讫，即使鬼神累作大石山。又于山底以五大方石，作一石室，可长三丈，广二丈，高丈余。

阿育王弟名宿大多（Vitasoka），《西域记》卷八作摩醯因陀罗。玄奘详记此事，宿大多感悟得道后说："今出危城，志悦山谷，愿弃人间，长从丘壑。"阿育王劝说："欲静心虑，岂必幽岩，吾从尔志，当乃崇树。"王为弟在城中筑山，躬迎请住此山庐。

耆阇崛山（Gridhakuta），《水经注》卷一作灵鹫山，系五峰中的东峰，相传释迦于此讲《法华经》与《楞严经》。《西域记》卷九说："宫城东北行十四五里，至姞栗陀罗矩吒山，唐言鹫峰，亦谓鹫台，旧曰耆阇山，讹也。"

有一大乘婆罗门子名罗汰私婆迷，住此城里，爽悟多智，事无不达，以清净自居。国王宗敬师事，若往问讯不敢并坐。王设以爱敬心执手。执手已波罗门辄自灌洗。年可五十余，举国瞻仰，赖此一人，弘宣佛法。外道不能得加陵众僧。于阿育王塔边造摩诃衍僧伽蓝，甚严丽。亦有小乘寺，都合六七百僧众，威仪庠序可观。四方高德沙门及学问人，欲求义理皆诣此寺。婆罗门子师亦名文殊师利，国内大德沙门，诸大乘比丘皆宗仰焉，亦住此僧伽蓝。

罗汰私婆迷的"汰"为"沃"之讹。《高僧传》初集卷三《智猛传》中说："后至华氏国阿育王旧都，有大智婆罗门名罗阅宗，举族弘法，王所钦重。"罗阅宗当即罗沃宗。

凡诸中国唯此国城邑为大。民人富盛，竞行仁义。年年常以建卯月八日行像。作四轮车，缚竹作五层。有承栌偃戟，高二丈许。其状如塔，以白毡缠上，然后彩画作诸天形像。以金银琉璃庄校其上。悬缯幡盖，四旁作龛，皆有坐佛菩萨立侍。可有二十车，车车庄严各异。当此日境内道俗皆集，作倡伎乐华香供养。婆罗门子来请佛，佛次第入城。入城内再宿，通夜然灯伎乐供养。国国皆尔。

建卯月为印度的岁首月，以北斗星在建卯位时，亦称角月。角月当唐时的二月。

其国长者居士各于中立福德医药舍。凡国中贫穷孤独残跛一切病人皆诣此舍。种种供给医师，看病随宜，饮食及汤药皆令得安，差者自去。

《善见律毗婆沙》卷二称："是时阿育王闻人宣传为作供养，王念言，我国中比丘求药而不能得。王于四城门边起作药藏，付药满藏中。"法显所见医药舍系阿育王所创立的，分人兽两种，以疗疾病。

阿育王坏七塔，作八万四千塔。最初所作大塔在城南三里余。此塔前有佛脚迹。起精舍户北向塔。塔南有一石柱，围丈四五，高三丈余。上有铭题云：阿育王以阎浮提布施四方僧，还以钱赎，如是三反。塔北三四百步，阿育王本于此作泥犁城。中有石柱，亦高三丈余，上有师子。柱上有铭记作泥犁城因缘及年数日月。

泥犁城（Niraya）意为地狱。《西域记》卷八说阿育王即位后，崇尚外道，作地狱残杀人民。继后见比丘灵异，皈依佛法，建立石柱。

从此东南行九由延至一小孤石山。山头有石室，石室南向佛坐其中。天帝释得天乐般遮弹琴乐佛处。帝释以四十二事问佛，一一以指画石，画迹故在。此中亦有僧伽蓝。

小孤石山（Giryek），在耆阇崛山之东。《西域记》称之为因陀罗势罗窭诃（India-sailaguha）山，即帝释窟。玄奘叙述："其山岩谷沓冥，花林蓊郁，岭有两峰，岌然特起。西峰南岩间，有大石室，广而不高。"西峰即小孤石山。

般遮（Panchasikha）为音乐神名。

从此西南行一由延到那罗聚落。是舍利弗本生村。舍利弗还于此村中般泥洹，即此处起塔，今亦现在。

那罗聚落，《西域记》卷九作迦罗臂拏迦邑（Kalapinaka），在释帝窟西三十余里，与法显所述相合。

舍利弗（Saripatra）知佛涅槃，欲先涅槃，返那罗本生地，集亲说法而入涅药。

从此西行一由延到王舍新城。新城者是阿阇世王所造，中有二僧伽蓝。出城西门三百步，阿阇世王得佛一分舍利起塔，高大严丽。

王舍新城（Rajagriha），以频毗娑罗王住此，故称王舍城。又传阿阇世王继位后，以此城为都，故称阿阇世王所建。其地为今之Rajgir，在Behar西南十六里处。

出城南四里，南向入谷，至五山里。五山周围，状若城郭，即是萍沙王旧城。城东西可五六里，南北七八里。舍利弗目连初见頞鞞处，尼犍子作火坑毒饭请佛处，阿阇世王酒饮黑象欲害佛处。

五山在旧王舍城周近。城西北为毗布罗山（Vaibhavgiri），城南为七叶窟山（Sonagiri），城东北为萨箕恕魂直迦钵婆罗（Sarpiskundikaparara），即今之 Viplagiri，城东北次远处为耆阇崛山（Chatagiri），城东北更远处为帝释窟山（Giryek）。

芉沙王为频毗娑罗（Bimlisana）之略，旧城即摩揭陀首都上茅宫城。《西域记》卷九称："多出胜上吉祥香茅，以故谓之上茅城也。"

城东北角曲中，耆旧于庵婆罗国中起精舍，请佛及千二百五十弟子供养处。今故在。其城中空荒无人住。

耆旧（Jivaka）亦作耆婆，系频毗娑罗王之子，王舍城的名医。《西域记》卷九说："时缚迦大医，旧曰耆婆讹也。于此为佛建说法堂。周其墙垣，种植花果。余枝蘖株，尚有遗迹。如来在世，多于中止。"

入谷搏山东南上十五里，到耆阇崛山。未至头三里，有石窟南向，佛本于此坐禅。西北三十步，复有一石窟，阿难于中坐禅。天魔波旬化作雕鹫，住窟前恐阿难。佛以神足力，隔石舒手，摩阿难肩，怖即得止。鸟迹手孔今悉存，故曰雕鹫窟山。

鹫鸟怖阿难事，《西域记》卷九说："如来鉴见，申手安慰，通过石壁，摩阿难顶，以大慈言而告之曰：魔所变化，宜无怖惧。阿难蒙慰，身心安乐。"

窟前有四佛坐处。又诸罗汉各各有石窟坐禅处，动有数百。佛在石室前，东西经行，调达于山北崄巇间横掷石伤佛足指处。石犹在。佛说法堂已毁坏，止有砖壁基在。其山峰秀端严，是五山中最高。

调达掷石，《西域记》卷九记述大石："高丈四五尺，周三十余步，是提婆达多遥掷击佛处也。"

法显于新城中买香华油灯，倩二旧比丘，送法显上耆阇崛山。华香供养，然灯续明。慨然悲伤，抆泪而言，佛昔于此住，说首楞严。法显生不值佛，但见遗迹处所而已。即于石窟前，诵首楞严。停止一宿，还向新城。

法显至耆阇崛山，停止一宿，《高僧传初集》卷三，神化其

169

事。以"显既至山，日将曛夕，遂欲停宿。两僧危惧，舍之而还。……至夜，有三黑狮子，来蹲显前，舐唇摇尾，显诵经不辍"。
出旧城，北行三百余步，道西迦兰陀竹园精舍，今现在。众僧扫洒。

迦兰陀（Karanda）在王舍旧城北门外一里多的地方，建有温泉的竹园，施于外道。继见如来后，闻法净信，追惜竹园所居异众，《西域记》卷九说迦兰陀"于此建立精舍，功成事毕，躬往请佛。如来是时遂受其施"。

精舍北二三里有尸摩赊那。尸摩赊那者，汉言弃死人墓田。

尸摩赊那（Smasana）为弃尸处，亦称尸陀林，靠近耆阇崛山。

抟南山西行三百步，有一石室名宾波罗窟。佛食后，常于此坐禅。又西行五六里山北阴中，有一石室名车帝，佛泥洹后五百阿罗汉结集经处。出经时铺三高座，庄严校饰。舍利弗在左，目连在右。五百数中少一阿罗汉，大迦叶为上座。时阿难在门外不得入。其处起塔，今亦在。搏山亦有诸罗汉坐禅石窟甚多。

车帝窟亦称七叶窟（Sartaparna）。《西域记》卷九说："竹林园西南行五六里，南山之阴，大竹林中有大石室。"其地为如来涅槃后，摩诃迦叶波佛典结集处。

出旧城北东下三里有调达石窟。离此五十步有大方黑石。昔有比丘在上经行，思惟是身无常苦空，得不净观厌患是身，即捉刀欲自杀。复念世尊制戒不得自杀。又念虽尔，我今但欲杀三毒贼，便以刀自刎。始伤肉得须陀洹。既半得阿那舍，断已成阿罗汉果般泥洹。

关于比丘自杀事，《西域记》卷九说："昔有苾刍，勤励心身，屏居修定，岁月逾远，不证圣果。退而自咎，窃复叹曰：无学之果，终不时证，有累之身，徒身何益？便就此石自刺其颈，是时即证阿罗汉果。"

从此西行四由延到伽耶城，城内亦空荒。

伽耶（Gaya）在王舍旧城西南，系释迦成道的地方。《西域记》卷八说:"西南行四五十里,渡尼连禅河至伽耶城。城甚险固,少居人。"

复南行二十里,到菩萨本苦行六年处,处有林木。

释迦在伽耶城南乌留频螺(Ururilva),勇猛苦修六年。其地在尼连禅河边,亦称苦行林。

从此西行三里到佛入水洗浴,天案树枝得攀出池处。又北行二里得弥家女奉佛乳糜处。从此北行二里,佛于一大树下石上东向坐食糜,树石今悉在。石可广长六尺,高二尺许。中国寒暑均调,树木或数千岁,乃至万岁。从此东北行半由延到一石窟,菩萨入中,西向结加趺坐。心念若我成道,当有神验。石壁上即有佛影现,长三尺许,今犹明亮。时天地大动,诸天在空中白言,此非过去当来诸佛成道处。去此西南行减半由延,贝多树下是过去当来诸佛成道处。诸天说是语已,即便在前唱导,导引而去。

佛影石窟,《西域记》卷八说:"室中龙曰,斯室清胜,可以证圣。唯倾慈悲,勿有遗弃。菩萨既知非取证所,为遂龙意,留影而去。"

贝多树(Bodhivrksa)原称毕钵罗树。释迦于贝多树下成正觉,故称为菩提树。

菩萨起行,离树三十步,天授吉祥草,菩萨受之。复行十五步,五百青雀飞来,绕菩萨三匝而去。菩萨前到贝多树下敷吉祥草,东向而坐。时魔王遣三玉女从北来试。魔王自从南来试。菩萨以足指按地,魔兵退散,三女变老。自上苦行六年处及此诸处,后人皆于中起塔立像,今皆在。佛成道已七日观树受解脱乐处,佛于贝多树下东西经行七日处,诸天化作七宝台供养佛七日处,文鳞盲龙七日绕佛处。佛于尼拘律树下方石上东向坐,梵天来请佛处。四天王奉钵处。五百贾客授麨蜜处。

关于五百贾客,《西域记》卷八称:"二商主各持行资麨蜜奉,世尊受纳。"伽耶城商业发达,新起的佛教是与奴隶时代的商业有关系的。

度迦叶兄弟师徒千人处。此诸处亦起塔，佛得道处有三僧伽蓝，皆有僧住。众僧民户，供给饶足，无所乏少。戒律严峻，威仪坐起入众之法。佛在世时，圣众所行，以至于今。佛泥洹以来，四大塔处，相承不绝。四大塔者，佛生处、得道处、转法轮处、般泥洹处。

关于迦叶兄弟三人，《西域记》卷八叙述如来告优娄频螺迦叶波曰："弃鹿皮衣，舍祭火具，时诸梵志，恭承圣教，以其服用，投尼连河。"其二弟捺地迦叶波及伽耶迦叶波，各率二百五十徒众，仿效其兄所为，愿修梵行。

阿育王昔作小儿时当道戏，遇释迦佛行乞食，小儿欢喜，即以一掬土施佛，佛持还泥经行地。因此果报作铁轮王。王阎浮提，乘铁轮案行阎浮提，见铁围两山间地狱治罪人，即问群臣："此是何等？"答言："是鬼主阎罗治罪人。"

相传世有七山八海，互相环绕。绕第八海咸海之山为铁围山。

王白念言，鬼王尚能作地狱治罪人。我是人主何不作地狱治罪人耶？即问臣等谁能为我作地狱主治罪人者？臣答言，唯有极恶人能作耳。王即遣臣遍求恶人。见池水边有一长壮黑色发黄眼青，以脚钩鱼，口呼禽兽，禽兽来便射杀无得脱者。得此人已，将来与王，王密敕之："汝作四方高墙，内殖种种华果，作好浴池，庄严校饰，令人渴仰。牢作门户，有人入者辄捉，种种治罪，莫使得出。设使我入，亦治罪莫放。今拜汝作地狱王。"有比丘次第乞食，入其门，狱卒见之，便欲治罪。比丘惶怖，求请须臾，听我中食。俄顷复有人入，狱卒内置碓臼中捣之赤沫出。比丘见已思惟此身无常，苦空如泡如沫，即得阿罗汉。既而狱卒捉内镬汤中，比丘心颜欣悦，火灭汤冷，中生莲华，此丘坐上。狱卒即往白王，狱中奇怪，愿王往看。王言，我前有要，今不敢往。狱卒言，此非小事，王宜疾往。更改先要，王即随入。比丘为说法，王得信解，即坏地狱，悔前所作众恶。

悔前所作众恶：阿育王第八年（公元前261年）征服迦陵伽

国，以其所为残暴，皈依佛法。阿育王第十三谕中说："并吞迦陵伽以来，天爱热烈维护正法，又宣扬正法之教规。天爱因征服迦陵伽而感痛恨。"

由是信重三宝，常至贝多树下，悔过自责，受八斋。王夫人问："王常游何处？"群臣答言："恒在贝多树下。"夫人伺王不在时，遣人伐其树倒。王来见之，迷闷辟地。诸臣以水洒面良久乃苏。王即以砖累四边，以百罂牛乳灌树根，身四布地，作是誓言：若树不生，我终不起。誓已，树便即根上而生，以至于今。今高减十丈。

关于伐菩提树事，《西域记》卷八说："王妃素信外道，密遣使人夜分之，后重伐其树。无忧王旦将礼敬，唯见蘖株，深增悲慨。至诚祈请，香乳溉灌，不日还生。王深敬异，叠石周垣，其高十余尺，今犹见在。"

从此南三里行到一山名鸡足，大迦叶今在此山中。劈山下入，入处不容人。下入极远有旁孔，迦叶全身在此中住。孔外有迦叶本洗手土，彼方人若头痛者，以此土涂之即差。此山中即日故有诸罗汉住。彼方诸国道人，年年往供养迦叶。心浓至者，夜即有罗汉来共言论。释其疑已，忽然不现。

从此南三里行，按照法显行文习惯，应为三由延。《法显传考证》说："故鸡足山即在菩提树东南约二零里之地，此适与法显三由延及玄奘之百余里云云吻合。"

鸡足山在伽耶城东南二十里处，《西域记》卷九说："莫诃河东，入大林，野行百余里，至屈屈吒播陀（Kukkutapada）山，唐言鸡足山。"

此山榛木茂盛，又多狮子虎狼，不可妄行。

鸡足山周近，途路艰阻，《西域记》卷六说自炭塔东北行，"经途危阻，山牛、野象、群盗、猎狮伺求旅行，为害不绝"。《往五天竺传》中，慧超说："林木荒多，道路足贼，往彼礼拜者甚难。"

法显还向巴连弗邑，顺恒水西下十由延，得一精舍名旷野，佛所住处，今现有僧。

因为恒水向东流，所以顺恒水西下应为顺恒水西行。下文接着"复顺恒水西行十二由延"，说明"下"为"行"之讹。

旷野精舍在今 Baliya 东约一里的 Bikayur 地方。

复顺恒水西行十二由延，到迦尸国波罗㮈城。城东北十里许，得仙人鹿野苑精舍。此苑本有辟支佛住，常有野鹿栖宿。世尊将成道，诸天于空中唱言："白净王子出家学道，却后七日当成佛。"辟支佛闻已即取泥洹，故名此处为仙人鹿野苑。世尊成道已，后人于此处起精舍。

迦尸（Kasi）为公元前 5 世纪公国，其地即今之贝那勒斯（Benares）。《华严经音义》说迦尸为竹名，竹堪为箭，其国多竹，以故为名。

波罗㮈即今之贝那勒斯，《西域记》卷七称为婆罗尼斯，并说该城"西临殑伽河，长十八九里，广五六里。闾阎栉比，居人殷盛，家积聚万，室盈奇货"。释迦选此繁荣的城市传播佛教是十分重要的。

鹿野苑今称 Sarnath，《西域记》卷七有如来与提婆达多俱为鹿王断事的叙述，以其林为施鹿林，因而称为鹿野苑。

佛欲度拘驎等五人，五人相谓言："此瞿昙沙门本六年苦行，日食一麻一米尚不得道，况入人间恣身口意，何道之有？今日来者慎勿与语。"佛到五人皆起作礼处。复北行六十步，佛于此东向坐，始转法轮，度拘驎等五人处。其北二十步，佛为弥勒受记处。其南五十步，翳罗钵龙问佛："我何时当得免此龙身？"此处皆起塔见在。中有二僧伽蓝，悉有僧住。

五人为拘驎亦作憍陈如，頞鞞亦作马胜，跋提亦作小贤，十力迦叶亦作起气，摩诃男拘利亦作摩诃男。净饭王命他们于苦行林服侍太子。

自鹿野苑精舍西北行十三由延有国名拘睒弥。其精舍名瞿师罗园,佛昔住处。今故有众僧,多小乘学。从是东行八由延,佛本于此度恶鬼处,亦尝在此住经行坐处,皆起塔,亦有僧伽蓝可百余僧。

拘睒弥(Kausambi),《西域记》卷五作赏弥,为邬陀衍王居住地,在贝那勒斯西北约八十一里的Kosam村。释迦在此住数年,无着在此著唯识论,世亲于此著显扬圣教论。

瞿师罗(kokila)为鸟名。有长者声似鸟声之美,故名瞿师罗长者。《西域记》卷五说:"城内东南隅有故宅余址是具史罗(旧云瞿师罗,讹也)长者故宅也。"佛于此说法数年。

从此南行二百由延,有国名达嚫。是过去迦叶佛僧伽蓝,穿大石山作之,凡有五重。最下重作象形,有五百间石室。第二层作师子形,有四百间。第三层作马形,有三百间。第四层作牛形,有二百间。第五层作鸽形,有百间。最上有泉水,循石室前绕房而流,周围回曲,如是乃至下重,顺房流从户而出。诸层室中,处处穿石作窗牖通明,室中朗然,都无幽暗。其室四角头,穿石作梯蹬上处。今人形小,缘梯上正得至昔人一脚所蹑处。

达嚫国约当今之得干(Dekkan)地区。法显未至其地,所记为传闻。

因名此寺为波罗越,波罗越者,天竺名鸽也。其寺中常有罗汉住,此土丘荒无人民居,去山极远方有村,皆是邪见,不识佛法、沙门、婆罗门及诸异学。彼国人民常见人飞来入此寺。于时诸国道人欲来礼此寺者,彼村人则言汝何以不飞耶?我见此间道人皆飞,道人方便答言翅未成耳。达嚫国险道路艰难,难知处。欲往者要当赍钱货,施彼国王。王然后遣人送,展转相付,示其径路。法显竟不得往,承彼土人言,故说之耳。

关于波罗越,《西域记》卷十叙述㤭萨罗时,以西南三百余里,至跋逻末罗耆厘山,所记精舍情,"阁有五层,层有四院",与法显所言,颇为符合。但是,跋逻末罗耆厘(Bhraranagirl)意为"黑峰",而波罗越(Paravata)意则为"鸽",二者音虽相近，意却不同。波罗越伽蓝，法显以为迦叶佛所建，玄奘却以为龙猛，未知哪个是正确的。

从波罗㮈国东行，还到巴连弗邑。法显本求戒律，而北天竺诸国皆师师口传，无本可写。是以远步乃至中天竺。于此摩诃衍僧伽蓝得一部律，是《摩诃僧祇众律》，佛在世时最初大众所行也。于祇洹精舍传其本，自余十八部各有师资，大归不异，然小小不同。或用开塞，但此最是广说备悉者。

《摩诃僧祇众律》（Mahasanghika）为大众部所传之律藏。法显回国后，住锡道场寺，于义熙十二年与佛陀跋陀罗共译此律为四十卷。

复得一部钞律可七千偈，是《萨婆多众律》，即此秦地众僧所行者也。亦皆师师口相传授，不书之于文字。

《萨婆多众律》（Sarvastiuadah）亦称说一切有部，系上座部的一分支。

复于此众中得杂阿毗昙心，可六千偈。

杂阿毗昙心（samyaktabhidharma-hridayasasha）意为大法，亦称杂心论。宋元嘉十年（433年），宝云传译于长干寺，共十四卷。

又得一部《綖经》，二千五百偈。

《綖经》，《高僧传》初集卷三作线经。

又得一卷《方等般泥洹经》，可五千偈。

《方等般泥洹经》（Vaipulya-parinirvanasutra）即大乘般泥洹经，共六卷。义熙十三年（417年），法显与佛陀跋陀罗译出，宝云执笔。

又得《摩诃僧祇阿毗昙》。

《摩诃僧祇阿毗昙》（Abhidharma）为大众所传之阿毗昙，后无所传。

故法显住此三年，学梵书梵语写律。道整即到中国，见沙门法则，众僧威仪，触事可观，乃追叹秦土边地，众僧戒律残缺，誓言自今已去至得佛愿不生边地，故遂停不归。法显本心欲令戒律流通汉地，于是独还。

法显住此三年,即自义熙元年至义熙三年,学口传戒律与写经。

顺恒水东下十八由延,其南岸有瞻波大国。佛经行处及四佛坐处,悉起塔,现有僧住。

瞻波(Champa),《西域记》卷十记述:"周四千余里,国大,都城北背殑伽河,周四十余里。"当今之Bhagalyrur。

从此东行近五十由延,到多摩梨帝国,即是海口。其国有二十四僧伽蓝,尽有僧住,佛法亦与。法显住此二年写经及画像。

多摩梨帝(Tamalitti)国,《西域记》卷十作耽摩栗底,"国大,都城周十余里,滨近海陲,土地卑湿"。其地当今为Tamluk。

于是载商人大舶,泛海西南行,得冬初信风,昼夜十四日到师子国。彼国人云,相去可七百由延。其国本在洲上。东西五十由延,南北三十由延。左右小洲乃有百数,其间相去或十里、二十里,或二百里,皆统属大洲。

冬初信风,在印度东岸于每年十月中旬至十二月中旬发生,同时有与风方向相同的海流。到五月中旬至九月中旬,即发生相反的季节风与海流。

师子国亦称僧伽罗(Simnhala),即今之锡兰。锡兰的广袤,法显的记述是错误的。锡兰东西为137里,南北为217里,即南北长于东西。今已改称斯里兰卡。

多出珍宝珠玑,有出摩尼珠地方可十里。王使人守护。若有采者十分取三。

摩尼珠为宝玉的总称。《酉阳杂俎》卷三说:"摩尼珠中有金字偈。"

其国本无人民,止有鬼神及龙居之。诸国商人共市易。市易时,鬼神不自现身。但出宝物,题其价直。商人则依价直取物。因商人来往住,故诸国人闻其土乐,悉亦复来。于是遂成大国。其国和通,无冬夏之异,草木常茂,田种随人,无有时节。

177

师子国为印度洋贸易要地。《西域记》卷十一说到僧伽罗"本宝渚也,多有珍宝,栖止鬼神"。

佛至其国,欲化恶龙。以神足力,一足蹑王城北,一足蹑山顶。两迹相去十五由延。于王城北迹上起大塔,高四十丈。金银庄校,众宝合成。

山顶即佛足山,《星槎胜览》解释锡兰说:"海边有一磐石,上印足迹,长三尺许,常有水不干,称为先世释迦佛从翠蓝屿来登此岸,足蹑其迹,至今为圣迹也。"佛足山在科伦坡之东。

塔边复起一僧伽蓝,名无畏山,有五千僧。起一佛殿,金银刻镂,悉以众宝。中有一青玉像高二丈许,通身七宝焰光,威相严显,非言所载,右掌中有一无价宝珠。

无畏山又名阿跋耶祗厘。《西域记》卷十一说佛教到僧伽罗后,经二百余年,"各擅专门,分成二部。一曰摩诃毗诃罗住部,斥大乘,习小教。二曰阿跋耶祗厘住部,兼学二乘,弘演三藏"。两派互相对峙,互相争论。《〈法显传〉考证》以无畏山住部创建于公元前八十七年。

法显去汉地积年,所与交接悉异域人。山川草木,举目无旧。又同行分披或留或亡,顾影唯已,心常怀悲。忽于此玉像边,见商人以晋地一白绢扇供养,不觉凄然,泪下满目。

法显于义熙四年(408年)至锡兰,停居两年,去国已久,心常怀悲,见白扇而凄然下泪,不只反映出深厚的情绪,更说明中锡友好关系、经济贸易往来,很早已发生了。

其国前王遣使中国,取贝多树子,于佛殿傍种之。高可二十丈,其树东南倾。王恐倒故,以八九围柱柱树,树当柱处心生,遂穿柱而下入地成根,大可四围许。柱虽中裂,犹裹其外,人亦不去。树下起精舍,中有坐像,道俗敬仰无倦。城中又起佛齿精舍,皆七宝作。王净修梵行,城内人信敬之情亦笃。

阿育王在位时,初遣其子摩哂陀(Mahinda)去锡兰传授佛教。继后，为了度帝须王（Tissa）夫人阿瓮罗（Anula），又派遣桑伽密多（Sangamitta）公主，取道海上至锡兰，并带去贝多树，植于弥伽园（Meghavana）中。相传今日园中活着的菩提树是她带来的。

其国立治已来，无有饿荒散乱。众僧库藏，多有珍宝，无价摩尼。其王入僧库游观，见摩尼珠即生贪心，欲夺取之。三日乃悟，即诣僧中稽首悔前罪心。告白僧言，愿僧立制，自今已后，勿听王入其库看，比丘满四十腊然后得入。其城中多居士长者萨薄商人，屋宇严丽，巷陌平整。四衢道头皆作说法堂。月八日、十四日、十五日铺施高座，道俗四众皆集听法。

萨薄为Sarva之译音，意为一切。

其国人云都可六万僧，悉有众食。王别于城内供五六千人。众须食者则持本钵往取。随器所容皆满而还。佛齿常以三月中出之。未出前十日，王庄校大象，使一辩说人著王衣服，骑象上击鼓唱言。菩萨从三阿僧祇劫，苦行不惜身命，以国妻子及挑眼与人，割肉贸鸽，截头布施，投身饿虎不吝髓脑。如是种种苦行为众生故成佛

三阿僧祇劫意为三期无量时间。释迦经过三期修养成正果。

在世四十九年，说法教化，令不安者安，不度者度。众生缘尽，乃般泥洹。泥洹已来一千四百九十七年。世间眼灭，众生长悲。却后十日，佛齿当出至无畏山精舍。国内道俗欲殖福者，各各平治道路，严饰巷陌，办众华香供养之具。

关于佛灭的年代，我国采用"众圣点记"推算，载于《善见律毗婆沙》。相传优婆离尊者于佛灭后结集律藏已，在《善见律毗婆沙》上做一点记，以志佛灭后的第一年。自是以后，每年做一点，年年不绝，传至觉音尊者。随后觉音以此律本授予佛陀跋陀罗。齐武帝永明七年（489年），佛陀跋陀罗来中国，与僧绮合译此律本为中文。次年安居后又加一点，总计为九百七十五点。据此而推，1956年锡兰举行佛灭两千五百年纪念会时，按中国

所传的计算，相差六十年，即一个甲子，佛灭不是两千五百年，而应为两千四百四十年。关于这种差法，在《现代佛学》（1956年，第五期）吕澂谈南传的佛灭年代时，以为与印度历法木星纪年（Vrihaspati-chakra）有关。假使掌握不准一个年代的周期，便要发生六十年的差距。如宗喀巴生于至正十七年丁酉（1357年），有人却以为永乐十五年丁酉（1417年），相差有六十年。法显于义熙七年即411年言佛灭为一千四百九十七年。由此而推，佛灭应为一千零八十六年。吕澂以此数为加倍计年法，实际折半计算，即为公元前544年，其间包括一年的起点数。以此与1956年相和即为两千五百年。法显关于佛灭的记述给锡兰纪念会提供了踏实的资料。

如是唱已，王便夹道两边作菩萨五百身已来种种变现，或作须大拏，或作睒变，或作象王，或作鹿马。如是形象，皆彩画庄校，状若生人。然后佛齿乃出，中道而行。随路供养，到无畏精舍佛堂上，道俗云集，烧香然灯，种种法事，昼夜不息。满九十日乃还城内精舍。城内精舍至斋日则开门户，礼敬如法。

　　五百身意为五百世，指最长的时间。

　　须大拏（Sudana）亦作须提梨拏。《大智度论》卷十二说："须提梨拏太子，秦言好爱，以其二子施婆罗门，次以委施，其心不转。"

无畏精舍东四十里有一山，山中有精舍名跋提，可有二千僧。僧中有一大德沙门，名达摩瞿谛。其国人民皆共宗仰。住一石室中四十许年，常行慈心，能感蛇鼠，使同止一室而不相害。

　　一山，指眉沙迦（Missaka）山，摩哂陀至师子国后，与帝须王相会于此山。摩哂陀常住于此。

城南七里有一精舍名摩诃毗可罗。有三千僧住。有一高德沙门戒行清洁，国人咸疑是罗汉。临终之时王来省视，依法集僧而问比丘得道耶？其便以实答言是罗汉。既终王即案经律以罗汉法葬之于精舍东四五里。

摩诃毗可罗（Mahavihara）精舍为帝须王所建，在今 Ruvanveli 塔附近。帝须王于此地迎接桑伽密多公主，植其菩提树于弥伽园。

积好大薪，纵广可三丈余，高亦尔近。上著栴檀沉水诸香木，四边作阶，上持净好白毡，周匝蒙积，上作大轝床。似此间輼车，但无龙鱼耳。

輼车为没有车轮的丧车。

当阇维时，王及国人四众咸集，以华香供养，从轝至墓所。王自华香供养。供养讫，轝著积上，酥油遍灌，然后烧之。火然之时，人人敬心，各脱上服及羽仪伞盖，遥掷火中以助阇维。阇维已，收捡取骨，即以起塔。法显至，不及其生存，唯见葬时。

阇维意为火葬。

王笃信佛法，欲为众僧作新精舍。先设大会饭食僧。供养已，乃选好上牛一双，金银宝物庄校角上，作好金犁，王自耕顷四边，然后割给民户，田宅书以铁券。自是已后，代代相承，无敢废易。法显在此国，闻天竺道人于高座上诵经云：佛钵本在毗舍离，今在犍陀卫。竟若干百年（法显闻诵之时有定岁数，但今忘耳），当复至西月氏国。若干百年，当至于阗国。住若干百年，当至屈茨国。若干百年，当复来到汉地。住若干百年，当复至师子国。若干百年，当还中天竺。

屈茨（Kucha）即龟兹国。

到天竺已，当上兜术天上。弥勒菩萨见而叹曰：释迦文佛钵至，即共诸天华香供养七日。七日已还阎浮提，海龙王持入龙宫。至弥勒将成道时，钵还分为四复本频那山上。弥勒成道已，四天王当复应念佛如先佛法贤劫千佛共用此钵。

频那山即须弥山之毗那怛迦（Vinataka）山，相传为四天王所住。

钵去已，佛法渐灭。佛法灭后，人寿转短，乃至五岁。十岁之时，粳米酥油皆悉化灭。人民极恶，捉木则变成刀杖，共相伤割杀。

其中有福者逃避入山。恶人相杀尽已还复来出。共相谓言：昔人寿极长，但为恶甚，作诸非法，故我等寿命遂尔短促，乃至十岁。我今共行诸善，起慈悲心，修行仁义。如是各行仁义，展转寿倍乃至八万岁。弥勒出世初转法轮时，先度释迦遗法弟子出家人，及受三归五戒斋法供养三宝者。第二第三次度有缘者。法显尔时欲写此经，其人云：此无经本，我止口诵耳。

三归谓皈依佛、法、僧。五戒谓不杀生、不盗窃、不邪淫、不妄语及不饮酒。

法显住此国二年，更求得弥沙塞律藏本。得长阿含，杂阿含，复得一部杂藏，此悉汉土所无者。

住此国二年系自义熙六年（410年）至义熙七年（411年）。

弥沙塞律（Mahisasaka），《高僧传》卷三《佛驮什传》中称："先沙门法显于师子国得弥沙塞律梵本，未及翻译，而法显迁化。京邑诸僧，闻什善所学，于是请令出焉。以其年冬十一月（宋景平元年即423年）集于龙光寺，译为三十四卷，称为五分律。"

长阿含（Dirghagama）为凉州沙门竺佛念所译，道含受笔。《高僧传》初集卷二《佛陀耶舍传》中提及后秦弘始十二年（410年）翻译此经。那时法显正在师子国，所以他得到长阿含经时说："汉土所无者。"

杂阿含（Samyuktagama）为求那跋陀罗及宝云等译出，共五十卷。宋元嘉十二年（435年），求那跋陀罗到广州。《开元释教录》卷五上说："杂阿含经五十卷，于瓦官寺译，梵本法显赍来……"

杂藏，部归小乘，为法显所译。

得此梵本已，即载商人大船上，可有二百余人。后系一小舶，海行艰险以备大船毁坏。得好信风，东下二日便值大风，船漏水入。商人欲趣小船，小船上人恐人来多，即斫绳断。商人大怖，命在须臾。恐舫水满，即取粗财货掷著水中。法显亦以君墀及澡罐并余物弃掷海中，但恐商人掷去经像。唯一心念观世音及归命汉地众僧："我远行求法，愿威神归流，得到所止。"

法显返国的时间，大约为义熙七年八月（411年9月）。他说"得好信风"，即是西南季节风转变的时候。

如是大风昼夜十三日，到一岛边。潮退之后，见船漏处即补塞之。于是复前。

法显于海上遇大风，经十三昼夜至一岛边，《〈法显传〉考证》拟为今之 Nicobar 群岛。

海中多有抄贼，遇辄全无。大海弥漫无边，不识东西，唯望日月星宿而进。若阴雨时为逐风去亦无准。当夜暗时，但见大浪相搏，晃然火色鼋鳖水性怪异之属。商人荒遽不知所向。海深无底，又无下石住处。至天晴已乃知东西。还复望正而进。若值伏石，则无活路。如是九十日许，乃至一国名耶婆提。

关于耶婆提（Yavadivipa）争论最多，尚无确定。《佛游天竺记考释》中说："质言之，记文简单，无可比勘。而耶婆提之名，昔人复常混用，究为今之爪哇抑苏门答腊，一时尚难论定矣。"可能在苏门答腊。

其国外道，婆罗门兴盛，佛法不足言。停此国五月日，复随他商人大船上亦二百许人，赍五十日粮，以四月十六日发，法显于船上安居。东北行趣广州。一月余日，夜鼓二时遇黑风暴雨，商人贾客皆悉惶怖。法显尔时亦一心念观世音及汉地众僧，蒙威神佑得至天晓。

黑风系南海初夏所起的旋风。

晓已，诸婆罗门议言，坐载此沙门，使我不利，遭此大苦，当下比丘置海岛边。不可为一人，令我等危险。法显本檀越言："汝若下此比丘，亦并下我。不尔，便当杀我。如其下此沙门，吾到汉地，当向国王言汝也。汉地王亦敬信佛法，重比丘僧。"诸商人踌躇不敢便下。于时天多连阴，海师相望僻误，遂经七十余日。粮食水浆欲尽，取海咸水作食。分好水，人可得二升，遂便欲尽。商人议言，常行时正可五十日便到广州。尔今已过期多日，将无僻耶。即便西北行求岸，昼夜十二日，到长广郡界牢山南岸，便得好水菜。

长广郡于晋武帝咸宁三年（277年）置。《晋书》十五说长广郡"统县三，户四千五百"，隶属青州。

牢山即崂山，在今即墨县东南六十里。

但经涉险难，忧惧积日，忽得至此岸，见藜藿依然，知是汉地。然不见人民及行迹，未知是何许。或言未至广州，或言已过，莫知所定。即乘小船入浦，觅人欲问其处，得两猎人。即将归，令法显译语问之。法显先安慰之，徐问："汝是何人？"答言："我是佛弟子。"又问："汝入山何所求？"其便说言，明当七月十五日欲取桃腊佛。又问："此是何国？"答言："此青州长广郡界，统属晋家。"

义熙六年（410年），刘裕灭南燕。青州与兖州从东晋元帝南迁后，便为南燕的领地，当然也属刘裕了。以故宋绍兴初思溪藏本作"统属刘家"，亦可理解的。

闻已，商人欢喜，即乞其财物，遣人往长广。太守李嶷敬信佛法，闻有沙门持经像乘船泛海而至，即将人从至海边迎接经像，归至郡治。商人于是还向扬州，留法青州请法显一冬一夏。

留法青州应为"留兖青州"，《隋书》地理志称，"兖州盖取水为名"，所以兖州亦作"沇州"。法为沇之误。《资治通鉴》卷一一六，义熙八年九月，"北徐州刺史刘道怜为兖、青二州刺史，镇京口"。法显返长广郡后，应刘道怜的邀请，在京口住一冬一夏。京口即今之镇江。

夏坐讫，法显远离诸师久，欲趣长安。但所营事重，遂便南下向都，就诸师出经律。

法显出国时，志在发扬律藏。回来后，前秦已灭，佛驮跋陀及宝云等已南下建康，住道场寺。法显以经律为重，南下，就诸师翻译经律。

法显发长安，六年到中国，停六年还，三年达青州。凡所游历减三十国。沙河已西迄于天竺，众僧威仪，法化之美，不可详说。窃惟诸师未得备闻，是以不顾微命，浮海而还，艰难具更。幸蒙三尊威灵，危而得济。故竹帛疏所经历，欲令贤者同其闻见。是岁甲寅。

法显全部历游时间，自隆安三年三月出发至义熙八年七月返抵青州，共需时间十三年又四月。他所经历的国家，自沙河以西算起共为二十七国，即其结语中所说"减三十国"。

"是岁甲寅"一语，不当列入跋语内，应视为《历游天竺记传》初稿时日。甲寅为义熙十年（414年），法显已返青州，在京口住一冬一夏，到建康，写其历游的概述。两年后，义熙十二年（416年）丙辰，因讲集重问游历，"由是先所略者，劝令详载，显复具叙始末"。因而疑"甲寅"为初稿时日。

晋义熙十二年，岁在寿星。夏安居末，迎法显道人，既至，留共冬斋。因讲集之余，重问游历。其人恭顺，言辄依实。由是先所略者，劝令详载，显复具叙始末。自云，顾寻所经，不觉心动汗流。所以乘危履险，不惜此形者。盖是志有所存，专其愚直。故投命于不必全之地，以达万一之冀。于是，感叹斯人，以为古今罕有。自大教东流，未有忘身求法如显之比。然后知诚之所感，无穷否而不通；志之所将，无功业而不成。成夫功业者，岂不由忘夫所重，重夫所忘者哉。

《佛国记》笺注后记

魏晋时代，佛教渐盛。当朱士行于甘露五年（260年）从于阗取回《般若经》后，大乘思想在魏晋玄学的基础上得到发展，受到统治阶级的支持，姚兴便是一例。他专志佛法，迎接鸠摩罗什，翻译了许多大乘经典，广为传播，影响颇深。

便在佛教的传播中，律藏残缺是难以建立僧伽制度的。慧远寄昙摩流支说："至于沙门戒律，所阙尤多。"为了弥补这个缺陷，法显决心创辟荒途，到印度寻求律藏，以补缺陷。

法显俗姓龚，平阳武阳人。武阳不可考，平阳为今之临汾县。他

幼年体弱，早岁度为沙弥。受大戒后，于晋安帝隆安三年（399年）离开长安，去印度寻求律藏，费时将近十四年之久。法显出国的年龄，至今尚无一致的解释，根据现有的资料，大约在六十岁以上，这真是古今所罕有的。法显于义熙八年（412年）返国，后至荆州，卒于辛寺，春秋八十有六。

《佛国记》有种种不同的名称。在藏经内，多称之为《法显传》；在丛书中，又多题为《佛国记》。明胡震亨跋此书时说："据宋僧跋语，当名《佛国记》。"这样提法，就书的内容来说是比较妥当的。

《佛国记》是佛教史的重要资料，也是关于国外史地最早有系统的记录。法显善于观察，他到竭叉国，看到"其地山寒，不生余谷，唯熟麦耳"。他到恒河流域，察觉到旃荼人"与人别居，若入城市，则击木以自异"。反映出受婆罗门人的迫害。在远程航海中，他说："大海弥漫无边，不识东西，唯望日月星宿而进。"当然，《佛国记》中有许多不恰当的地方，倘如去其糟粕，其于中古世界史是有益的。从1836年，雷慕沙（A. Rémusat）译《佛国记》为法文后，外人译注者相继辈出，如比耳（S. Beel）、翟理斯（H. A. Giles）、足立喜六等，引起史学界的重视与研究。

前收集中亚与南海资料时，得向觉明先生的帮助，以南京四学院所刻《历游天竺记传》为底本，参照《宋云行纪》、《西域记》、《佛游天竺记考释》及《法显传考证》等，试为笺注，对中西交通史资料或有补于万一。

本文为作者生前未刊稿，写于1965年3月。

文艺创作

读琴心女士《明知是得罪人的话》之后

当我看见琴心女士的这篇文章《明知是得罪人的话》的题目时，我以为是关于其他问题。及至往下看时，知是批评培良先生的《评〈玉君〉》的文章。唉！这个标题，真使我莫名其妙。如果琴心女士批评得中肯，那么我想培良先生必很感激，如果不中肯，那么于培良先生无损。是非自有人判别，何得罪之有？此真稍读过一两本 *Principles of Criticism* 的，决不至有这种标题吧！比如 Brandes[①]同 Ibsen[②]是好友，但 Brandes 对 Ibsen 的批评，常有苛刻的地方，也不见得是得罪？琴心女士，你太客气了。

琴心女士说："批评一篇文章，全捧当然不对，全骂也不大合宜……"这是琴心女士对批评文章所持的态度。在我以为，琴心女士的全捧不对、全骂不对，半捧半骂似乎更不妥当。Mathaw Arnold[③]说："批评"是把"世间之所思最好的东西去学习或传布的无偏私的企图"，我始终不信"捧"和"骂"能够夹在批评内的。如是，则半捧半骂，自不能成立了。或者琴心女士是不捧不骂，但我于她的文章内发现了

[①] 丹麦文艺批评家、文学史家乔治·勃兰兑斯（Georg Brandes，1842—1927）。——编者注
[②] 挪威戏剧家、诗人亨利克·约翰·易卜生（Henrik Johan Ibsen，1828—1906）。——编者注
[③] 英国诗人、评论家马修·阿诺德（Mathaw Arnold，1822—1888）。——编者注

不是这个。

我读到"现代社可以即时将《玉君》绝版"一句时，愈使我莫名其妙。《玉君》自有《玉君》的价值，即使《玉君》果真无聊浅薄，现代社能否绝版，我想琴心女士是不能预知的。我固然知道这是琴心女士的愤激之言，但是在批评文字中我想不需要这个。琴心女士，你以为何如？

琴心女士不满意培良先生处，是在没有用和平的语气，轻轻地把他所见到的写出来。我以为这也不必，只要他批评的对，那么用和平也好，激烈也未尝不可。这与他批评文的本身，没有什么大关系的。再说琴心女士在她自己的文章里，也看不出和平的态度！

可是琴心女士也有她的好处，就是她的赤裸裸的态度。这种态度在现在假面时代，是不可多得的，至少这篇文章我读了后，知道琴心女士是大胆无畏的一个人。

4月11日

原载《京报副刊》第106—134期，1925年。

原题为《读琴心女士"明知是……"之后》。

关于《献给自然的女儿》

亲爱的自然女儿：

我们无时不在相会着，但总没有个写信的机会。前几天，虹哥寄来他的一本书，就是献给你的那本诗集。我看过后，便有个亲密的暗示：给你写信的时候到了。

你知道，我亲爱的自然女儿，我现在是在一个工厂里做工。我们的主人，他很想把我们也变作一架钱机器，在那里不断地工作。因此，时间很少，不得做我想做的工作。而且，我是虹哥的小弟弟，他很知道我的程度，我又说不出很中肯的话来。好在你向来是一个沉默的人，你是不会笑话我的。并且，我还知道这封信，你是很喜欢的，因为是虹哥的小弟弟写给你的。

当然，我给你写这封信之后，不得不向你说："我的信，是想试试解释虹哥献给你的这本书。"

向来，在我们中国，很少人注意到"人类生活的态度。"自古迄今，有那么多的典籍，却很少看到人类两字。目前似乎有人来谈，但他们没有说明人类生活取如何的态度？怎样才可使人类的生活进步？怎样才算作人类生活？……反而他们在这上边穿上了好多神秘的衣裳，即使有一二人来揭破，但随着又便盖上，我深为惋惜。

你不看么？我们那么些汹涌澎湃的识者中，谁曾有个归根结底的说明。这是假英雄名义的偶像，在古城中塑起千万。确乎，这便是我们的"先驱者"。

虹哥的这本诗，便是一个穿破一切神秘的匕首。他以最高的诚意，来做一个归根结底的说明。

虽然，他在写文章和作诗的时候，把他们分出来，某篇是科学的，某一首是艺术的。但是在这本诗集内，并没有科学与艺术的分别，我也不知道该叫作什么。

在法兰西大革命的时候，有位死在断头台上的诗人叫安德列·舍尼埃，虹哥的诗有好多和他有同样的感觉，如：

所以我画了一个大圆，
我将停在圆的中心点。

不知道怎么，我总要联想起安德列的诗：

Souvent mon vol,
armé des ailes de Buffon,
Franchit avec Lucréce,
au flambeau de Newton,
La ceinture d'azur sur le globe étendue. ①

有人把长虹唤作"诗人"与"作家"，也有人唤作"玄虚者"（记不清楚了，是我在友人处，看到新出的《贡献》上，一位识者的批评，是光与热与微雨并举的，归在玄虚一类）。其实，都错了。长虹和我一般，都是最平常的工人，不过他以笔工作，我以手工作罢了。

---

① 我经常盗窃，武装以布封之翼，与鲁克列斯一起跳跃，向着那牛顿的火焰，天空的腰带在展开的地球上方。——编者译

我所以敢于断定他是平常人，因为他没有出色的生活。他不能像古人飞檐走壁，也不能像今人指手画脚。如其，我们承认写的东西是作者很忠实的自白，再如其承认他不是听人谈尼采而偷窃来的，则他的这本书，在我看来，自然也是很平常的了。

本来，在长虹的见识上，有两个很重要的观念：一要使人类是动的，一要人类有行为的自由。

因此，在他的思想上，在他的工作上，处处想用尽他所有的力量而使他的计划进行。他用的工具，便是科学与艺术，一种建设在他认定是不破的真理上，一种便是建设在海阔的情感上，甚至，有时两种一齐出没，以致使我分辨不出来，如他的这本诗便是。

无如人类的命运，总是排演着他的悲剧。想见爱而不得爱，想做而不得做，人与世间的冲突，物与人的冲突，在他的这本诗内，便可找到这些苦痛，忿怒的叫喊。至于在别人眼中，那我可不知道了。也许会使人"笑的掉了牙"吧！

没有人不是在玫瑰花残了之后，而才追思他的爱情的余味的；没有人不是在夭亡之后，而才被尊为天才与完人的。因为世间绝没有笑嘻嘻地活下去的人。苦痛太多了。正该如此，惟其如此，才给平常人们留下一块开垦不尽而终身工作的地方。

长虹本来是个总善于知足的人。比如他有一根纸烟，世界于他便会改变一点；我们的几个小弟弟乱写乱译的东西，他也高兴，说："那很好，就这么多做多写下去。"因为他只懂得伏起他那瘦的脊背而负这重任，老实说，这本诗集，便是这重任压折下的呼声。

毕竟，他是我们山西的个乡下人。所以他还要有这种工作的计划（因为山西北方的商人与农人，总是无论到如何地步，还有个"重来"的观念）。

要造一只人类船。

通行海陆空。

可是，要知道，在他造成的时候，他已疲倦了，讨厌了，憎恶了，他要以他未灭的残力来毁坏这只船。

因为虹哥给我寄来这本书，所以在我做工完时，就在试验室内写给你，和你乱谈谈。你看，也没有信纸，就在试验用的纸写给你。

深知道，我只懂的我和虹哥有好的感情。他的思想和他的这本书，虽然我乱谈，其间自然是难免不对的地方。你很了解他，你当然有相当的判断，不过这是虹哥的小弟弟一封乱写的信罢了。

即祝

展开你的洁臂，抚吻尽世间的婴孩。

小弟弟已燃

1928.3.27

原载《长虹周刊》第 4 期，1928 年 10 月 13 日。

波　动

自　识

　　去年在海程上，无论是望着天星，无论是听着波涛，外面虽呈现出茫然的状态，而内心却感到深的不安。时有如闪似的思想与感想浮于心头，记录下来，叫作《波动》，无非想说出在一切狂动之中，我的生活也在波动着。

　　生活便是波动。无论何人，都处伏在这个律例之下。在此，我们所能努力者，只有求波动的平衡。各个人都有其求平衡的法则，得到与否，谁也难以预定，但不能自止地去摸索，却都是一样的。因为我们既不能毁灭自己周匝的颠荡，我们更不能阻止自己的生活。在生活上，我们失掉了选择的自由，正如在梦中不能使用自己的意志。因之，我之作此，可以说是被动的，偶然的。其间不会有奇伟的理论，深幽的探讨，自是当然的。

　　可是，人都是爱追想过去的。敢于印此者，即是为了纪念过去的生活，同时分赠给几位朋友，也算我海程上带回的些礼物，其于非分的奢望，是丝毫没有的。

北平，一九三四年四月一日

人性的两种现象

将人与物表现的各样状态，我们一一深究下去，其间隐匿着使人费解的神秘，要人去咀嚼，诱人去追想。

在这些最奇突的现象中，笑与哭怕是最耐人玩味吧？他们像是来自高不可及的峰顶，使人望之而生畏；他们像是两个极端相反的情人，为神秘的电流所接连起来；他们在人心中日夜无倦地工作，一直到最后的末日。

人性之中，有种不可为人手触目视的潜力，以其表现浓淡之故，遂成为笑与哭。可是，他们只是人性潜力暴发的结果，却非人性潜力的本身。因为人性潜力的本身是爱。

造成爱的基本动力，是"关系"。表现爱的方式，是笑与哭。在人类生活上，"关系"成了惟一的元素，他的急切，较之水之于鱼，是更为必需的。人与人之间，人与物之间，无时无地，没有不发现他的形迹，因之，想到笑与哭的情状，像是初春的美梦，使人神驰而心怡的。

笑是"关系"的外形，他是现在的；哭是"关系"的内心，他是过去的。他们又像是两种自然的语言：一种是失掉了和谐，在不得已的情况中所发出的；一种却是感到需要，自然地流露出来的。

当"关系"失掉了他的相称之时，其间会有笑的存在。一个孩童，想摘下月亮当球踢，不能达到目的，伏在台级上大哭，这自是可笑的。因为"关系"失掉了他的相称，目的太大，而结果太小了。

讽刺即是利用此种原则：起始，讽刺者与其对象分离，各守疆域；继而，使彼此相差，一高一低，或一远一近，"关系"因之破裂，笑亦自然而生。个性强的人，常是不肯笑的，但也有例外，因为环境所迫，把笑亦变成一种世故了。思想深刻的人，常是不肯笑的，但也有例外，因为对象的平庸，笑变为一种蔑视的表情。

善于使人发笑的讽刺者，常有深厚自我的思想。他止于细事与外形，却乘人不备，放出毒辣的锋芒。不只如此，残酷亦能使人发笑。在罗马时代，将人作为蜡烛淫乐夜舞的奈宏即古罗马皇帝尼禄·克劳狄乌斯·德鲁苏斯·日耳曼尼库斯（Nero Claudius Drusus Gemanicus，37—68年，54—68年在位。——编者注），不是历史上一个善笑的人君么？

他笑，因为他止于外形，被笑者对他是失掉了"关系"的平衡的。倘使他往下深究，在他发笑的事实上，谁能说不发现另一种情绪而自悲自泣哩？

有如站在井口一样，泪是人性井中使人发晕的活水。他来自很深，很隐秘的地方。便是那个流泪者，只感到发泄的必要，而不知究竟来自何处。泪不是纯粹悲哀的表现，正如笑绝非对欢乐的象征。世间有多少可喜可庆的事，不是反使人涕泪滂沱么？

泪是回忆下压榨的晶露，生命是往事炼就的纯金，因为，在蜉蝣的生命上，回忆与往事满盛着人与人及人与物的"关系"。

我们爱那过去的回忆，因为那上边刻着我们已逝的生命。过去会将那些细事排开，抓住往事的重心，将超过时间与空间的现实，展放在眼前，要我们去观看。于是，伤我的往迹，亦消灭了悔恨的心绪；当年可笑的琐事，亦成为涕哭的原因。介乎母子，夫妇，朋友之间，谁能够不在苦辣的泪波中，去沉溺几次哩？

涕哭者的心绪，不常是苦痛的；有时他反感到愉快。那不是一种普通的现象么，一个人正在流泪之时，你去安慰他，他反说："我并不难过！"他的眼泪仍然滔滔地流着，他口上却浮现出最真实的微笑。

为我东归流泪的朋友们呵，我们的"关系"上，又多添了一段宝贵的回忆，我在此要诚恳地纪念你们。

东归之先

在我东归之先，虽说时间短促，却是我年来生活上，一次很大的

变更。我柔怯的心，绞缠在生活粗笨的线中，我要把他抽出来，织绣成一个纪念，送给将别与未见的朋友们！

八月以先，我预计仍留在瑞士，继续我方才开始的工作。一月未过，我已上了意国的邮船，送我回到久别的祖国。追想起我这次的变化，追想起琐碎的事迹，一幕一幕，没有不动我的心灵，像是含有迷离的魔力，抓住我，要我来回思，又要我来缄默！

但是，缄默何能哩？我已别的朋友们，我未见的朋友们，时间与空间虽可限制我们的实体，但是，他们限制不住我们的思想，我要把这思想移在纸上，送给你们。再则，我要问你们：在你们的生活上，不是也深刻着震动全身的这种情调么？

在我确定行期之时，给我只留下一礼拜了。时间虽是短促，对我反变成悠长。我生怕这七天的逃开，又盼他急速地过去。一方面，想去看那些仁至义尽的朋友，对他们告别；他方面，又怕见到他们，无话可说。我徘徊在祥静的园中，我自己想："告别也是一种世故，又何必多此一举哩？干净些，再干净些，死才是最忠实的告别呵！"因之，我的行程，成为一件公开的秘密，我愿人晓得我要走了，我又怕人晓得我要走了！这种曲折，矛盾的心绪，我还能够再多说什么？

虽然我在不安之中，要竭力来克制自己，压服这种不安的心绪，要当做若无其事。有时，还想出些自慰的话来：人生便是聚散离合，瑞士又非我的祖国！但是，愈克制，而我感到的反应愈激烈。朋友们看到我，总是浮露出和蔼的微笑，雪若也不迫我打球了……在他们每个的脸上，都表现出这句神秘的话：你没有多的时间，我们不纠缠你，让你去安置你的行装吧！

我生活在不知所以，时时波动的一个新世界内。

在这个"老而更老，新而更新"的伏利堡城中，消磨了我五年的光阴，想起来，他成了一件留恋难舍的东西，我追思他的心情和月夜思故乡的悲哀，如同一条弦上所发出的！我留恋他，因为我留恋我已逝的生命。沙里纳河上的薄雾，尼可拉大教堂的钟声，甘寨与若雪的晚步，还有山屋的歌曲，一切的一切，都成了我情感生活上的滋养品，似乎是片刻不可分离的。站在风驰的甲板之上，望着无涯的天海，他们像是排列在我眼前，伴送我孤独的东归！他们似在惜别，他们又似在狂欢，便是那云生码头的悬桥，充满诗意的槐树，也像在我面前说：朋友，珍重吧，我们要离别了！

这种不可捉摸的心绪，似乎不完全是多情，却是在乎我天性的怯弱，自从三四年来，觉哥来信，总是说：能够在外边多住几天，还是在外边好，你一回来，便后悔了！又加上家中的来信，总是责备忘掉了一切。人生如是多磨，我该如何处理自己哩？可是，自己又问：这次仓促的东归，谁知道有什么风浪，要生在我的眼前哩？

望着窗下东去的火车，常引起我不能自主的幻想：再过几日，他要带我到一块不知道的地方；再过几日，便会看到些奇花异草；再过些日子，便会看到我破碎的祖国，苍老的慈母，我会睡在生我的炕上，我会看到寺中的高松……呵！走吧！快些走吧！

地板上，横睡着三个大木箱，要将我的书籍都封在里边。我不愿收拾行装，更不愿收拾书籍，在我的心上，书籍便是我的生命，我不会相信和他们是该分离的！我心上，深感到一种空虚，这种情调，宛如在入殓自己的亲友，分外难过。

须要亲手把他们一一抚摩过，为着再抚摩到我的回忆！人总是迷恋骸骨，何况又是自己的哩？

这些书，七横八倒地睡在箱中，挤了又挤，填了又填，为着我们生活在一齐！有时从箱中取出，放在另一个内，说要带他们东归；又有时仍放在内边，还是把他们留下吧！这种不定的心绪，无非是不愿来亲手封他，我笑我自己。走的前两日，我向显之说：你代我封住他们吧！他答应了，因为他从未拒绝过我的请求，我惊喜他这种勇气，他肯做这件我不愿做的事！唉！谁知道他和我一样，他总是推移。及至我走时，依然留下三个开口的木箱，僵睡在地板之上。

未来的画家呵，在波涛震动之上，我向你致这点微念。自从我告

他说行期确定之后，他的行为态度都变了。他故意设出许多方法，使我宁静，又帮我收拾行装，又为我计划到上海的防御，他说上海人是专欺负外来的！纵使他如是，他不会深藏起他心中的波动，他本来不肯多言，而今，已变成一个哑子了。我们晓得作祟的原因，可是我们不敢往下深究，像是一张蝉翼似的薄纸，谁也不肯把他穿破，当我们面对之时，我们成为路人，为要击破笨重的沉静，我们只有苦笑！我们知道再过几日，便会鸟各投林，将一切交付给那个渺茫的未来。不然，我们坐在床边，一直坐到半夜，反复不已地说：真的，你要走了！真的！我要走了！

我追寻过这种情感的成分，我不断地证实了这条律例：所谓朋友的情感，其形成是在两人之间，追寻他们的相同与相异。我说相同，因为朋友间有个共同的目的，而这个目的，必超出物质之外，要永生不变的。我说相异，因为要从自我中逃出，走到非我之中，同时从非我者之身上，要不断地发现自我的存在。朋友不是完全相同的，也不是完全相异的。

在银白色的月光下，我们挽着手，无目的地行走。我们浸渍在神秘的夜色内。我们由夜色谈到艺术，由艺术谈到自然与人生。可是最后的着落，每次总归结到我的旅行之上。我们说：一个人的生活，该常常改变的！我们说：八年了，看不见祖国，该回去看看他破碎的景象！我们说：明年此时，又会在此散步！我们将一切都推在未来的身上，你这缥缈的未来呵！你能够保证我们的期待么？

为了不能同我一齐走，多默要送我到泊尔尼；为了禁不住寂寞，显之要回巴黎。于是泊尔尼的车站，车窗下，成为我旅行前最后的牺牲。我要问世间那一件珍贵的东西，不是牺牲换来的？而那一种牺牲，又不是血和泪留成的？车开了，向着东南方驰行。

禁不住的眼泪，自然地流着。我不愿再看他们，我藏在车厢的一角。对面的一位中年的妇人，拉我的手，她要安慰我，我却像孩子一样，放声哭了。她不断地说：兄弟分离，自然是难过的！

从这位不相识的妇人手中，我接受到如此丰厚的赠予。我深思人类的挚爱。

已四日了，我坐在海船之上。我不断地想念你。每逢揭开你装置的行箧，我不忍捣乱衣服与书籍的位置，因为那上边烙印着你的心灵与手迹。呵！我再还能多说什么？

意大利

出桑扑仑隧道①之后，车沿马若湖②驰行，进入拉丁诗人危尔锐洛③的故乡。广阔的田间，丛生着芳草佳木，深蓝的天，像是浪静的大海，赤腿的少女，宛如仙子，说着一种如音乐的语言。这块迷醉人的地方——意大利——文艺复兴的慈母，西方文化的摇篮。

如果留心自己情绪的演进，自会体验出一种神奇的变化。遥望依墙的藤萝，含笑的繁花，各个感到贪生的强欲，血管内，充满了生命的活力。于是，旅途的苦闷，人事的烦恼，都已飞往在九霄云外，如鹰的视线，却交集在晒衣的村妇与苍老的教堂身上。这些质朴的影子，有种特别的魔力，使人忘了现实，宛如永久生活在假期中。

这里的居民，富有艺术的天才，同时带着很深的宗教情感。他们生动的灵魂，强烈的情欲，都表现在平凡的举动上，爱情的惨剧，断欲的苦修，都是日常所看见的。

真正代表拉丁文化的民族，不是西班牙，不是法兰西，却是为人所蔑视的意大利。因为意大利人的天才，像是一块大理石：他的表现，摔脱利害而应用诗人的直觉。所以，具有民族意识的意大利人，同时亦是艺术家。并非偏执己见，故意如此骄张，实由他们的生活，处处

---

① 即辛普朗铁路隧道（Simplon Railway Tunnel）。——编者注
② 即马焦雷湖（Lake Maggiore）。——编者注
③ 即古罗马诗人普布留斯·维吉留斯·马罗（Publius Vergilius Maro，前70—前19），通常据英文 Vergil 或 Virgil 译为维吉尔。——编者注

含有诗歌与绘画。颂歌正义的但丁，雕刻罪恶的米该郎[1]，冒险的加里波得[2]，都不是好的证据么？

谁曾见过一个真正的艺人，不梦想他的作品哩？谁曾见过一个真正的艺人，不建设他的作品哩？谁可找出意大利的作品，不含有诗意而非大理石所雕成哩？莫索里尼是一个泥匠，指甲上犹藏着水门汀的遗痕，现在不是建筑他民众的皇宫吗？他的眼睛，非如照相上那样冷酷，据同他要好的人说，这个穷记者的眼内，时时反射出诗人失恋的光芒。他是全欧洲的伟大的艺术家。

意大利像是一个落魄的才子，不遇时的贤人。自从西罗马灭亡之后，一跌不振，为外族侵凌，便是欧战之前，萨克逊人种，高倡其优秀，而鄙弃拉丁民族之低能，意大利人深感到无可奈何的侮辱，十九世纪的统一，国家主义的勃兴，即是反抗此种蔑视的暴发。他们奋斗，他们战胜，便是领土无落日的帝国，于今不也是威戚戒备么？

这种特殊的光荣，来自深远的遗传。罗马的纪律，基督教的组织，尚理智，重权威，与现今的意大利，融化在一起，宛如威尼斯的运河，虽在闾巷之中，却与汪洋大海，互相连接起来。莫索里尼，以恢复古罗马光荣为职志，其雄心勃勃，怕是近代史上，特出的一个怪物吧？

水　城

威尼斯隐居在海中，永远保持着他的特质。

在罗马完结了残命之后，威尼斯出自海中的泡沫，自由地发展，超脱时间，像是湖上的一朵睡莲。和谐的水声，日夜歌咏他的奇妙；飞舞的波涛，四时祝贺他的娇艳。他是云天与海天间最完美的艺术作品。

---

[1] 意大利文艺复兴时期的艺术家、诗人米开朗琪罗·迪·洛多维科·博那罗蒂·西蒙尼（Michelangelo di Lodovico Buonarroti Simoni，1475—1564）。——编者注
[2] 意大利民族英雄、将军朱塞佩·加里波第（Giuseppe Garibaldi，1807—1882）。——编者注

多少失意的灵魂，逋逃在他的羽翼之下。在西人的意识上，他是人间的仙岛，海上的迷宫。以本质言，他是超人的，神秘的；以表情论，他是音乐的，寂寞的。他的孤独，使人神往；他的生动，又使人心醉，似乎人间的争斗与罪恶，不存于其间的。

这是一个宗教的水城：少妇们柔白的胸前，摆动着金色的圣像；桥端与屋角，供养着含笑的圣母；在古时国王严重的谕示中，曾宣布说：

> 这是万能物主祝福的城市，他要在一切暴乱内，成为一块安慰的地方。

这句话不为过分的。在中世纪，信仰坚固的人们，将威尼斯看作一块灵地。自十字军东征起，中世纪的宗教史，可称为威尼斯的历史。

这也是一个含有诗意的水城。那里藏有许多神奇的传述，英人洛思庚[①]，特爱此种奇幻的故事。

第一个故事，约在一千三百四十年：于暴风雨之夜，巡行海岸的渔舟，沉入海内，渔人在万险之中，忽然碰着三人，衣冠奇突，神态飘逸，要他与海争斗，使之测此阴暗的深渊。正在此时，比夜更黑的船，满载魔鬼，忽然涌出，而三人各举手作一十字，黑舟随即消灭了。三者中之一为圣马可，给渔人一个指环，要他献给威尼斯的王公，作为阴夜奇迹的证据。

画家鲍尔道奈，将这种传述作为材料，绘成不朽的杰作，一张题为《地狱之舟》，一张题为《奉献指环》。[②]

第二个传述，时期更为久远。在六百四十年，为逃避残杀，马尼士主教，来到这个岛上。有一天，他看到如燃的红云，加粉的白云，夹着各色的鸟兽，自天空飞来，分散在岛上。于是，按着各色所指的

[①] 即英国作家、艺术批评家约翰·罗斯金（John Ruskin，1819—1900）。——编者注
[②] 即意大利画家帕里斯·博尔多纳（Paris Bordone，1500—1571）（所举两部作品不详）。——编者注

地点，他建筑救主与圣母等的教堂。在艺术上，威尼斯有绝顶的成功，尤其是色彩的调和，我们能说他不受这个故事影响吗？

威尼斯握有海上的霸权，他又吸收了东西罗马的文化，在历史与艺术上，形成一个特别的地方，几乎要跳出人类文化以外。把狮子作为他们城市的象征，这样高傲的情绪，表现在每年的八月十五。在一千一百七十八年，威尼斯打退日耳曼帝国，教皇向他们说：

因胜利之权，此后的海是完全属于你们的。

我徘徊在桥上，又徘徊在这些回忆之中，当夜神笼罩了这个水城之后，依着圣马可的石栏，在秋天的月夜，听渔人的桨声与歌声。

伊瑶尼海[①]

九月十一日，船入了深蓝怒波的伊瑶尼海中。伟大的海呵，想到你奇幻的神话，想到你是文化的桥梁，渺渺的我，能不向你顶礼？

因为你身上含有不可思议的神秘，我想到生天生地生万物的真宰。"水之积也不厚，则其负大舟也无力。"而今，在你身上遨游的这只邮船，不也像儿童手中所放的纸鸢么？既然，你是无限的伟大，你又无限的幽深，你紫蓝色的柔体，永睡在不变的月下，如其你不是真宰的化身，何以永远和谐不变哩？我之生，是有父母的，孤行东还，即是为了我的慈母。海呵，你也不去看你的父母么？抑你便是天地万物的父母？

芸芸万物，各归其根，百年之后，我已化为尘土，万年之后，你犹如是，我晓得你已跳出时间以外，那么，你纵不是真宰，亦当是他的化身。

[①] 即伊奥尼亚海（Ionian Sea）。——编者注

我遥望着起伏的海波，消失在绯红的天云之下。海呵，伟大的海呵，你是第二个深不可测的云天。

矛　盾

滨海的人，梦想着耸入云霄的高山，及至登到山顶，不注视无尽的天空，却看到那些山草与野花。山居的人，渴望着波涛汹涌的大海，及至到了海边，却寻找那些蚌壳与沙砾。这种矛盾的现象，来自人性的本身，他需要动，又不愿太动了；需要变，又不愿太变了，需要一切，需要虚无，总之，处处都是不满足的。

在旅行中，更能看到人性的这种现象。

约在半夜，船始到波赛①。人们都不肯去睡觉，有的要写信，有的要打纸牌，更有的，手握一杯啤酒，在那里死看人。女子们似另有一种消遣，她们只是换衣服。推究她们换衣服的心理，并非为了自己的身体，却是为了他人，她们不能没有俏皮的动机，然而，这种为他人牺牲的本领，却是女子所特有的。在午饭的时候，潘先生笑向我说："这个金发女儿，已经换了三次衣服了！"

有个从英国回来的印度青年，身细而长，脸瘦而黑，看来像是营养不足，方才害病起来的。他总是巴结女子，夹杂在脂粉之间，他向她们讨好，他很懂的她们的心理：什么时候，该去占椅子；怎么样去奉献水果。

在月明星稀之下，他把话匣子搬到甲板上，声音一动，那几个倚栏遥望，似在期待波赛的女儿，如触电流，足已在甲板上摆动起来。大家急忙把甲板留开，让给他们逸乐的权利，西俗是敬重女子的，又况在长途旅行之中。其实那些周近的男子，他们的想象，早已沉入往昔舞场的生活，惟恐落后地跑来，绕着留声机，也足踏着足，在那里

---

① 即苏伊士运河的北口埃及塞德港（Pord Said）。——编者注

拥挤地转动。便是那些着白衣的茶房，亦鹄立其旁，目灼灼地等一个机会。

"一切的不幸，乃是来自不肯居在自己的家中。"这句名言，可以说尽当代一切罪恶的源泉。当旅人们未到船上时，他们想象那浪花飞舞，波涛汹涌，预感到一种狂喜狂乐；及至登到船上后，单调的色彩，烦闷的生活，不三日而已厌倦了。因为，他们不需要理智的满足与情感的调和，他们所需要的是强烈的刺激与暂时的麻醉，便是在他们的爱情上，又何尝不是云来雨过，憧憬刹那间的逸乐哩？

他们依然加劲地跳着，他们要一直跳到波赛。

红海所思

北欧太冷，印度太热，中国正在不冷不热之间，这种恩惠，我们亦引以为荣，而自相赞美。小学校教科书上说："中国地大物博，气候温良……"

如果将冷看作理智，将热看作情感，即我们两者皆缺，理智既不精密，感情又何尝丰富哩？反之，我们所有的只是折中，调和，不彻底，差不多。

北欧的冷风，吹来高深的学术；印度的热风，吹来伟大的宗教，试问中国的凉风，吹来的是些什么？怕只是感官的刺激。

如其要将错误归之自然，即中国民族更不可医治了。不能利用自然的民族，便是文化落后的铁证，这个是敢断言的。

实在说，温良是平庸的别名。

我在红海中，看到地狱，看到火宅。

热风中传来的波涛声，像是地狱中的音乐，他使人恐怖，使人烦闷，更使人不安。他那种回环单调的声音，似在说："握有自由的生物呵，你如不善应用，你即是我们中间的过客。"他要人检查自己的内心，像是死已站在眼前似的。

在各个人的生活中，有时总可摆脱外物，看到内心所反照的一切。其心理，时而安静，时而焦急，时而自喜，时而悔恨。凡使心痛的罪恶，十之八九皆由自取，因为自己不能统治自己的内心，行为无确定的原则，于是，生活常在"偶然"之中，宛如风卷的柳絮，可东可西的。

偶然的生活是最危险的，因为他是被动的。

人的欲望

灰色的天，几乎要接近海面，汗不动而流，个个都躺在长椅上，鸦雀无声，甲板变为一所养病院。

来了一位头等舱中的胖人，要找潘先生说话。说些什么，我不知道，我只听见这位胖人说："头等舱并不舒服，吃饭要穿礼服，甲板上也没有凉风……"语意间，似在还羡慕我们！的确，我们吃饭时，可以赤足袒背，不为任何习惯与人事等所拘束的。

这几句话，使我联想到拿破仑皇帝的儿子来。在千八百一十五年，于杜莱利宫内准备着一个隆重的宴会。其时，皇子尚幼，横睡在一群贵妇的中间，她们戴着金钿翠玉，放出迷醉的奇香。室中陈列着米该郎，拉飞儿[①]等的艺术作品，地下站着些奇士与名将。他们的视线交集在这个孩子的身上，因为他是拿破仑的儿子，他又是罗马的帝王。

可是，自宫窗中看出，外面有种相反的景象，使人作呕。街上满堆着淤泥，发出令人头晕的臭味，几个顽皮的孩童，穿着破烂衣服，正在那里游戏。

当皇子看着这种景象时，脸上浮现出苦痛的神色，沉默地睡在那里，拒绝人们给他的抚慰。

拿破仑走近身边，向他儿子说："你受了什么委屈？"

---

① 即意大利画家拉斐尔（Raphael，1843—1520）。——编者注

"这些东西使我苦痛！"皇子手指着那些绘画与雕刻。

"这是艺术。"拿破仑回答他。

"这些人们使我苦痛！"皇子手指着那些奇士与名将，因为他们正讨论各种方针与战略，这种使世界变色的谈话，自然使孩子疲倦的。

"这是天才。"拿破仑说。

"她们使我苦痛！"皇子指着那一群贵妇。

"这是美。"拿破仑皇帝说。同时，他看到儿子的口上，浮荡出一种不可知的欲望，他俯下头去，又温和地说：

"你这个贪心不足的小东西，你到底要怎么样？"

"爸爸，我也想到街上，躺在淤泥中，和他们去游戏。"

艺术，天才与美，都不能使他满足，却偏要到淤泥中，方可止息住他欲望的要求。这个故事，含有两条不易的真理：（一）人的欲望是无尽的；（二）有限的东西，是不能作为人最后的归宿的。

亚丁的灯塔

人与自然的争斗，无处不表现着，特是在近代科学生活之中。坚厚的堤坝，深长的隧道，崇高的灯塔，都是人类征服自然有力的工具，而三者之中，最可使人赞美的，还是灯塔。

自从灯塔降生之后，海上的黑暗，都一齐消灭了。原始的航海家，以天星为标准，他的生命与财产，完全托付给命运与侥幸；而今在奋斗之中，另造出一颗天星来，色彩如宝石，光度似太阳，他是航海家的救星，海上黑暗的劲敌。

灯塔是一个伟大的孤独者，他屹立在寂寞的一隅，在万物深睡之后，他始出来，不怕冰霜冷露，又不怕风雨袭击，鼓起他大无畏的精神，不断地在黑暗里创造光明，危险中寻求安全，他是无数航海者的生命。惟其如此，也如人间伟大的灵魂一样，他招来海波的嫉妒，常欲将他毁拆，然而，他立在海边，永远不为外物所动的。

灯塔是航海者的朋友,他不仅指出迷途的路线,他还要加增失望者的勇气。在暴风雨的黑夜,波飞浪溅,他向那些悬心吊胆的人说:"不要失望,再努力些哟!纵使风波摧残你们,天星抛弃了你们,然而,我要同你们共患难,分苦痛,顷刻不分离的!放心吧,努力,再努力!"

即是为此,航海者之母与妻,常爱坐在灯塔的脚下。她们依灯塔而遥望,她们抚摩这块不言的奇石,她们在石上泣诉,她们晓得这块石头,握着远行者之生命,她们要从这块石上,于失望中寻求期待,焦急中企谋安宁。

远在罗马以先,尔脱利斯人看灯塔是一座祭台,一所庙堂。这不是愚顽的迷信,这是人性极深的要求。在可怕的夜间,他们的心上,也起了狂风暴雨,他们在灯塔的身上,看到有神的存在,去跪下,去祈祷,这是不为过分,而且很自然的。

也是在一个没有天星的夜间,船出红海口,向东驰行,道过亚丁城,一切都沉没在夜色之间,只见一行疏灯和东南角上的灯塔。

死

九月十五日,大浪。船已到印度洋中。

我躺在长椅上,斜视一升一降的大海,一手抵着下颚,忽然,觉得该刮胡子,在我生命的日历上,又须撕去五百了。我不能自主地追思:西来的时候,我还没有胡子,而今东归,行箧中添了一把剃胡须的刀子,我知道我的青春,为他一次一次伐尽了!

送时间死去的海波,似乎也变了他的情调,那不是自然的颂歌,那是出葬的丧钟,他引起了死的意念,世间还有比死更真确的吗?

生是集聚,死是分离,爱便是权衡生死的准绳,无论在何种物体上,这种现象是可看出的。中世纪的那个女子说:"不幸呵,他不爱!不幸呵,他分离开!"不爱生,即是与生分离;不爱真理,即是与真理

分离，事果如此，虽永远保持着桃色的青春，又有何用哩？灵的死比形的死更为可怕！

我们深睡在想象的甘梦中，我们以为与天地同春，谁知道一切都结局在死上，而人生的逃走，比影子更为迅速，利禄的诱惑，痴情的留恋，谁能把握几何，而非如梦样的虚空哩？

船上的电影

怕人禁不住单色单音的大海，船上时常要演电影，人们都拥挤在一起，惟恐交臂失之而遗恨万年似的。

演的片子，极其平凡，内容亦很单纯。大致是朋友两个，准备远出，放心不下他们的妻子，交给另一位胖的朋友来看管，这确是一件很难的工作。两位少妇，不安于独守空床，想了许多方法，跑到海滨，在浴场上，期待一种意外的奇遇。谁想，她们的丈夫，不去上船，亦来到海滨，正在追逐一个少女。中间经过些不近情的事实，四人忽然碰在一齐。始而互相惊异，继而互相咒骂，终于互相和好，不是因为他们能够容忍，乃是各自感到强烈的需要，以满足感官的刺激。

这种片子，出自美国，是近代生活的写真，最适合一般人的要求。这种艺术成功的秘诀，是迎合肉感与想象的需要，观看这种作品的人们，感觉受了物的刺激，想象受了新的扩大，于是，他们麻醉，在自己的脑中另造出一个奇幻的世界，将过去与未来一切的生活放置在里边。但是艺术却不能为物与新所独霸的，因为艺术是建设在真上，我们能够说，真的构成仅只是物与新么？

现代一般人的生活，是想象的，是刺激的。他们的行为，又都是被动的，机械的。这种没有智慧成分的生活，常是在盲动之中，日改日化，自己也不知道是为什么！

西方大城市之中，新婚者不愿租房屋组织一个家室，却喜欢住在旅馆内，将窗门封闭，到疲倦之时始回去休息。他们才是永远的旅行者，在饭店吃饭，余时即消磨在舞场与影院之中。倘如要问他们，何以生活在外边？他们重复不已的回答：我们禁不住家中的烦闷呀！

为何他们期待着婚后的幸福，而所得适乎其反哩？为何家中烦闷，不谋改善，而却逃躲在游艺场中哩？实在说，他们的结合，没有精神，只重肉体，没有理智，只是想象，他们把一切都当作游戏。

我认识一位五十岁的妇人，她女儿婚后便住在巴黎，她常向我诉述思念女儿的苦痛。有一天，我问她："既然如是，你为何不到巴黎，同他们住在一起哩？"这位妇人沉思了许久，像是有种说不出的隐痛，最后才说："先生，我过不惯他们的生活！"我看到她的眼内，含蓄着悲哀的热泪，她接着又说："他们的生活，是电影的生活，我老了，难和他们合在一起！"

由电影联想到小说

一位医生的太太，穿着睡衣，躺在长椅上看小说。别一位医生的太太，迎面走来，笑向她说：

"亲爱的，你在看什么？"

"我看一本小说，你瞧。"

"唔，这本小说，在电影内已演过了。近几年来，我从没有买过小说，烦闷的时候，我便到电影院，用不着两个钟头，我已把他看完了。"……

近代一切摩登的智识，都是从电影中等来，我听了她们的谈话后，我便联想到小说。

小说是 19 世纪的产物，它进到文坛上，惟我独尊地占据着，它使人留恋，成为近代生活上的必需品。

或许人们惊奇，以为小说是与文学俱来的。在文学史上，他所占有的位置，正如逻辑学在哲学史上的一样。从希腊描写牧羊人的生活起，到中世纪叙述骑士的恋爱终，小说的产数，真是汗牛充栋，难以数计的。

我承认这种事实,但与我所说的小说,名同而质异的。在古代的时候,小说是想象上的一种游戏,他并不表现实际的生活,他只描写光怪陆离的冒险,以及似是而非的爱情,他并不敢描写实际生活,因为实际生活像是海中的暗礁,碰在上面,他便会死去。如果我们要用一句话,将他归纳回来,即古代的小说,是关于神奇冒险雄辩式的接连的描写。

人们的想象,常想找一块寄托的地方,因为人们可生活在一个超现实的境界内。因之,小说可使人逃脱现实,给予人们减轻烦闷的安慰。

这种现象,是来自生活的要求。古代的生活,是多方面的,日与自然为伍;近代的生活,是经济的,一个人为了他的生活,须把田园抛开!然而,物质的力量,远非我们想象所及,昔日以娱乐为职责的小说,而今成为实际生活的写真,由自然走入社会,写实派的成功,受人欢迎,其原因即在此。

以描写实际生活为目的的小说,常是缺乏道德观念的,因为是小说之故。同时,没有鉴赏能力的读者,最易接受此种小说的影响,因为所叙述的内容,似是实际生活!所以,此种小说有一时的成功,而却难以久远。我想,以新奇与刺激为目的的电影,将来亦会遭遇同样的命运。

孟买

醒后,船已停在孟买了。我感到一种强烈的欲望,想一足便踏到西天古佛的圣地。因为在中国人的脑中,印度的观念特别深刻,不只历史的背景,给我们许多的回忆,而目前的国际地位,更引起我们的同病相怜。

可是,我在街上转了四个钟头,看了许多东西,要不是高大的棕榈树,我觉着与欧洲滨海的城市一样。既没有看到一所古刹,又没有见到一顶宝塔,我所见到的,只是些色砖相间的楼房,这不是唐僧取经的西天,这是英国皇帝的万牲园。

这个城内,好像是没有女人与儿童似的。街上的行人,都是些徘徊似病的男子,他们瘦黑的腿,像风中吹干的羊肉,走起来,另有一种节奏,衬衣长垂,布裙曳起,宛如割草回来的村妇。有穿西装,赤足骑摩托车的少年;有把雨伞挂在肩上,在巷口彷徨的老人,这些人们所表现出的,是游惰,柔弱与安乐。

他们横睡在街上,从春至秋,从秋至春,一方面,使人想到自然的恩惠,又方面,使人憎恶东方人的恶根性。西方人是靠"人"的,东方人是靠"神"的,我在孟买证实了这个思想。但是中国哩,怕还不及印度吧!

忍受苦痛,似是印度人的特色。在孟买街上,我没有看到一个笑容,好像他们都是烦闷的。但是,盲目的忍受,不思反抗,这并非灵的伟大,乃是灵的怯弱!也许我的观察是错误的,可是孟买给我的印象,确是如此。

归来纳闷,心上实在不痛快,我想:恒河之畔,不生松柏,只长蒿草,这并非佛的错过。而中国哩?沙漠!沙漠……

一位先生问我在孟买的感想,我告他说,他想了许久,最后,他说:你不知道,上海比此地更糟!

海的颂语

海呵!我爱你的忠实,黎明之时,你是我思想上惟一的访问者。

海呵!我爱你的质朴,你常是穿着蓝衣,永睡在幻变的天云之下。

海呵!我爱你的宽宏,虽有百川冲来,你常是保持着平衡的波动。

海呵!我爱你的魔力,在交织的银星之下,你引我到一块迷恋的地方。

海呵!我爱你的痴情,这次虽仍是独行,你送我,从西至东,一直到黄浦滩边。

海呵！我坐在你波动的身上，我能够永久地坐着么？没有一个时候，也如新婚的少女一样：

她喊，她倒下，她倒在海波的中心。①

一个早上

早上四点钟，我梦见仍在瑞士，又是在母亲的梦中，野棣挽着我的手，在扁柏的林间飞奔。醒来，独自一个，披衣坐在床上，还似在梦中。

门外灯光依稀，寂然无声，只有永无疲倦的海波，自窗外呐喊，要唤醒做梦的旅人。到甲板上，站在船头，海风温良，更增加惆怅的心绪，极目四望，更远处，海与夜化合在一起，想象把我移到一个神奇的世界内，自己渺小的像一粒芥子。

海夜的沉静，使人更为恐怖，一切都藏在不可穿破的黑暗内，没有光明，没有希望，仿佛一个盲人的生活。舟行击水而起的怒波，要无情地破坏这只孤舟，铁锚的粗链，宛如少女手中的绒线，极不坚固的。顺着舟行的方向，由近而远，我想找着自己归宿的地方：白色的泡沫，在灯光下，反射出彩虹的颜色，微远处，深蓝的海面，像意大利春初的云天，更远处，黑暗的静海，只能为想象所及，永远在那里波动。这不是我们的世界么？也向着黑暗处走着，在这种不坚固的海波之上。何处是我的归宿？

东方发出一线白光，那后面隐着血似的一轮红日。

---

① 出自法国诗人安德列·舍尼埃（André Chénier，1762—1794）的《年轻女囚》（*La Jeune Tarantine*）。——编者注

哥仑布以后[1]

自西而东,我的心情日日改变。变化最剧烈的地方,不在稣夷士[2],不在孟买,是在幽静的哥仑布。八年不见的人力车,憩息在繁花之下,他们安然自得,我晓得已回到祖国去了。

几个西人,初次看到人力车,他们站在那边出神。一个美丽的少妇,她现出恋恋的神态,好像不解为什么人要做这种工作。别一个高大强悍的西人,不耐烦地向她说:"我的朋友,你只要看,到上海后,可要叫你看个十足。"

人力车,便是东西分界的地方。这里并无所谓什么弱肉强食,什么经济压迫,因为这种理论,不只东方为然,西方也是一样的。西方对人的观念,不只是社会的一个个体,而且是神的变形,人身上含有不可侵犯的尊严。东方没有人的观念,他只有一个褊狭的家庭,因之,为了祖宗与子孙,东方人便束缚在这条镣链上,永远无解脱的一日!有多少家庭,便有多少国家,既没有个人生活,更没有社会生活,只要是为了家庭,什么非人道的事,都可做出,什么最大的侮辱,都可忍受。

几时我们也能过点人的生活哩?

明早上,便会看到新嘉坡[3]。以后,即是我的祖国!

我正在幻想的时候,一个德国女子在那边哭,她的眼很红,泪珠很大,我从未见过那样大的泪珠,像雨点似的。我推想,她有很深的悲哀。

同行的十几个女子当中,她是一个最快乐的,她也是一个最温和而爽直的。有人说她懂得五种语言,要到中国谋生活,有人说那个美

---

[1] 哥仑布可能是指有"东方十字路口"之称的斯里兰卡的科伦坡。——编者注
[2] 即苏伊士。——编者注
[3] 即新加坡。——编者注

国的少年，便是她的丈夫，因为他们食即同坐，行即相依，有人说她是个………

她为什么哭哩？在这风平浪静的海上，正不该这样悲哀呀？敢是她思乡么？敢是她失恋么？敢是她接到不好的消息么？我为她乱想。

次日我正在钢琴的一角，孩子的哭声中，写一封寄往瑞士的信，她忽然坐在我的眼前，似乎她在想问我些什么的！她笑地说："我可用你的墨水么？"我急忙送给她，我顺便问她："你到什么地方？"她高兴地说："我到南京，我的丈夫是一个中国人！"我们强谈了不少的话，但是总未涉及她哭的原因。

我自己想：她也未必知道，有许多女子哭是不为什么的！她们的眼泪，像秋雨似的洒着，一直到疲倦为止。

偶然，在书本中发现了一张相片，我的心又跑到雨哈山下，朋友呵，你知道我在思念你哩，不能说我没有点悲哀，但是，他为印度洋的水，相形到小不可言了。我看见你倦卧在窗前，暴风雨吹折的秋菊，在窗外叹息，他们似在叹息你的命运，你失望地看着高不可及的繁星！朋友呵，你晓得海上的星是如何美丽哩！他们是人间排挤出的诗人，他们奏着和美的钧天广乐，要安慰失意的人们。如果，我们不拘泥于强烈自我的要求，即我们并非孤独，一草一木，一鸟一兽，又何尝不是永远的伴侣哩？你不是也曾赞美过我们诗人的名言么？"自其不变者而观之，则物与我皆无尽也。"天上的星星，都是如此地安慰我们。

你不是说：百川所以汇海，为着有爱的缘故，因而大爱所积之处，在人为心，在物为海，心弦的跳动，海波的谐鸣，都是爱的颂歌，而今，我坐在波上，你生在我的心中，物我合而为一，还有什么希求？

新嘉坡以后

到新嘉坡，虽未睡到祖国的怀中，却已牵住他的衣襟，我心中又快乐，又不安。想起我八年前的出国，未尝没有以救国自任的豪气，舱中的孤独，生活的不定，都觉着没有什么重要，不怨天尤人的，因为："埋骨何须桑梓地，人生无处不青山。"

我将这两句话深刻在自己的心上。所以，愈接近祖国，检查自己内心的地方愈多，应该坦然地说：虽然嗜爱佛天，真经尚未取得！

初到欧洲的时候，常偷笑那些老学生，近三四年来，自己亦为人所嘲笑，这是循环的惩罚，但是，最重的惩罚，是站在事实的前面，我自己追问：我所学的东西，能够给我如磐石般稳固而摔脱了如履薄冰的心绪么？

我落在极深的苦痛中。

也如落在水中一样，自己未尝不愿逃出，求一安稳的净地。但是，五光十色的变化，迷漫了自己的方向。自己的意识上，织绣出荒凉与阴暗的绘画，其结果，不是热爱，乃是遗忘，不是奋斗，乃是逃避！

来瑞士过暑假的新同学们，在相谈的时候，他们总是悲观与怀疑，他们悲观祖国的不幸，他们怀疑自己学业的未来，在愤慨之余，他们诚恳地向我说：

"中国变的很快，你该回去看看哟！"

我急而好奇的心，随着发问：

"中国如何变化，变化到那种程度？"

他们不作声了，过了许久笨重的沉静，最后总是这句永不变更的话："反正中国同以先不一样了！"

三年来，每年总有一两次，往国内去信，决定回去，复信尚未取到，又去信更正，归期移至来年，我的心如轱辘般转的不安，正像不在腔子内似的。

祖国已在眼前，船上直爽的同伴，互相诘问今后的行踪，十之七八，总是长吁短叹，诅咒国家对他的苛刻，社会对他的不平。不然，便是怨自己不会随波逐流，依附权势。他们原初的理想美梦，都为无情的现实击碎，不客气地揭示在眼前。于是，天性怯弱者，反折在自己身上，做一个避秦的渔人，天性倔强者，澎湃的热情，亦随即烟消

云散，而落在逸乐之内。便是以留学为光荣的学子，且以这国比那国可骄，或许会有偶然的成功，其结果，于国家社会，都无所补！

未到香港之时，一位同伴向我说："你回去，可以看到许多旧友，这是一种快乐。"那时候，我的朋友们的影子，一一展开在心上，我看到他们的忧郁，他们的伤痕，我慢慢说："深怕'拆简邀愁人，相逢只谈愁！'"自然，我是不愿如此的。

梦

在海程将完的前一夜，我梦见回到祖国，非常失望，自悔没有听觉哥的话，心中焦急，但是无可奈何，忽然，看着一位瑞士的朋友，她同我在园中一齐走着，她问我何时回中国哩？我始知仍在瑞士，心中狂喜，笑向她说：我不回去了！

醒来，我睡在海波上，再有十二个钟头，船便要停在浦东。我心中觉着有点惆怅，正像是不该此时回来的：但米已成粥，又将奈何？

为了抑制我不安的心绪，我分析梦的构成。

梦如女子一样，他使人苦痛，他又使人留恋。他身上带着一条神秘的线索，将哲人与诗人们系维住，使他们啼笑与哭泣。所以，有的把他比作人生，真与假是没有分别的，有的把他当作幸福的园地，那里没有罪恶，只有光明。这个神奇的现象，会引起多少人的赞赏与叹息！

要在醒的时候，去说明一个睡着的现象，无论是那一个忠诚的人，只有依据他的记忆，去对梦下一结论，作一断语。但是，谁都知道记忆给人的证据，不是确而不变，永远不易的。不只如此，纵使我们无心，我们却常要弥补自己的梦，使之逻辑化，特是那些神经锐敏的女子们，她们会将梦变作一个达目的的手段。因之，梦的心理，变到极困难的地步，因为我们不能同时睡着与同时醒着，使我们掠住梦的真实，还给他一个本来的面目。

梦是产生在睡觉之间，这是谁都知道的！但是睡觉是什么哩？我们需要睡觉，我们每天去睡觉，那时候，血液仍循环，呼吸仍工作，可是意识的作用，却完全停止了。眼闭着，耳不能听，思维亦不运用，这种现象，对那些富于想象的诗人们，常唤起死的象征。

为什么我们应该去睡觉哩？虽有不少的解释，问题仍是一个悬案。有的人以为脑血太多，有的人以为脑血太少，有的人以为脑筋被毒物所化，更有的人，以为这是本能作用，要避免这种毒物。

我们虽不知道为何要去睡觉，而我们却知道他的一种现象，所谓"无利害"的态度。在醒的时候，我们沉入千变万化之中，我们动作，我们奋斗，我们耗费。我们的神经，支持不住这种过度的消耗，深感到一种疲倦，由本能的推移，我们退隐在被窝的帐幕之下，仿佛一个失恋的诗人，不关心一切的利害，任世界便那样下去，而我们也便睡着了。

有种普通现象，更可说明这种"无利害"的意念。当我们心中有事之时，纵使想伏在夜神的羽翼之下，眼睛强闭，却是睡不着。将那作祟的事实排开，而过去与未来相连的回忆与幻想，又展在眼前。失眠增加疲倦，疲倦增加失眠。

这种说法，似乎较好一点，但他仍非是绝对的。一个母亲睡在她娃娃的身旁，外边任何的噪声，不会进到她的耳鼓，可是婴儿的微动，会把她一下惊醒，全世界对她是无关系的，只要除开她的小宝贝！她睡着，她的心却是醒着，从此可知"无利害"的态度，亦是相对的。

睡觉既是如此，我们在睡眠中，外边给予的刺激，虽非完全取消，但是至少很难感得到了。在我们醒时，所收藏的印象，睡着后，他们却仍存在内部，他们将下意识中所贮藏的影子唤起，接构成些奇幻的影像，这便是梦的肇生。

在我所做的梦中，醒后追寻他的踪迹，始知是两封信的来源。我一方面往北平去信，告觉哥说我的归来，另一方面往瑞士去信，说我平安地回到中国。于是，这个使人烦恼的梦，便出现在我海程中最后的一夜间。

在我写完这篇东西后，船已进到吴淞，大家都上到甲板上，急切地望着上海城。

船停在浦东，待将行李运下后，始可下去。我坐在客厅中，等待这两点钟的过去，心中却想念："现在可到了祖国了！但是，回来又怎么？"

未曾上船之先，别人说这是一个长而可怕的旅行，自己虽觉着没有可怕之处，时间长久，却是很真实的。及至上了船后，海上的生活与陆上一样，女子们的噪嘴，孩子们的啼哭，开会，派代表，在骚动中，像梦也似的便过去了。于今追想起来，不特海程的时间，旅欧的八载，也像是一个梦，便是为人留恋的人生，又何尝不是一梦哩？

单行本《波动》，公记书局1934年5月1日出版。
部分内容以"东归杂感"为题，连载于《新北辰》
1935年第1、2期。

大　雾

自　识

当我烦闷时，有几个熟悉的面孔，浮在心头，向我讨索，使我惆怅。及到船上，倚栏俯视银波，他们迫我更甚，不堪其扰，放胆记录出来，名为《大雾》，此后的心境也许稍微有点宁帖吧？

书中数人的生活，当时辗转在大雾之中，没有光，没有热，时时在阴暗中挣扎。他们忧积愁心，终身羁绊在生活的铁柱之上，绝不求人们的同情与太息，因为生活原是如此，何能责之过苛，而望之太奢哩？

谨以此纪念为生活牺牲的几位朋友。

宗临
一九三四年十一月三日
米兰旅舍

一

北地的山谷内，层峦环列，中有个朴卫村，那里没有显贵的望族，却有些驯良的顺民。他们永住在没有景色的荒山内，血管内没有外来的杂物，不敢有半点奢望与幻想。他们自奉俭约，早纳税，早娶亲，忍受住一切生活的痛苦。有时候，从食盐上和油灯内，节省一点钱财，以期多买几亩山地，看不见的传统魔力，将他们的思想与生活，吸引在这块土地内，便是再有第二次滔天的洪水，亦难将他们冲散的。

煤窑是他们生活的来源。每年到秋尽冬初之时，他们开始这种极危险的工作，拿上自己宝贵的生命在阴暗的活地狱内，寻找他们的生存。这是他们父传子、子传孙惟一的方法，他们不愿另开一条新路，他们更不愿去改良，他们只知道以生命与石灰来搏击，日日隐藏在不见天日的黑洞内，去断送他们的时光。

这种机械的，非人的生活，他们认为分所当然的。他们不特不晓得工作八小时的圣律，便是劳工神圣的称呼亦是闻所未闻。他们是简单的，从不敢希望人和人的平等，他们只明白工作，却不清楚是为了什么！有一天，在太阳西倾的时候，旺儿从煤窑中出来，两腿酸痛，像是抽筋的一样。他向窑主求乞半天的息工，窑主瞪起黑红的眼睛，充满了怒意说："看你的态子，你要有些福气，你是不会生到这个村内的。"

旺儿并不以此为侮辱，背上他的炭篓，仍然进到窑内，等候夜神来到的解放。

二

旺儿是如此改变了他的生活。

已是第二次鸡叫了，窗口上渐次出银灰色，从怒吼的北风中，听着屋后椿树枯枝的凄声。夹着驮炭的铃子，传来长而悲哀的叫喊："旺儿，旺儿。"他急忙从热梦中醒来，顺口厌烦地回答："我去呀。"炕的西头，安睡着他的妻和五成，母子两个盖着一张破被，又蒙上穿的衣服，仿佛一个土堆。炉火中发出的焦炭蓝焰，在暗色中摆动，借着这点微光，摸索着衣服，旺儿去烧他的妻预备的红粥。

他没有思虑地吃下去，收拾起绳索与篓子，轻轻地推开房门，踏着月色走了。

他不敢思虑，刺骨的冷风比铁针更为尖锐，寒气分外晶明，吐出的气像是奇幻的夜烟。似乎有人在后边推他，不能自止地向前走，要走到命运注定的地方，始肯罢休。及至到了窑上时，炭火的周近，已围坐着六七个人。他们正谈如何挖顶，如何出售焦炭，他亦参加进去，可是一言不发。大家说完后，又拿李二来开心，因为他有个很能干、很贤良的老婆。

只有邓旺儿永远缄默。他心中的思想，在想念如何致富，如何给儿子定亲。他又不敢比五金财主，纵使五金的财产不够一脚去踢。旺儿的女人，却是个有能力的笨人，便是在二寸布的鞋面上，她亦要打算。实际上，旺儿所需要的女子，亦只如此。他从未审视她的姿态，如何美丽，她的语言，如何漂亮，他只盼少累点债务，多省点油米，共同努力地治家，好实现他们的幻梦。他们不像夫妇，却像朋友不求爱情，却得到爱的结果。因之，在几年间，忍受住生活的苦痛与伤痕，他们给五成定了一个大三岁的老婆。

在一个神秘的早晨，旺儿从神秘的窑口中出来，闭住一只眼睛，背着炭，很费力地向前走，像一条精疲力倦的毛驴。有时他自己承认是一副机器，是一个畜牲，到他感到倦怠与无可奈何时，他向自己发怒说："我是一个蠢货，到我也有二十亩山地时，我把这个炭篓子踢到沟内。"可是，这个希望，比秋云更为缥缈，方要注视他的形式，而他已完全改变了。

煤窑的生活是黑暗的，虽无刀山箭树，却常引起恐惧的情绪。这是一个老鼠洞，永远不见天日，足在水中浸着，拿上无限的资本，换一点极有限的代价。所以到窑主折扣他们时，他们说这几句剜心的话："不要再折扣了，我们拿上血和汗，讨这一点东西，四块石头夹

一块肉，还要存一点良心呀。"因之，有个诗人写的说："煤窑之难，难于入地狱。"

三

炕上摆着一盏油灯，放着些莜面食物，李二和旺儿在一块里吃。李二嫂带着五成数钱，旺儿家在地下安排一切东西，室中充满了和气与快活。这两个女人，虽是一母所生的姐妹，性格与嗜好却完全相反的。李二嫂爱清净，幽娴，沉闷，旺儿家却喜欢朴实，热闹，生动，他们的丈夫不是亲兄弟，因为大家生活一样，分外亲热与和合的。自从四五年来，他们的患难淘炼出不可磨的情谊，便是拿上几千万黄金，亦难买来的。

到吃早饭的时候，旺儿看了看窑口的周近，不见五成送来早饭，正要进去再背一遭，忽然内边呐喊出来了。炭顶倒塌，把李二压在底下，十之九没有生的希望了。全窑场的人，集聚在窑口，霎时呈现出不安与紊乱的状态。有几个年轻的人，还在那里说风凉话："叫他小心，顶老早就走动，他总是大意！"有的说："李二是该死的！几天以来，和常人两样，好像跟上鬼似的！"又有的说："顶已响动，怎么也来不及救他了！"旺儿放下篓子，要往里走，想尽他最后的力量，可是大家把他扯住，他站在人后发抖。

在噪闹中，旺儿觉着有人摇他，转过头来，却是他的儿子五成，给他来送早饭。他顺便说："五成，我们回去找你姨妈吧，窑上又出事了，生怕你姨父没希望啦。"

父子俩走着，一句话也没有。旺儿感到不可抵抗的苦痛，他自己追问："如果是我压死，这个十岁的孩子将怎么哩？他妈妈又怎么哩？即使我侥幸不死，谁能保证这孩子将不死于其中哩？"他悲惜李二的苦痛，爱护儿子的心切，无法补救的窘迫，各种情绪，完全集聚在脸上，像马武的脸谱，涂着各样颜色，在冷风中抽动。唯一的方法，抬起他失望的眼睛，望着永远沉默的高天。他不自禁地慨叹："天呀！天呀！"看着这种情形，五成哭着问："爸爸，你怎样哩？"他不断地摇动旺儿的手。

旺儿抚摩五成的头发，似在使意识还原，证明他和他儿子没有危险，存在这个山村的。他温和而失望地说："没有关系，你放心！"正在这个时候，迎面传来断肠的哭声，李二嫂散发拍手，且滚且爬地哭下来了。旺儿看着这个悲剧的主人，反变的冷静，急忙去扶住她，又往那"伤心的窑上"去。

便是为了这次的激刺，旺儿下了决心，要抛弃煤窑的生活，他想开个杂货小铺，把儿子改成一个商人。自然，他们是不会不死的，但是不死于煤窑之中，却是很有把握的。

四

李二嫂的下落太可怜了！天之惩罚，是不按人之强弱的。近几天来，朴卫村的老少，异口同声地说："纵是铁打的两只眼睛，也要为李二嫂落几滴同情的眼泪！"

一间矮而破烂的屋子，孤立在五道庙的背后，在那里边，荏苒地消磨了李二嫂五年的光阴，窗上糊着苍黄的麻纸，用她剪花的妙手，李二嫂弥补成各种桃杏的花样。每到快过年的时候，她独坐在窗前，钩心斗角地去设计，她要使这个倒塌的屋内，充满了精细的灵魂。有一天，从五金财主家内，要来一块没水银的玻璃，赶快糊在窗上，镶着红纸，形成了一个雪梨。每到牛群回家时，她把筷碗预备妥当，食物烤在炉边，手里拿一点杂物，坐在窗前，从玻璃内瞭望她的丈夫，她心上感到一种不可形容的快愉。日日如此，这个窗子，变成了李二嫂消愁解闷，至纯至极的艺术作品。

也是在这个窗前，李二嫂凝视着横陈的尸体，上边盖着麻纸，她在那儿出神。她不明白：为何昨日还活着，有说有笑，到今天便死了！她更不明白死是个什么东西，内边藏着不可解的神秘。倘若再往下想，她会感到头昏的恐惧。在这种情绪上，她觉着落日变色，西风易调，房屋也在转动，像是身立在逃不出的迷宫内。她感到荒凉、孤独与空虚，她的腿不能自止地发抖，她的心却烧的要命，想马上浸在冰冷的水内。

余五金从小院的后边转过来，弯着腰，潇洒地推开破门，不客气地蹲踞在地下。这是一个瘦黑的矮人，烟袋常搭在肩上，右手摸着他的猫须，将锐利的眼光，放射到李二嫂苍白的脸上，在死的沉静中，他冷淡地说："老二家不要难过，天要打谁，有谁可以逃脱？"接着反浮露出清闲的微笑。李二嫂像是没有听见这话，或者，她不愿要这些没内容的安慰，因为在这些空言上，受痛者不特感不到同情，反感到一种残酷。

李二嫂敛住苦痛，恳求地说："财主，请你想个办法吧，不为活的还为死的呀！"她说完后，眼泪几乎溢出来。正在这时，旺儿也进来了，他接住说："这种情形，才叫石人眼内下泪的。五金财主！你要成全这件好事，把死者入土为安！"五金装起一袋烟，慢慢地吃着，把身份摆在这两个穷人的面前，最后才说："好吧，你照二十吊钱取货，我告德玉成说罢。"他站起来，摸着胡须，摇摆地出去了。

过了两天，在一个雾漫大地的早晨，旺儿约了几个熟人把死者埋在西坡上。旺儿家伴着李二嫂，大声号泣，她们的嗓子已哭的哑了。天冷的很，西北风吹来些雪花，墓前烧了冥锭的余灰，乘风飞扬，夹在雪花中间，像是一群白黑色的蝴蝶。

经过多人的解劝，李二嫂始从冷地上站起来，她摇曳地看了一眼，她觉着一切都完了。可是，在另一方面，似乎冷风在耳边说："慢着！我要问你：二十吊钱的巨债，你用何法去偿还？"

五

腊月三十日带着凶恶的面孔走来，各个穷人深感到没钱的悲哀。

西北风卷着黄土,在空中昏天黑地地飞扬。一直忍耐到晚上,李二嫂仍然没有想到一个办法。她的两只手插在裤裆内,绕着五道庙的背后,从昏暗的夜色中,向五金财主家中走来。虽然她仍穿着秋天的夹衣,却也感不到如何地寒冷,二十吊巨款的债务,使她失了冷热的感觉。她尽力地跑,喉管内的喘气,比之西北风,似乎更为强烈。虽说如是艰辛,她不像普通的女子,怨恨死者。她觉着五年夫妇的生活,虽非夫唱妇随,有什么可歌可泣的地方,但是,每天吃着米粥,共同盖一张印花破被,也够使她留恋了。昔日的苦困,现在变成她的幸福,她留恋着过去,因为那上边刻着她生命的痕迹。

　　站在大门前面,一手扶着门框,可怜的神态,隐藏在夜色之中。她换过喘气,心绪少定,有一群羞愧的情感,簇拥在心头。没奈何将风吹散的头发,往后一掠,又抖散了襟上的灰尘,她大胆地进去。大抵一个无可告诉的苦人,心性怯弱,到了某一时候,也会变的强硬起来,李二嫂即是如此。但无论如何,两腿总觉软困,像是大地在动摇。她咳嗽了一声,宁住神,敛回她全身的力量,理缺而温和地说:"五金家,财主在家么?"她接着便推开门子,含笑地立在炉火的旁边。

　　炕上的油灯特别明亮,照着两个六七岁的孩子,在一边翻弄他们过年的新衣。五金家穿着葱绿的棉袄,深蓝色的厚裤,青底紫花的天足鞋,像两个粽子,她叉开两条粗腿,夹着面盆,在那儿揉面,从她微笑的眼内,看到同情与骄矜的两种情绪,一方面使人想到有钱人的幸福,一方面使人感受到有钱人的残酷。她带着满足的神气说:"你坐上炕来,他不久便回来了。"说完后,像蛤蟆似的把腿一收,将面盆推开,把灯头又往大一拨,她盯住眼地看这个挤出人间以外的李二嫂。

　　忽然五金家的摆出一副狐狸的面孔,凑近李二嫂的耳边说:"亲人,人家都说你嫁吴忙呀!你到底是不是有意,我说你不要再耽误了,你又没有一男半女,守什么?只误了你开花的时期!"

　　李二嫂低头不语,无聊地摸弄着炉上的火钩。

五金正在折扣他二婶娘的半座大房院，那有时候回来顾及这个寡妇？李二嫂等到夜半的时候，没有结果的出来，失望地往家中走，每看到一个黑影，她疑是德玉成凶恶的讨债伙计。

推开自己的房门，炉中伸出缭绕的蓝焰，微笑着，似在安慰她的冬心。室中模糊地看清楚，觉着房子比平常阔大，她感到一种神秘的情绪，好像她看见吴忙的影子，粗手，厚笨的嘴唇，健壮的膀臂。这时候，一个平凡与离奇的姿势，呈显在她的眼前，拨动了她破碎的心弦。她空虚，她迷离，她含着微笑的热泪，和衣躺在炕上，无可奈何地去睡了！

便是在这种情况下，李二嫂过了她的新年。

六

李二嫂没有粉刷的墙上，虽然仍贴着"万事亨通"的条子，实际上她的生活并不顺利的。似乎她的命运从旁戏弄，到了正月初六日，她便演了一套惨剧。

自从李二结婚后，五金便看上了李二嫂的小脚。有钱人看到人家的好处，总想掠为己有。只是李二嫂忠诚勤谨，他没有间隙可入。到李二死后，五金的豹眼，便看到了一个风顺的机会。他用二十吊钱，买来扶危济困的美名，同时也抓到出入李二嫂家中的权力。

窗上的春阳，启示出太平的景象，室中充满了幽静的空气。李二嫂仍坐在窗前，做她没有完结的白鞋。偶然往窗外看一眼，街上着新衣的行人，都表示幸福的神气。她认识自己的命运，不敢有稀微的希望，因为每个希望的后边，隐藏着不可医治的失望。她头痛，她机械地生活，她准备度她的残年。

到快做午饭的时候，五金照常来李二嫂家中，照常坐在炕沿边上，照常说"花开几日红"，可是，他的神态变了，笑脸上含有不可抵抗的顽皮。他吸着烟，时常掉转过来看她，从头至脚，慢慢考察，他感到李二嫂很美,柔媚似水的眼睛,绯红色嫩脸,刻着诱惑的细纹,衬着孝衣,分外妩媚。五金想:真的,若要俏,穿白又戴孝——可是,李二嫂内心焦急,不敢抬起头来,生怕碰着如钉的视线。

在死的沉静中,在空气窒息中,五金凑近,低头恳求地说:"你放下手里的东西吧!"很自然地伸出一只手来,大的使人可怕,他推摇李二嫂,可是,李二嫂像触了电流,身上起了裂肤的变化,放声大哭了:"死鬼呀!……谁来保护我呀……"音悲裂石,五金像旋风似的刮走了。

自从这次事实发生后,五金少微明白:世间还有些穷人,保持着磊落的人格。他私心上激起些报复的情绪,恨她不识抬举,但是,外面上亦受到无形的约束,不再来李二嫂的家中了。

二十吊钱的债务,对李二嫂成为一条毒蛇,绕着她的咽喉,快使她不能出气了。然而,她是一个有魄力的女子,她要挣扎,她要摆脱。与其说为了自己的清净,不如说为了丈夫的尊荣,只有在这些无知的乡人中,我们才可遇到伟大的灵魂!

靠着她的两手,整日里为人做鞋缝衣,所得却是很有限的。赚到的钱,不觉便从指缝间溜走,她整日辛苦,仍然不能解决她的苦痛。她所需要的,不是安慰,乃是逃脱。

每到指痛难缝的时候,过去的一切展在眼前。五金的面孔使她愤恨。有时情不自禁地伸出手去,想抓回来,唾他一脸,但是空来空去,一无所得,徒然二十吊钱的恐惧,压在心头,像耕余发汗的老牛,躺在地下喘气。

是一个残春的下午,李二嫂要去旺儿的家中,快到五道庙时,有许多人围着五金,在那里高谈阔论,她有些害怕,预感到种说不出的恐惧。自从正月初六的事实后,他们在路上还碰着两三次,虽默然无言,各自走去,可是她感到五金温和,自己反觉惭愧而太敏感了。那次调逗的事实,自是五金无礼,可是人非圣贤,孰能无错?又况他以财主的身份,俯拾她这个穷人,已算赏给尺八大的脸面,正不必私心怨恨，像有杀父的冤仇！理进一层，她又没有失节，似乎也对过她死了的丈夫。

这种原谅人的心，赶跑了怯弱的心理，同时，又看见旺儿也坐在一旁，更壮她的胆子。她俯首从人群中走下去，谈话急然停止了——鸦雀无声，她感到背上有千万只眼睛，比针刺的更难受，她盼地上裂一条大缝，使她赶快落下去。她模糊地听着说："以后，二十吊钱，我不要了：像是嫖了婊子！"大家又笑起来，李二嫂像落在水中。

这种侮辱是无处发泄的。第一，谁也不敢确定是说李二嫂；第二，朴卫村的寡妇向来理缺三分；第三，旺儿还在一旁，她不愿出丑露面。可是，她坐到旺儿家面前，哭的像一个泪人。

旺儿似乎也听着，只可惜来的迟了，五金总是模糊地影射李二嫂，他又不能出来理论。他走到家中，不断地思念这种可怜的事情，他决定抛弃了煤窑的生活。夫妇两个留住李二嫂吃晚饭，再没有比今天亲密的。

到李二嫂走的时候，第一次旺儿直爽地说："不要再受人的欺负了，你拿定主意找个人家吧！"李二嫂点了点头，消失在夜色内。

七

在多少人的眼中，朴卫村是一个落后的山庄，少树木，缺河流，可以傲人的地方，只有那屹立不动，使人悲哀的石头。自从有史以来，没有出过一个举人与秀才，有时候，便是个写春联，看家书的童生，竟成凤毛麟角。他们把罪恶都推在风水上，他们没有白村的骄傲，举人的旗杆竖立在庙似的门前，威迫那永久沉静的苍天！

但是十年河东，十年河西，朴卫村是永不会如此倒霉的，自从义和团乱后，接着又是革命党，朴卫村深睡在几千年习惯之中，做着祖传父、父传子清一色的梦，于今也觉醒了，那些十岁左右的儿童，吹着芦苇筒子，荷着桃条，在夕阳西下时，大场中且跳且叫："剃了辫子留了洋,搬了神像立学堂。"

一种思想革命,起初是看不见的。及至实现到社会之中,其力量胜于洪水猛兽,没有一个地方可以逃脱。大家卷在狂浪之中,起来倒下,倒下起来,演出各种悲剧,产出破天荒的变更,朴卫村即是其一。

八

朴卫村起了变化,自从几年以来,要算李二嫂了。她不敢穿衣,她不敢吃饭,经过许多波折,才把二十吊钱摔脱,她自己常说:"几时还清债务,几时才见天日。"

现在她要出嫁了。定日子的前一天,她跑到李二的墓前,整整地哭了半日,几年的光阴,墓前的柳树已拱把,柔条下垂,春风中撩乱她的悲心。她晓得这是最后一次,她恋恋墓前的青草,她更恋恋丈夫死后的苦痛。慢慢地向旺儿家中走,她惊奇时间的飞逝!到她姐丈家内,坐了一下午,他们详静地叙述往事,好像说故事似的,到二更时,李二嫂骑着毛驴,跟着两个人,哭出村外走了,她去开始她的新生活。

变化比李二嫂更剧烈的是邓旺儿,他立志抛弃煤窑的生活,他不忍再受那种残酷,他设立起个杂货铺来。这是个聪明而偏执,随和而有主张的人。他能吃苦,又能耐劳,深信"皇天不昧苦心人"的原则。因之,几年辛勤的经营,旺成号居然获得多方的信任,变成朴卫村惟一的商号,到一年的年节下,铺面上也贴出金头红纸的春联,挂出一对西瓜形的纱灯。

便是旺儿夫妇两个本身,更值得我们纪念。自从五金破产,旺成号把地拆算起,全村的排纷解难,都以旺儿为转移。他做了一件青布大衣,行香接客时,亦居然穿出。至于旺儿家更成了一位注意的人物,她按照公事放足,随着文明梳盘头,她的勇敢并不亚于她的丈夫。村内虽有人笑她的大脚,她却特立独行,不顾众人非议的。有时,她还得意地说:"大脚怕什么?匪来的时候,总比她们跑的快呀!"

这些都表现出时势造出的英雄，虽然无名，其奋斗的精神，实该为人重视的。

这年的清明节，落在多雨的三月初，每日蒙蒙细雨，使人感到不可抵抗的烦闷。旺儿穿着青布大衣，提着食匣，从坟上走回来。心中却不断地思念：几年的光景，自己也有了三十亩山地！

实际上，旺儿心中最得意处，是五成住到中学内。他并不盼五成名震海内，只想房背后可贴一张报单，他已满足了。五金未尝不妒忌他，嫉妒他是村长，更嫉妒他住中学的儿子，他含讥带讪地说："旺儿发达了！狗肚里爬出金狮子来！"这些思想，使他忘了路之远近。他想："一切都可做到，铁杵还可磨成绣花针哩！"

当他返到铺中时，地下蹲踞着几个穿破衣的村人，他们吸着兰花烟，把房子喷成云雾弥漫，像窗外的天云。他们讨论下种的大事，又转到米粮的行情，更转到不定的年头。他们传述驮炭的话："东村的安秃子死了，只驮回一只没头的棺材！"他们都想征求旺儿的意见。旺儿说："反正没公事，是靠不住的！"

这些质朴的乡人，从来是老死不相往来的。几年的光景，因涉及他们的实际生活，他们也注意这些问题了。这是朝代鼎革，社会变更的普遍现象，正不必讥笑这些老实的村人，他们每天怀着好奇心，来铺子内打听动静。

快到午饭的时候，雨少微停止了，天空露出碧玉的颜色。从邻街的窗外，忽然传来人马杂沓的声音，他们知道了变动，一涌出去，看着一个背枪，一个穿长衣的先生。他们把马拴住，不客气地进到铺内，要找村长。旺儿穿着大衣，前来周旋，始知来自城里，查学与查脚的。

把题目点破后，朴卫村起了天翻地覆的变更。书房里把禁书藏起，《论语》和《孟子》都塞在学生的裤裆内，小脚的妇女们一齐躲在后洞内，把门子闭住，五十岁的花姑，却在地下不断地叫骂："什么年头，这些该死的秃子们，管人管到老娘的脚上来了！"

查学与查脚的先生，却也十分和气，他照例说了几句官话，照例吩咐了村长，要认真办理，他留下了公事，起来走了。公事上说，县长要召集村长大会，三天以内，旺儿须到城里去的。

这个消息是非同小可的！不叫五金，而叫旺儿，分明旺儿是第一流人物。他们都觉的朴卫村扩大了许多，于今也有人去商量公事。他们都觉着旺儿的门前，虽不能插一对旗杆，也该挂一块方匾。

旺儿决定起身的前一夜，夫人没睡觉地把袜子赶成，裤子洗好。到早晨起身时，她红了脸地说："给我买回一两官粉！"这是旺儿幸福的时代。

九

人生有多少哑谜，谁能独具慧眼，早为识破哩？到旺儿全盛的时代，已伏下衰败的祸根，像是坐在电影院中，方要享受动魄的快乐，而命运给他演出另一幕凄惨的景象。

自从一年以来，他把财产质放在新煤窑中，费了许多的钱财，正要见炭的时候，忽然水淹了！这是一个致他死命的病源，窑上的费用完全堆积在旺成号身上，纵使与人合股，他须担负一大部分损失的。一个胆怯的人，禁不住这种陡然的失败，他力已竭枯，创伤没有医治的地方。每天从家中走到铺内，从铺内又走到家中，他没理由地叹气与哭泣。在他的眼前，一手经营的事业，费了如许的辛苦，而今像赤日下的雪堆，渐次化为水，变为汽，消失在缥缈的太空。他想象上一切的幻影，似在追逐海上的蜃楼，结果只留下颓丧的叹气。他要忘却与逃脱，谁知都是空想，他已失掉了自由。虽有三十亩山地，而今成了不兑现的东西！他望着默而无语的天，他感到冷背的恐惧。其实不只如此，自从清明节以后，太阳放出强烈的光芒，田间的禾苗，变成褐色，奄奄待毙。五道庙的前面，每天闲人愈集愈多，谈论祈雨，谈论荒年的准备，谈论某家存的多少粮食。年老的说，从光绪三年以来，未曾见过四月不见雨的年头。现在泉水已竭,树叶变色下垂,各处感到饿死的恐怖,承认将有人吃人的荒年。

在这种苦难之下,旺儿如何禁得住打击?他疯了。

十

屋后的椿树,像是一个久病的老人,没有血色,没有神气。院中无力开着的几盆金盏花,配上这棵椿树,形成颓败的气象。旺儿在院中走来走去,不停止地长吁短叹,他瘦而高的身体,在院中抛下长的影子;头发有二寸多长,从不肯让人剪一下;脸上像是涂了一层油,发青紫色,皱着的条纹,刻画出两种不同的情绪:游疑与窘迫。他把两只手交叉在背后,时缓时速地在院中走动,忽然坐在地上,将鞋向空中抛掷,大声发笑起来。看着这种情形,旺儿家含着不敢流出的眼泪,给他拾回来,哀告他穿上,他却躺在地上打滚。旺儿家温和地扯他,劝他去睡一回;他瞪住眼地看他的妻子,总是不肯起来,忽然又问:"你说!你说!咱的光景怎么呀?"旺儿家慢慢地说:"你放心,总会有方法解决的!"旺儿瞪起游疑的眼睛,苦痛渐次展到脸上,最后流出两道清泪,摇了摇头!

经过许多次数的哀告,旺儿才准医生来看病,医生说是风痰症,须静养才可见效。也曾开下药方,每次煎起,每次要演一幕悲剧。旺儿家偷把药煎好,放在柜子内,不敢使他看见;继而像个受了委屈的孩子,千方百计地抚慰,拉住手,解释药的香味,或者说这是最后的一次了。

有一天,旺儿看见茶碗内的药,放声大哭,向外便跑,旺儿家莫名其妙,急的在后边追赶,不断地叫喊:"快扯住!快扯住!"街上的行人扯住旺儿,他就势坐在地上,睁着可怜的眼睛说:"我不回去!我死也不回去了!茶碗里是血红的毒药!"他又大哭起来。

他把街上的小石子装在袋内,慢慢地回到家中,他坐在台级上,不断地自言自语,像说着一种外国话,继后,他把小石子掬出,摆成各样的形式，他微笑，他跳起来兴奋地说："你来呀，你瞧这几个元宝！"旺儿家走过去，把石子拿在手内，拖扯上他回到家中。

旺儿额上的汗，一珠一珠地涌出来，四肢发抖，像是冷的很。正在痉挛的时候，有人在敲大门，旺儿扯住他的妻子的手，可怜地说："你抱住我，要债的来了，你快抱住我，呀，怕的很！"门上敲的分外起劲，他只抱头痛哭，旺儿家跑出去，始知又是"送公事"的。

近几年来，送公事的特别多，旺成号的墙背上，贴着如广告似的公事，有的还歪倒过。什么整理村范，什么注音字母，把个旺儿弄得头上脚下都顾不过来。村人怨他多事，加出花费；区长和委员骂他不负责任；到没奈何时，他自己说："这才叫骆驼钻针眼，打死也过不去。"到了保卫团的事情出来，村人怕抽去当兵，一齐同盟了反抗旺儿，他对上委员泣诉，结果是住了一天拘留所。他曾辞过两三次，终于因三十亩山地和住中学的儿子，他仍得负担起村长的任务来。有一次他看不懂公事，下着大雨到邻村请教一位先生，解说完后，他皱着眉头痴想，慢慢说："这比山里的老虎都可怕！"先生把公事叠好，脱下眼镜，接住说："真的，年头到了！孔子说，苛政猛于虎。"

旺儿家出去，胆怯地解释丈夫害病，没人接受公事。差人便问："他病了，谁是代理的？"旺儿家说不来。正在这时，旺儿跑出来，大声说："等好了时再说吧，好讨厌！我又一下子死不了！"他心中仍以为是讨债的。差人用一个穿步，扯住旺儿，要问他个所以。旺儿家急的跪下来哀求，仰告息怒，同时又聚了些闲人，居间解释，才告一段落。差人出巷口时，嘴里还不断地说："公事又不是我的，他叫谁滚哩？我看他的皮子发痒吧……"

旺儿家要拉她丈夫回去，他却站在那儿不动。

十一

到七月初，雨仍然未下，旺儿病愈加重，可是五成从学校中回来

了。这是一个不肯说话的孩子，高起的额下，藏着两只敏锐的眼睛。到了旺儿全盛的时代，他从高小毕业出来。旺儿本意想要他住个商号，谁想他沉思的性情和不言的态度，处处与商业不相宜。几个先生，又从旁怂恿，说时代变了，念书有出息，五成如何可造就，旺儿便下了决心，牺牲了目前的幸福，送他到中学，盼一个较大的收获。

他初回到家中，精神上感受很大的拘束，看到病与穷的环境，想到学校的生活，任他的理智坚强，亦禁不住这种苦痛。没事的时候，他只望高出的椿树，像在做梦。

自从一礼拜以来，旺儿睡在炕上了。有不少的看病人，都以为没希望了。他也不叫喊，他也不呻吟，他只是瞪住眼睛，想从天花板上找到他的希求。五成想尽最后的人力，请求医生，医生也说没希望了。经五成的恳求，始写出一个稀奇的药方，价钱奇贵，还是小事，生怕在城里的药铺内也找不出来的。

铺子内的现钱早没有了。旺儿家取出自己出嫁的簪环，要他儿子当了买药，她知道丈夫死了，自己不会再戴这些东西的。五成走到城内，把母亲的爱物，从铁栏中送进去，在算盘下又扣出来，再跑到药铺中，买上药，将药票与当票叠在一起，他详静地去做这工作。他晓得，父亲吃上奇药，病会好的，那么，母亲也便心安了。

出城门的时候，已是点灯的时候了。这是他第一次夜间行走，爱父母的心赶走了深夜恐惧，银月挂在天空，繁星异常明亮，天河的右边镶着奇幻的游云。一切都睡在伟大的沉静中。他不顾道路的崎岖，绕着西山的斜道，一气往回走。他脑中的思想，没逻辑地出来，他想到父亲病愈后的快活，他想到出入于当铺中的，不只是他一家。他想将来……

快到村口的时候，因儿时的传述，他想起许多可怕的故事。忽然，看到路旁有影子晃动，他心上悚然跳了一下，脸上涌起一股热潮，有点害怕。正在心神不定的时候，从夜色中听到他母亲的声音："五成！五成！"他急忙跑在前面，旺儿家独坐在石上，她说："妈睡不着，想你快回来了！月色如此清亮，我想坐在此处等你，还不到一顿饭时，你已回来了。"五成又问了他父亲的消息，慢慢地走到家中，这正是第一次鸡叫了。

旺儿吃上奇药，并未见任何的功效。

过了两天，五成从炕上起来，他感到一点冷意，往窗外一看，金盏花上，含了些晶莹的露珠。他晓得夜间下雨，他想纵使是荒年，确然还有一二分收成，快快地跑到病人的身旁，高兴地说："爸爸，下雨了！"病人的焦唇上，浮露出满意的微笑。

五成看到他父亲的脸色，与往日大不相同，似乎分外苍黄，出气也分外困难，他沉闷地退出来，自己觉着空虚，没力，像是悬在空中，上不接天下不着地。他在云间飘摇，走到快要倒闭的旺成号中，站在柜台的前面，他出神。他看见柔枝倒垂的柳树，自从记得起，便长在店门前，风中摆动如线的细条，摔在凋零的墙上，在七月的清晨，形成一幅纯洁自然的国画，他心中如波的郁积，涌到心头，他想到飞舞的柳絮，他想到轻淡的生命，他想到词上说："落去君休惜……"

他沉沦在难以形容的心理状态之中。

正在沉思各种神秘问题时，有人放在他面前一个纸包。他打开，内边是几本新书和杂志，系他朋友石君寄来的。自从放假以来，生活的刑具，使他失了孩子的天真，他不敢向他朋友说知，他自己咬住牙的忍受。这几本书，像是枯禾得雨，他觉着又回到学校内，他看到石君的微笑，石青的温厚，他觉有这样的朋友，也便够了。

无心中翻开一页，正碰到这几句话：

"我是一只骆驼，我的使命是负重，走那千里无草的莽原。"他像得了至宝，他觉着一切都在狂动，从这几句话上，去建设他的生活，长大，成熟，奉献给期待他的人们。

忽然，有人叫他，他跑到家中，他母亲拍着两手，在炕上打滚。旺儿已完结了他苦痛的旅程，逃到幸福之乡：死。

十二

正是旺儿入土后的第七天，椿树的黄叶在院中作响，愁人的秋风在窗上哀鸣，母子两个计划他们的将来。

近一二年的生活，把旺儿家磨炼成一个有骨气的女子。她并不啼哭，她也不叹息，她只想把土地变卖，将铺子折算，清理了一切债务，好让她丈夫不落个欠人的名誉。她痛定思痛，自有几分难受，但想及五成的将来，她觉着还是幸福的人。她抚摩五成的头，含泪说："五成，不要难受，除过死的都是活的，如何你父亲丢了煤窑，也要去活呀！我们的债务，卖上十亩地，便够了！比起你姨姨来，我们还是财主哩！是你父亲量小，不肯放开，实说吧，肯活便会活呀。"

五成注视他母亲有力而愁苦的面孔，过了一会沉默，他扯住母亲的手说："妈妈，你只要不盼我马上赚钱，我自有方法生活的。虽是才住了一年半的中学，我还是继续下去。"

十三

院子里充满了苍色的尘埃，一株秃槐树，孤立在窗前，使人感到可怕，许久被人遗忘的水缸，寂寞地坐在庭中，显示出万分的倦意，只有槐下的石头，仍然是那样光滑，忠实地做着永久的美梦。

这是石青从北京回来的第三天。

一群难以描述的心绪，忽然簇拥在石青的心头，她感到烦闷，她诅咒自己，她更诅咒自己的命运。

将椅子移近炉旁，她想去温暖她的冬心，两只瘦黑的手，在火炉上绕来绕去。她想掠住这些热，这些光，加添到自己的生命之上，为着她的生活，还可有一线的希望。

这种没有逻辑的幻想，这种缥缈的心绪，将她投掷到这种深不可测的不安内。她孤独，她做梦，但这些情形，并不能满足她的需要。

有谁能将过去的生活挽回来，重新去改造一下，使它充满了灵光！有谁能确定将来的生活，像桃色之云，永远布满了三春？石青也知不可能，惟其如此，她感到空虚与不幸。

不知道有几次了，她将水壶放在炉上。她这种动作，完全是机械的，因为这种心理状态下，意识作用已消失了，她爱听壶水沸腾的声音，去冲破了室中的寂寞，她听着，她用心地听着，她感到一种单调的憎恶。这时候，她察出自己不可解的矛盾，像是有两颗心，两个理智，两种情感，无情地在她的瘦弱的身上相冲击。

她疲倦了，她觉得没有一事可做，没有一句话可说，更没有一块地方可住！石君，慰梅，都像是漠不相识，可是，她曾爱过他们的。至于五成，他已成了石青不可思议的人物。她像屈原，既放三年，"心烦虑乱，不知所从"，她也想往见太卜郑詹尹，问一个究竟，以决定她的命运。

十四

石青是一个纯洁大胆的女子，只是生活对她太苛刻了。她的命运是悲剧的，她的个性却是叛逆的。这两种成分，在她身上日夜不断地争斗，要她排演各样的悲剧，或许天生她便是为了做苦痛的典型。

她母亲是一个无知的乡下人。她所懂得的东西，只是服从翁姑和爱她的儿女，这才是一个永远为人牺牲者，自从十六岁嫁给一个不谙生活的念书人，她开始了长而无穷的恐惧，每日辗转在翁姑不睦，妯娌嫉妒之间，去消磨她的青春。应该在她的墓碑上，刻着几个大字："我是一个可怜的中国女子，幸福，我不知道你是什么？"

过了三年，她生下青儿来，同时亦给她带来另一种苦痛。不只小女孩多病，使她日夜悬心吊胆。最难堪的，青儿不是个男子，难以讨祖父母的欢心。到晚上，青儿又好哭，怕惊动了翁姑的美梦，每次须放在被子里边。

虽然这样艰辛，石青的慈母是不厌她的，她的智慧没有为苦痛所毁灭，尚能服从"守分安命"的名言。她活着，她不是眷恋这个世界，乃是眷恋她的女儿。

有时石青无知的淘气，招来祖父的唾骂。她母亲坐在炕沿上流泪。因为骂她女儿比骂她自己更为伤心。石青睁开漆黑的眼睛，表现出恐惧的失望，她伸出两只小手，偷扯她母亲的衣襟。继后紧贴在母亲腿上，嘴唇发抖，不知不觉，她哭了。她母亲急忙抱她起来，贴在心上，左右摇动，不让她再哭。但是母女的泪交和在一齐，最后她说："青儿睡着吧！为了不想溺死你，妈不知受了多少的气！"她渐次睡在母亲的怀中。

到石青八岁时，她才有了个弟弟，祖父母才给一个笑脸，承认她母亲立下世界。父亲早死了。他们娘儿三个，活在这个城内，每天的希望，只盼弟弟石君长大，让她们过一个较为有人味的生活。

有一天城里的学校中，请来个女先生，叫段慰梅，一月能赚十二块钱，还有仆人使用，把石青的母亲心有所动了。她托人去打听，段女士也是受家庭压迫，来此独自谋生。为女儿将来的幸福计，她想使石青走这条新路，她又不知道前途如何，她只盼再不受她的痛苦，便是无边的幸福。

费了许多的精力，总得不到石青入学的同意。翁姑骂她异想天开，将来要坏家风；妯娌们冷嘲热笑，说她与众不同。但是，有什么事能比女儿更关心的？她总是不肯屈服，结果分门别户，成为路人。同时，石青进到学校内，做了慰梅的学生。到了半年后，石青有很大的进步，她母亲到做完针线后，看着她脱了衣服，睡在被中，她趴下说："青儿，明天去学校里，要好好念书，你知道你的花费都是母亲一针一针绣成的。"石青并不知道这话的悲哀，她在石君的旁边已睡着了。

石青正在完结第三年时，她母亲病了。中国的旧式大家庭，没有不是慢性的毒药。像这样个性强硬的女子，日与几千年的魔力去奋斗，能够活这几年，已是天恩浩荡，特别保佑了。

她知道不久于人世，特别吩咐石青："青儿，你要爱你弟弟，像我爱你似的！"说完这话，留下一儿一女，她也完结了苦痛的行程。

承着母亲的遗传，石青变为一个苦闷，有魄力的女子。年岁虽幼，生活已将她炼成个有经验的女子。在这人海中，她同石君孤独地去奋斗，正像维尼咏磨西说："主啊，我孤独与有力地活着！"

十五

石君日日不离开他姐姐，渐渐长大了。

到石君八岁时，他的情感与理智，超过他的年岁之外。上学的时候，独自走去，独自回来，从不肯与别的孩子玩耍。他没有一个朋友，他没有一点嗜好，放下书本，爬在石青的面前，做梦地看他姐姐，他觉着姐姐是他的生命，是他的宇宙，是他自己。这种情形，常会引起一种神秘的沉静，压在他们两个的心头。他们不发一言，共感到生命的对流。有时候，为了变更室中窒息的空气，石青温和地向她弟弟说："君儿，你的袜子破了，脱下来姐姐给你缝一缝吧！"

坐在恍惚的油灯下，她开始为弟弟工作。她才十六岁，正是无忧无虑，母亲娇养的时代，而今已变成娇养弟弟的母亲。她的指头上，不断有针刺破的伤痕，她自己并不以为辛苦，她想："为弟弟流点血，母亲在地下也是安慰的。"

石君伴着他姐姐，一直到女红完结后。有时候天真地问："姐姐，妈妈还在地下活着吗？"石青不游疑地回答："当然她在地下活着，她照料我们。"石君抬起他水汪汪的眼睛，想了许久，坚决地向他姐姐又说："那么，姐姐，爬到水瓮内，咱们找她去吧！"

有如感到电流一样，石青全身起了变化，她喘急地说："死么？那才是没出息的人所干的！我们不死，我们要为妈妈活着。"石青跳到地下，显出不在乎的神气，把门闭好，焦炭添到炉中，拉开被子，给石君把衣服脱去，然后熄灯也去睡下了。她做这些工作，每天几乎是同样的详静，她没有半点勉强，更没有半点为难。

　　石君安静地在她身旁睡着了。她呢？慈母的影子，展在她的眼前，她看到母亲愁闷的脸，脸上辛苦的皱纹，清瘦的两手，抚摩她的散发，她想到不可挽回的过去，虽是辛酸，于今也成甜蜜了。惟其如此，这些影子刺激起她的痛苦，受了的委曲，不自觉地沉入一种凄惨情绪之中，眼泪如泉似的涌出，一颗一颗往下掉，便是母亲死时，亦未如此难受。强硬不屈的石青，现在成了一个断线的风筝，将不知落在何处。

　　这种情绪引起失眠，失眠又引起疲倦，她脆弱的身体，感到不可支持的痛楚，到鸡叫的时候，始伏在夜神的帐幕之下，暂时摆脱了生活的大链。

十六

　　这些日子，每当独自一个，石君未回来时，她坐在槐树下的石凳上，望着高出的烟囱，伸出缭绕的青烟，渐次地飘散在海蓝色的天空。在这幅轻灵幻变的画前，她觉着自己的身子，冉冉地升到云间，像是看到绿草的田野，金黄色的大蝴蝶，汩汩的溪水形成一条佩带，蜿蜒地抛在她的脚下。她玩味这种缥缈的情绪，如咀嚼这种想象的幻影，她觉着有生以来，这是从未感到的幸福的幸福，从未做过的美梦的美梦。

　　忽然，槐枝上悲啼的乌鸦，将她从梦中唤醒，她反沉入现实的生活内。看到眼前的事实，虽有铁的意志，不能不使她畏缩与失望。她心上穿过两种不同的心绪，一种要她死去，化为灰尘，随风飘散在太空；一种要她忍受，教养石君成人，完成母亲死时嘱托的重任，她在这两种情绪间徘徊，自己深感到无可奈何，最后，站起来回到室中去了。

　　石君从学校中回来后，坐在那里誊写作下的文章，因为这次作的特别好，教员说要贴在校墙上。这个消息，自然使石青兴奋的。到晚上，石青为了鼓舞她弟弟，不，为了鼓舞她自己，把多年积下的点小款，分出一小部分来，买了一盘葡萄，姐弟俩坐在灯前，高兴地吃着，从摆动的灯头旁，石青偷看她弟弟：瘦长的脸，细长的睫毛，圆而漆黑的眼珠，蓄着无尽的聪明。这时，她感到生之强欲，她要为弟弟活着，因为弟弟即是她的化身！她不愿再往"死"上去想，她要做一件人间最伟大的工作，纵使她自己不明白什么才算是伟大的。

看着石君把葡萄吃完后，她推他说："君儿，去睡吧，姐姐已把被子拉开了。"她坐在旁边，看石君把衣脱去，睡下，她又给他盖好。这时候，她尝到一点苦痛的代价，她觉着春水为她歌咏，野蜂为她舞蹈，山桃花为她微笑。弟弟便是她的幸福，她的希望，她的生命！她觉着她是高贵的，富有的！眼前都是乐园，红日永远为她照着，她再没有半点企图与要求。

十七

近几天，石青忽然发现了一件可怕的事情：每到太阳落的时候，君儿尚未回来。问他，他总是说：留在校中做游戏。不然，便是说课后唱歌，预备秋季的运动大会。她相信君儿，因为她相信自己的教育。可是，她又发现了纸包的钱，每天短少几个；同时石君不断地要钱，要买抄本与铅笔。更奇怪的，每晚石君念书时，不像以前专心了，像有许多分心的东西，总是写错字，背不过指定的书籍。从各方面看来，不能免除了石青的怀疑，可是，她又不敢追问，生怕难为情了她的爱弟。她的心像刀剜的一样。

思之再三，她决定侦探石君的行为。有一天，到午后四点钟时，石青藏在学校的墙后，看见学生们排队出来，石君也在后边。整齐地走到牌楼，队便散了。这时候，两个较大的学生，跑来扯石君，三人像箭似的跑走，穿过炭市，爬到城墙的角隅，摆开没有出息的升官图，在那儿丢骰子。石青不觉泪涌出来，似乎一切都完了。

过了一回，她把眼泪擦干，她并不失望，她鼓起精神也赶上来。她慢慢地走到他们旁边，一手去扯石君，和气地说："君儿，不要耍了！你输给人家多少，明天还给人家，我们回去吧！"石君一看是他姐姐，止不住地泪流下来。那两个较大的学生，没意思地也走开了。石青给君儿擦泪，在沉静的阳光中，扯着他的手，慢慢地向家中走回来。

他们回到家中，石青没有说半句怨言，她照常给他做起饭来，照常检点他多吃，照常要他休息后再去温书，可是，石君仍不断地流泪，向石青可怜地说："姐姐，你饶了我吧！以后我再不敢了。"石青感到一种可怜，温和地说："只要你学好，姐姐都原谅你的。"她把灯推过去，又把纸包内的钱打开，她继续地说："君儿，你输了多少，你自己拿去还人家。"石君正要从头至尾，叙述整件事情，石青严厉地说："君儿，我不准你提他，我不爱听，过去的已过去了。只要你好好念书，母亲在地下也是快乐的。你把钱拿去还人家，一切都完了，从此再不提他，姐姐也不责备你。"

这件事，便如此了结。

十八

石青的母亲生时，虽然已把家产分开，但一多部分还在他伯父手内。不交给她们的原因，说是为了代劳，石君尚小，根本上却是为了占有，打算永远不还的！现在石青大了，她常向伯父提及，结果总是一无所得，反受了许多委屈。有一天，她伯父来了，脸上非常和气，问君儿读书的情形，赞美石青的贤惠，像母亲似的爱她弟弟。

石青感到万分奇异，心里戚戚戒惧。

在无话可说之时，她伯父提出来意了："青儿，你看你也大了。女大不中留，古之名言，你又没有父母，伯父每日挂念。现在和你商量，南村张家的三儿，你又见过的，念书又好，人也齐楚，他又是你伯母的侄儿，我看没有比这更合适的。"他说完时，又问石青的主意。

石青落在上下两难的半山中。她晓得张纯是好的，在这一点上，伯父的意见未尝不对，那一个女子是老死在家中？但是，她要出嫁，石君交给何人？谁来看护他？谁来教育他？自己的利害和弟弟的利害正相冲突，她想到母亲死时的嘱咐，如果舍石君而他适，她是母亲的叛女！

伯父看到她没话，站起来走了，不高兴地说："要东西的舌头那里去了？"石青爬在炕沿上号哭。

到不得已的时候，她便来找她先生段慰梅来，她是她的圣母，她来求一条明路，慰梅总是柔和地爱她，诚心地担负她的重任。她向石青说："结婚是应该的，却不是必需的。你年岁尚小，我看不要马上解决，还是救你弟弟好。你知道牺牲是伟大的，又况是为了自己的爱弟？"她的话，字字打在石青的深心，她说出石青的路来，石青像是得了生命地跑到家中。她决定为她慈母，为她弟弟去牺牲。在她的室内，她写了一个母亲的牌位："亡母石夫人之灵位"，供奉在桌上，她要求慈母之灵，暗中保佑他们，特别是把此事平安地过去。

过了三天，她伯父又来了。她红着脸说："伯父，为了君儿，现在谈不到婚姻。"这像是一个霹雳，她伯父袖子一摔，起来走了。出门时，转过含怒的脸来说："好！"从此后，他们变为不相识的路人。

像丢了灵魂似的，石青坐在炕上呆想。心上浮出许多恐惧的影子，她晓得伯父会报复，今后她需独自谋生！可是，在一个性格坚强者，到不得已时，有种看不见的力，从灵魂中放射出来。石青又往下想时，忽然跳到地下，自言自语地说："想什么！我才愚蠢哩！世间没有不解决的事，不解决中还要有一个解决！天助自助者，我去奋斗，其余的一切，只好由他去！"

十九

到暑假前，石君便从高小毕业了。为了弟弟的将来，石青得了失

眼症。升入中学，并非一件细事，像她这样的女子，那有这种力量？设使石君不去升学，这种绝望的苦痛，较之自杀更为难受！她苦心焦思，竟至面颜变色。石君只愁他的毕业考试，到不耐烦的时候，他生气地说："姐姐，我不预备功课了！反正毕业出来也不能升学。"小孩子无心地说着，他却不知道语中的分量，一字一字射在他姐姐的心上。石青装着没有听见，她却感到一种昏迷。有时候，她见弟弟懒怠，她安慰他："君儿，用功吧，反正要叫你升学的！"石君凝视他姐姐，好像估量她的本领。

这天吃了午饭后，石青想起慰梅来，她们是师生，她们是朋友，她们又是姐妹。这是个多病的女子，她同家庭决裂后，全生的幻想，放在社会身上。瘦黑的脸，响亮的语言，处处表现出温和与刚果的精神。她来到女校内，其抱负不在多造几个姨太太，乃是要培植几个能吃苦能牺牲的青年。因之，她爱石青，她关心石青，她要石青去奋斗，她常说："为自己的意志而死，亦是光荣的，伟大的。"

慰梅睡在床上，手里翻着一本诗集，在那里浏览，石青推开门走进来了。她笑地说："石青，我正想你，你知道我有好消息告你呀。"她坐起来，扯住石青的嫩手，继续说着："东镇女校的回信来了。管理学生，兼办杂务，月薪六元，虽然不多，也够石君的费用了。"石青两眼充满幸福的热泪，一直坐到黄昏的时候。

一件幸福的事，也要带来沉重的苦痛。自己从没有做事的经验，如何去应付新的环境？次则，从未分离的弟弟，如何能舍他而远去？可是，这是他们的生路，不如此，姐弟马上便终止。

晚上吃完饭后，石青笑向她弟弟说："君儿，我们的问题解决了。东镇的女校内请我，一月六元。"

——你去给人家做什么？石君急地问。

——慰梅说管理学生，兼办杂务。

——那么是学监吧？

——不知道，女先生没有说。

——呵，姐姐，不是学监，那一定是当老妈子，我不许你去做低人下气的事情！

——君儿！石青第一次发怒说，君儿，你不要乱说，我想不完全是当老妈子，就是去当，又有什么关系哩？你以为老妈子不是人么？到没钱时，什么也该去做！只要不做坏事，只要不偷人，老妈子并不是理短的！

石君一句话也说不出，赌气去睡了。石青后悔不该如此说他，她下了地，把碗筷洗好，安置了日间用的东西，石君已睡着了。她禁不住爬到石君身上，仔细看他，像是看到她自己。不说不是当老妈子，即使真是，为了她弟弟，她也肯做的。

因为她全身的力量，集聚在石君身上，她自己常有离奇的幻想：她看到石君长高了，穿着潇洒的衣服，在稠人广众之中，谈论海内的人物，古今的名文。但是，她看到弟弟的家中，生着一个优娴的妙女，那是她在几千万人中，给她弟弟选来的。然而，她心上起了一股不舒服的情绪，她觉着她是个路人，她弟弟也不像儿时亲密了。她感到一种冷骨的荒凉。

她的意想渐次回转过来，一股血潮涌在她的脸上，分外的灼热，她察出自己的错误，两手遮住脸，似在怕人看着，她跑到院里。

二十

时间走着，石君已考入城内的中学，吃完晚饭后，姐弟坐在槐树下的石凳上，共看着天空的银月。在温和的夜色内，万籁无声，石青慢慢地说："君儿，你到中学内要好好念书，母亲在地下会含笑的，姐姐是不能了，但有一个念成的，也便够了。"这时候，石君靠近他的姐姐，两眼却看着天上的繁星。石青接着又说："假如你要念不成，母亲要在地下哭哩！"石君像是从梦中醒来，含着一种苦痛说："姐姐，姐姐，不要说了，我一定要好好念书的。"

前一月，慰梅送了石青一个纸夹子，系从北京寄来的，形式玲珑，上面画着外国的风景。石君一见，便强夺去了。后来，为了一点小事，他们吵嘴，石君赌气又把他还给石青，为此小事，石青哭了几次，现在借着这个机会，她又无条件地送给石君。

　　他们约下每个月一长信，石青把信封、邮票都预备好。她又找出自己惟一的小帆布箱子，送给君儿，要他放重要的东西。到收拾东西倦困时，他们坐在箱上，面对面说话，像是永没有完结，又像一句也没有。石青笑地说："君儿，到你成了文学家时，你可给咱妈妈作一墓志。"石君点头。他忽然说："姐姐，咱俩谁先死了，谁给谁立传！"石青也点头，可是她想："我一定死在你先呀！"

　　在一个旧历八月初的早上，石君搬到中学里。

　　他每日思念石青，他不肯和人往来，亦不到游戏场和阅报室内。他比一个囚犯还苦痛，因为他是没罪的。到下了课后，独坐在床上，思索给他姐姐去信，长到没有完结的地方，他感到兴奋，急忙跑到自修室内，方写了"姐姐"两字，像有人搁住他的笔，再写不下去了。他心中空空洞洞的，这种现象，差不多每日出现，他苦闷，像《人间词话》所说："失行孤雁逆风飞，江湖寥落尔安归？"

　　也许是命运的推移，五成住在他的屋内。他们不谈深话，可是预感到一种契合，一见面，总是互相流露出微笑。从神态上，他们便感到生命的共鸣。五成的稳重与勇敢，石君的缄默与柔和，几乎像是一个人而分作两个的。

　　一天下课后，五成拿着一封信跑到寝室内，他高兴地说："小石，有你的一封信。"石君拿起来，一看便知是她姐姐的，他不敢拆开，沉默了一回。他哭了。五成不知所措，两手紧扯住他说："小石，不要哭，你还不知道信内是什么，你为何这样难过哩？"石君鼓起勇气，拆开他，无非是劝他用功，注意身体。信中还夹着二十枚的两张票子。

　　他们姐弟的关系太深了，迫于生活，骤然分离，在意识中所蓄的回忆，不断地翻江倒海地转动。现在借这个机会，一触即发，泪便涌出来了。

为了解散石君的情绪冲动，五成扯他到校园中散步，徘徊在秋菊之间，各个叙述自己的生涯，似乎觉着分外了解，他们真有恨于相见之已晚！

摇了睡铃之后，石君带着姐姐的信，睡在床上，可是辗转不寐，引起他往日的一切。他抬起头来，秋月立在云端，显出旖旎的神态。他想到石青，现在此时，也许她亦看这个皎月。由此，联想到坐在树下的石凳上，他们偎依着，双人一影，留在地上。石青慢慢地说："君儿，姐姐走了以后，你不要想我，我们的思想交织在一起，像地上的影子！"他后悔住中学，迫他姐姐出去谋生。因为将来的成就不敢断定，而现在分离的苦痛，却是真实的。

第二天便是礼拜日。五成和石君每人胁下夹了一本书，向城外的西北上去。秋阳照着割倒的秋禾，大地上形出颓丧的彩色。在深秋的沉静中，偶然可听到秋蝉的哀鸣。他们踏着残草，从大路上向上走，路旁间或有一朵黄花，在秋风中摇头做梦。山坡上漫散着的绵羊，从远看去，像山上的石块。忽然吹过一阵秋风，落叶如金蝶般地飞动。他们爬到山的半腰，坐在石上，掏出带来的书本。

但是，那一本书能够比秋景更伟大的？石君看了几行，便把书掩住了。他坐在那里做梦。五成见他如此，也把书合住，笑问他说："小石，你又想姐姐么？"石君疲倦地回答："是的。五成，你看这秋天多么美丽呵！"五成的性情与石君不同，他感到苦痛，他看到罪恶，他惟一的思想，就是去推翻，破坏与毁灭。他虽是个中学生，将来也许未必有惊天动地的伟业，但是，他的心却英气勃勃的。他不肯多说，他更不肯发表自己的意见，每到烦闷之时，他总是念着两句话："绕树三匝，无枝可依。"他觉着苦闷便消散了。至于石君，与他却正相反，这是个病的诗人，他以为一切都是黑暗的，对春花而叹气，对秋月而流泪，别人认为可歌可泣的，他看着不过如此，似乎天地间的愁，都集聚在他一个人身上。所以在秋的前面，两人认识却不同。五成爱秋的破坏，石君爱秋的萧条；五成想着非有严寒的深冬，始见微笑的柔春，石君却想繁荣的盛夏，付与了凄泣的秋风。他们沉默地各自坐着，他们各个感到壮丽与辛酸的幻梦。

夕阳隐藏在山后，已快到黄昏之时，五成站起来说："小石，又把一天过去了，我们回去吧！"他们踏着落叶，从田间往回走，似有多少的惋惜。

二十一

石青来到东镇的女校，已有一个多月了。因为校长和慰梅是同学的关系，她也没有特殊的困难。世途虽是艰辛，但亦非完全是坎坷。在各种患难之间，总有一二处可留恋的地方。石青是一个苦痛者，唯其如此，她能安分知足。她对学生，像是对她的妹妹，她对同事，像是对自己的师长。她觉着处处不如人，自己一无所长，唯一的好处，就是温和与吃苦的性情。凡有求于她者，从不拒绝。因之，从早到晚没有一时的停息，她感到辛苦，亦须强颜承受，为了生活，为了自己的弟弟。她自己很会自慰，每想到不如意处，她说："人处患难之境，如香草之受压榨，愈压榨而芬芳愈烈。"

在一天美丽的下午，院中的一切，深睡在沉静之中，她站在门前，静观做梦的秋菊，放出和平的神气。天高的使人可怕，残阳分外诱人，在地上照出她的瘦影，心上忽然起了一股烦恼，这是她来此第一次感到深的不安。她禁不住叹了一口气，带出无穷的怨意与追悔。偶然转过脸来，她看到庶务李西甫站在玻璃窗的后面，瞪住眼地看她，嘴上流露出轻浮的微笑，像是同情，又像是挑逗。石青觉着脸上发热。

在这种情形上，女子的直觉是不会错误的。石青急忙返到家里，愈想愈有点害怕，像是开了一个深洞，要她进去，将不知到什么地方。为了驱逐心上可怕的影子，她想念她弟弟，她心上起了许多疑问：他能吃饱么？他没有害病么？他的钱够用么？弟弟的一切，萦绕在她心上，她急盼插上两翅，飞到城内，抱住他，看他长了多高？说来他们的别离，仅只一月有奇，可是在她心里的时间上，似乎已是几年了。奇怪的很，有时她想看到弟弟儿时的面孔，竟至想不起来。

李西甫是爱石青的，只是他的爱，和一切结过婚的男子一样，不是灵的结合，乃是官感的刺激。自从石青来校以后，他便从旁打听她的身世，他晓得石青是经济拮据、孤苦伶仃的人。他爱她的大眼睛，内边蕴藏着忧郁与和蔼。每逢石青从窗下走过，袅娜的姿态，他想到柳枝上飞动的黄莺，他想占有，他更想永久地占有。

到有隙可乘之时，他便向石青要好，表示他的心意。可是，石青总是冷静，像雪中的腊梅。在一个晚上，李西甫拿着个请帖，走到石青的家中，他含笑地说："石先生，这个聚餐的请帖，我亲自给你送来。"不待石青发言，他便送在她手内，他紧握着，又像怕她推辞，又像借机传情。他看到石青面色发紫，嘴角含怒，他急忙退出来了。

石青打定主意不去参加，她自己想：自己没有权利享乐，又怕有什么风波。她对李西甫采取敬鬼神而远之的态度，迫使他不敢有出轨的行为。

聚餐的时候到了，校长特意走来，要石青同她一齐去。石青想：既有校长在座，去也不大紧要，反之，使人说闲话，也是没大意思的。

到吃完饭时，席还未散，李西甫借着酒力，放肆地说："石女士，你是很辛苦的，你该解决了终身的大事！"忽然大家的视线，像子弹似的射在石青身上，她脸上涌起一股血潮。校长是个有经验的女子，看着情形不对，很严重地说："李先生，不要提石女士的私事，你是好意，她却联想起许多的苦痛！"

一个人到石青这种地步，是最苦痛的。她生活在遗忘与孤独之中。苦痛了固然没人安慰，幸福了又何尝有人鼓舞哩？她想把这些情形写给弟弟，但是，像他那样柔弱，何能禁得住这种刺激？她也想告给慰梅，她又怕先生笑她怯懦！因之，藏于心内，还是缄默为好。外表上装出沉静，丝毫不准露出来，并非麻木，乃是鄙弃自伤与哭泣。

风平浪静地过了几天，她又要演一幕新剧。

李西甫几次的挑逗，不特没有收获，反而碰了钉子，他想用孩子的手段来报复石青。这不过是一个引子，正文还在他筹划之中。有一天，石青到厕所中时，看到墙上的几个铅笔字："石青是李先生的心；石青是李西甫的灵魂。"她像触了电流，几乎要昏过去。她急忙去找校长，校长正在上课。她返出来自己追问：学生们知道么？看那字体，一定是李西甫写的！我不做事是可以的，但是现在走开，真是跳到黄河洗不清。她又返回厕所内，急忙用手巾擦掉，没力地回到自己的家中。

到吃过午饭后，她心中放不下，到自修室内，窥视学生对她有何表情，学生与平日一样，似该放心。但她的心受了难以启齿的创伤，时时放不开，她病了！

她睡在床上，已经两天了。她凝视着陈旧的天花板，一个人凄冷地乱想。她的心情是渺茫的，她的面色是青紫的，摸出枕下藏的镜子，几乎不识镜中为何人。她不能自主地想到死上，她认为死是一个大解放，如是残酷的生活，又有何处值得留恋？但是，石君的影子，站在她的床前，瘦的手，圆而漆黑的眼睛，温和的声调，破烂的衣服，她舍不开他，他们将来还要幸福！这时候，爱弟弟的热情，使她忘却了精神与肉体的苦痛。她要生活，她要为弟弟生活。这种情绪，渐次把她送到梦中。

在梦中，她觉着有人走到她的身旁，她睁开眼睛，李西甫正要倾下头去，低声说："石青，我爱你，你病的使我心痛……"石青看到情势不对，强力往起一坐，瞪起放火的眼睛说："李西甫，你才是个没脸的东西！你以为我孤弱无能，便任你宰割么？你的阴谋，我都知道的！我又不留恋六块钱的位置，你也太人面兽心了！你滚出去！"李西甫看到风头不对，怕人走来，急忙跑出去。石青的面色虽然苍白，精神反觉很痛快。她想起五成在校刊上的话来："我们是该牺牲的，任人宰割的，但在人格上却不能放松一步。"她觉着这话是为她写的，她胜利。

石青病好之后，东镇起了一股谣言，说女学校的女教员，害相思病。群众的心理，本好捕风捉影，又何况李西甫暗地放冷箭哩。石青情知不能久留，也不愿去和庶务计较，辞脱了六元职务，她要回家去了。

二十二

一天秋尽冬初的清晨，石青坐着轿车往城内去。虽然生活的困难放在眼前，但是看见弟弟的快乐，却是压倒一切的。她的心很坦然，像风静的平湖，没有半条波纹。无心地浏览沿途的景色，感到一种透骨的荒凉，仅只两月的光阴，已入了长而无边的深冬。想到她两月的做事，像做了一个噩梦，更想到自己的将来，沉入缥缈的神秘内，也像这个虚幻的清晨。

车到护城河时，有几个质朴的驴夫过踏石桥。晶明汩汩的河水，谐着人与驴有节奏的步子，形成一种自然的音乐，看着他们潇洒的生活，不禁追悔自己求学，弟弟的求学。她认为株守田园，自食其力，较之钟鸣鼎食，诗书簪缨高明的多。

她想起夏夜的一晚，星月皎洁，夜色晶明，她和君儿沿河上行，他们谈到将来的生活，不约而同地说："平庸的生活，才是真生活。我们要努力欲望的平衡，到那悲不足悲，喜不足喜的态度，才可享受生活。"石君伸出一只手来，扯下一条柔弱的柳枝，向他姐姐说："人的生命和柳枝一样，非常脆弱。如果得一正路，亦犹这株垂柳，长在岸旁，自会依依动人的。"

这种含有诗意的回忆，使石青的心理，格外和平，一切的不幸，都不足阻止前进的，只要能够去奋斗，不欺骗自己的良心。石青这样想，似乎一切的一切，都握在她的细手中。

二十三

进到两月不见的院中，槐树下的石凳依然安睡在微温的阳光下，只有伞形的槐树，落叶飞散在四角，所余的秃枝，有力地刻画在天空。

洗完脸后，正是早上十一点，她晓得慰梅有闲空，就去看这位恩高义厚的朋友。石青进去，坐在照例的地方，叙述东镇的经过。慰梅抱住她说："这种地方，有什么可留恋处？回来很好，我相信，只要努力，天无绝人之路，青，不要怕，我们再想别的办法！"她又留住石青吃饭，一直到下午两点，石青始回到家中。

石君正从课堂内出来，门房跑过说："石先生，有人找你。"他出去，看到石青站在大门前。他不曾相信即是他姐姐，但是又不能否认，他停不住的泪溢出来。石青扯住他的手说："君儿，回家去吧！"

他们走着，他们没逻辑地问答，他们的泪脸上浮出笑容，只能听到"姐姐""君儿"的呼声。到家中后，石青笑地说："君儿，我把东镇的事情辞退了，以后，我再不离开你。"石君并不问姐姐辞职的原因，也不想今后的生活，他发狂似的说："姐姐，你早该辞退了。有时想你，我总以为见不上了！"说完眼圈又红起来，像是多少的苦楚。到七点钟时，石君站起来说："明天是礼拜日，一早便回来，我不和五成出去了。"石青想了一下，她说："君儿，你如果喜欢五成，不妨把他也约来。"

石君出去后，她觉着困倦，把家中收拾了一下，她上床去睡了。

她醒来，窗上已露出曙光，她揉擦睡意未退的眼睛，她看到睡在"自己"的家中。现在她变成没有责任的人，她要给自己放假，被内的逸乐，使她认识了辛苦后的幸福。偶然听到窗外的风声，她全身的毛孔紧张，不知如何是好。这时的石青，真有"任宝奁尘满，日上帘钩"之概。

两月以来，石君每次的信上，总要有五成的名字，叙述他的性格，身世与思想。因之，在石青的脑中，五成早印下深的痕迹。现在，

她期待着"不使她失望的朋友",正如君儿信中所说。

当她吃完早饭时,石君在院喊的说:"姐姐,我们来了。"

石青的面前,站着一个十七八岁的青年,散乱的头发,覆在高额上,从清利的眼内,放出果断与坚忍的光芒,脸上反照出两种色彩,一种来自敦厚的遗传,一种来自自强不息的努力。他不肯说话,却没有冷酷的神气。他瘦弱的身体,常在那里摇动,似一株晚风间摆动的杞柳,含有不屈不挠的精神。石青觉着似曾相识的,却想不起在何时何地!

她要五成坐下,想说几句感谢的话,又觉着不合适,还是给他们做饭吧。她在地下预备一切,他两个却在那边讨论,什么时代的背景,什么客观的条件,石青只觉着幸福。

在吃中饭的时候,慰梅差人送来一信,言语简单,要石青放心修养,几日后,便可到校中帮忙的。待遇和东镇一样,而精神上却痛快的多了,她笑的说:"饭碗问题又解决了!"他们三个互相窥看,觉着家中什物都在飞动,为他们狂舞。

二十四

旺儿家是一个有骨气的女子,自从丈夫死后,她的思想集聚在保持现状,恢复当年的景况。她不明白五成读何书,将来做何事,她只觉五成喜欢念书,便让他念好了。反正没钱给他,也不盼他赚钱。

每次,五成回到家中,见他母亲辛苦,他感到万分难受。有时他诚恳地说:"妈,你不要太辛苦了,现在所有的东西,足够你生活。至于我自己,我自有办法,你不要为我过劳。"旺儿家含着爱意,永远如是地回答:"假如没事做,妈可坐不在家内,妈又不喜欢到别人家去!"

他们母子这样的谈话,常会引出一个可怕的问题来。这个问题使他们苦痛,使他们生了隔膜,结果只好缄默,互相暂时离开。他们处在两个时代内,他们有两种相反的观念,他们却要在一块生活,一块解决,于是他们相互成了牺牲者。这个可怕的问题是五成的结婚。

五成已是有未婚妻的人了,但是他不爱她。除她的小脚和偏执的性情外,此时的五成亦反对结婚。只要翻他在校刊上的文章,便可看到他矛盾的思想:"结婚是禁锢自由的镣链……爱和梦都是空的……谁有权利娶一个女子哩?谁有能力当一个孩子的父亲?……"这种离奇的思想,是旺儿家再生也梦想不到的!要是以思想世界来计算,母子的相差,真不知有几千万年!

　　是前两月的一晚吧?室中非常模糊,五成恳求地说:"妈,过一二年后,再提结婚吧!我知道你是苦痛的,可是我不喜欢她。设使结过婚后,两人不好,那不是后悔也迟么?"旺儿家把头一歪,脸往下一放,说:"你不要说了!你想要我的命,你取把刀子来!这比什么都难受,人家什么配不过你?是你父亲给你留下的东西,我不忍心做丧天良的事情!我不能一个活着,娶过以后,天南地北,我们不管你!到你发达了,想娶三个五个,谁还管你?"

　　五成觉着头痛,一句话也不说,旺儿家更进一步说:"你该心痛你母亲,三更起,五更睡,整日为你辛苦,你该叫我心宽,谁想,从学校回来,念了几句洋书,一提到结婚,你便说没阴德的话,我问你:你不怕龙抓你?"五成觉着可怜与可笑,他说:"那有龙哩?"旺儿家往地下一跳:"你敢说没有龙么?要没有龙,除非没有天!妈活了五十多岁,见也比你见的多!你去吧,我要睡了!"

　　五成出来以后,心上比夜色更黑,他想猛虎可打,瘟疫可逃,只有母亲的主张,那才叫没办法。独坐在灯下,虽是母子,比路人还远。他自己发问:有什么方法,可以沟通他们中间的铁墙?他答不出。展开一本《天演论》,看了几眼,不觉便睡着了。

二十五

　　慈母的心比海更深,比宇宙更复杂。旺儿家日日忙碌,准备她儿子的结婚。

从碾上回来,过五道庙时,有好多的人坐在那里。都忙站起说:"旺儿婶,几时吃五成的喜酒,有什么需要处,只管你说是了。"朴卫村的人很敬爱她的。无论是老少,都和她亲热地往来。她走到巷口时,隐隐地听到人们说:"这才是个治家的女子,她比男人还痛苦!"

五成的婚期,定在三月二十四日。

旺儿家预料到她儿子不会回来。她骑了个毛驴,去找她儿子。她在校门上碰到个穿长衣的先生,她叙述来校的情形,校长听了非常感动。他把五成叫来,很温和地说:"你同老太太回去吧,世间的爱情,有许多是人造的呀。"五成垂首流泪,旺儿娘扯他说:"好孩子,你同娘回去吧。"

母子两个往家中走,各人有各自的心思,旺儿家不清楚为何儿子不爱女人?别人倾家败产,惟恐不得,而他却漠不关心。真是时代完全变了。五成看着母亲脸上的皱纹,心中责备自己的残酷,但这是一时的情绪,他知道婚后的苦痛怕是更大!他想到此,他觉着生活完全是悲剧的,愈是爱的人,所受的创伤愈深。

五成胡乱吃过饭后,自己也不知做什么好。别人喜形于色,独他愁锁眉头。他觉着人们对他有恶意,特别讥刺他,他想用一颗炸弹,把这个村子毁个粉碎。自然,他是第一个先死的。旺儿家也无可如何,只有怨命,她爱她儿子,但是在结婚上,却不能通融的,因为给儿子娶妻,正是她爱他的特证。

第二天,五成醒来的时候,感到空虚。从前他爱这个缥缈的清晨,充满了丰富的神秘,常唤起人生的象征。人生虽是不定,但是还有幸福的希望,可是他的人生已确定,和一个不爱的女子结婚,便是稀微的侥幸都没有了。

空虚是五成一切的说明,他再不能去形容自己,像是站在流动的液体上,两足虽然着地,马上便沉入其中。站在桌子的面前,机械地洗脸,烦闷锁住他的愁眉。他感到一切都多余,一切都无味,他自己没有生活的权利,他想把自己的生命握住,摇他几下,然后用力摔去,使之粉碎。忽然，他想起一位朋友的诗来：

> 望白云，白云如粉天如镜，
> 望红云，红云如燃赤如焚，
> 白云红云搅一团，灿烂群花排满空。
> 谁是仙子游，给我数翅膀，
> 飞上顶点摘云霞，顶摩万仞之苍苍，
> 不见仙子吾放歌，痛哉吾行之蹉跎，
> 红云白云悠然逝，吾将追之何处及。
> 归来兮燃弟，手执炸弹兮归故居，
> 故居不得居，请君只手破灭之，
> 破灭之，无孑遗，
> 没使灰烬因风起，吾愿为君作前驱，
> 头颅一掷尘沙内，凭君光明手，
> 葬吾干净地。

他回环地诵念，他不断地潜思，禁不住的悲痛，涌在心头，泪潸然而下，他把起酒来，喝了不知多少，他倒在炕上了。

醒后，母亲坐在他的身旁，他扯住她的手，像是寻找吃酒以先的回忆。旺儿家问他："你不舒服么？"五成强笑的回答："很好，我只不过多吃了些酒。"旺儿家见他不是害病，劝他出去走一走。

这是一个妩媚柔春的下午，他出了深长的巷口，街上碰着汶哥。他背一篓子，往田里去。少年时，他们整日在一齐，每次相遇，总要坐在石级上说笑。现在情形变了，他们年岁相差无几，因为环境不同，各人走了相反的路子。五成总是想接近他，恢复儿时游山，看戏的情形，可是汶哥只是躲避，报之以质朴的微笑。五成强拉他，叙述儿时的景况，他总是笑地说："谁还提那些事情哩？"今天，他们仍然闲谈，在汶哥的声调内，含有羡慕与快慰的神气。他笑的说："五成，你要听婶婶的话，有几个能像你娶起一个女人哩？"五成本想不提此事，谁知他和别人一样的沉闷。

他走到五道庙旁，破碎的泥像，睁着漆黑的眼睛，也像在祝福他，庆贺他。他憎恶，他憎恶这没力的泥像。他信步走到卧云岭边。他坐在初生的绿草上，他自由地去思想：结婚是亲友们享乐的时节，对他却成了一副苛刻的刑具。面颜上布满了愁云，他再不愿多说一句。有时，他很想克制住自己，任他母亲心欢，但是另一个五成，却扣紧不放松一步。他要五成去反抗，去破坏，直到演出悲剧为止。

这种错误，来自个人与社会失了调和。那时的新思想，基建在自我的觉醒，追求一切解放，作万年的改造。他们自信是能干的，多才的。这样的思潮，把个禁不住风寒的柔花，看作参天的松柏。他们不认事实，只任感情的冲动，有如无力的苍蝇，欲毁灭蜘蛛的密网，扑在里边逃不脱。他不想一个久永的办法，而惨死于其中。这是时代的命运，谁能逃脱哩？

五成受了此种思潮的支配，他是被动的。

二十六

三月二十四日到了，五成失了自由。到入洞房时，院中站着许多人，朴卫村的老少都出来了。旺儿家从人群走来说："去新房中看吧，我的大事可完结了。"小孩子们如蜂似的涌进去。

婚后的第二日，五成起来走了。朴卫村公认为不祥，将来没有好的结果。家家户户都议论这件怪事，旺儿家咬住牙地怨命。

二十七

五成到了石君的家门，看到石青。

这三个不同的灵魂，每逢到了一块，共感到一种宁帖，他们的幻想与做梦，各自成派，但共同奋斗的精神，不肯对苦痛低头的态度，却是一样的。他们坐在槐树下的石凳上，想着未来的生活，他们像是海中孤舟，不知向何方去好。

慰梅终如仙鹤似的走过来，笑地说："你们也不叫我，你们独自在槐树下享乐？"

她说完便坐在石青的身旁。石青笑的说："我们是隐修的和尚，我们不与凡人往来。"

慰梅总是关心石君与五成，他两个都是有"新思想"的青年。她笑的问："你们近来有什么作品？"五成说："什么也没有，校刊也停止！"

慰梅从袋中掏出一封信来，笑的说："我要走了，我来向你们辞行，如果你们不舍我，只有我们都走。这是真晶写来的信，我念给你们。"

慰梅姊：

我方从西北回来，这里的报纸已复活了。副刊由我编辑，正张仍是先开先生。你知道他是不能久居于此的。我亦仍想回到堡垒里去。那边有我们学校，我们初创的新村。你来吧，你快来吧，最好偕来二三位朋友，我们住在一起，虽然难保没有风霜的袭击，但同死于风霜之下，亦是有意义的。锐明有信来，他还是那样坚强勇毅，为我们开辟新路，创造光明。

他们三个像是得了自由的囚犯，他们不问北平在东西南北，他们要去，他们要飞去。他们围着慰梅，互相诘问，他们像是久别的知友，不知说什么好。五成站起来说，我要回家一次，再去看看母亲。

二十八

在家中住了三天，正准备起身时，天下着如绳的暴雨，全宇宙变为苍灰色。五成站在门口，看院中溅起的水花。地上放着他的一卷行李和几本心爱的书籍，他的想象却似滔天的大浪：他想鲁滨孙漂流荒岛，无非为了开辟新路，像我们三个又何尝不是哩？老死在家中，又有什么意思？

旺儿家从炕上坐起，笑向五成说："成儿，你今天走不成了。"五成如闪地感到一种悲哀，他见母亲的嘴上，浮露出多少的热爱，他觉着再没有一个如此无条件地爱他。他忽然不想远去，和母亲永住在一起，即使做乞丐，也是很幸福的。他晓得只有慈母的心，没有利害，没有背景！他想抱住母亲，像小时一样，说："妈，你不要离开我，我害怕哩！"正要决定说时，脑中忽然浮出他夫人的影子，他憎恶，家庭变为一所囚笼，母亲的口角上，隐有深厚的怒意，他像是停在沙漠当中。

雨止了，旺儿家拉着五成的手说："你去吧，你赶年下回来，你要到岳父家中去。"她不知道北京在什么地方，她以为还是没有出了他们的山圈。五成忍住眼泪，离开他艰辛的慈母，离开了质朴的山村。

二十九

在古城中辗转的三个灵魂，已经过了一年。他们没有找到光明，他们也没有辟开新路，他们每天只在灰尘中打滚。复活方到周岁的报纸又停版了。真晶不能久居，得到西北找慰梅与锐明去。他想再过漂泊的生活，他想再看壮士汉卿的故地，他想把五成拉去，磨炼成一个强有力的青年。

西车站到夜半的时候，分外荒凉，比平日更形出苍灰的神态。停在夜色中的列车，也像禁不住怒吼的北风，在那儿发抖。真晶和五成跳上车后，笑向石青和石君说："我们要走了。我们虽无荆轲的雄心，但在这种情形下走开，也够使人慨叹了。"石青笑的说："几日前五成的新诗，正好做了你们的写真：北风兮飕飕，穷途无归兮田畴，大地任飘游。"他们都苦笑了。

火车疲倦地带走了他们。

姐弟两个返出车站外，仍然回西城去。

夜色中的北京是一个神奇不解的东西。路灯在冷风内喘气，一切沉入大寂寞中。疲倦的车夫，显出厌烦的神色，只能看到他们的黑影。偶尔在饭摊上，围着几个人，都像在做梦。他俩拉着手，拼命地往回走，各个感到神灵飘荡，心情恍惚。忽然有一二辆汽车驰过，他们既不回头，也不羡慕。住到北京所得的教训，是人和人永远不能作比的。

这一年以来，石青生活在新环境中，她的意志更强起来。她是个绝顶的艺术家，弟弟即是她的作品。她梦想着她的作品会久永，将全部精力置放在弟弟身上，为了看到自形的反照，享受那一时的爱的结晶。石青看她弟弟，不是一个人，乃是自己，乃是自己的爱情。

至于石君，永远是个诗人。他追求一个美的幻想，把别的一切，都放在两可之中。从他姐姐身上，他感到海似的热爱，有时使他疲倦。他去学校实带有万分的勉强。的确，那种机械式的教育，买卖式的教员，不能满足他好奇的心灵。因之，学校中的功课，自然不会好的。坐在课堂上，他只做梦。先生骂他，同学们笑他，他哩，感到无穷的烦恼。挟上书包走来，这便是他的工作。老实说，他到校中没有任何的目的，只为了他的姐姐。

有时候，他们坐在炉旁，谈论自家的困难，石君总是不愿升学，他想退出来，和五成等去漂泊，他说："中学完了有什么用处？徒然把你累倒了！"石青不了解弟弟的心理。她以为石君怕她负担过重，生出意外。可是，如果石君终止求学，不啻要她自杀。因为石青的身体，完全借她弟弟来滋养，马上取消了石君，马上她会倒在地下。她想："弟弟所以颓散者，全由怕我吃苦，受经济的压迫，为着使他安心，今后再不提及生活。"

三十

旧年节走来，西单一带都带着快乐的景象。每天石青走路，从不去看一眼。她并不苦恼，她知道自己早失了享乐的权利。但是，虽不求奢侈，生活必需的东西，却不能缺的。回到自己的小屋内，看到地上的一堆报纸，她在那儿出神。

从纸窗上射进的阳光，照到桌上，几个睡在尘土内的茶杯，像是醒过来了。她觉着闲静，只要有方法解决了生活。她揭起挂的毯子，看到弟弟的床上，放着些散乱的书籍，她幻想：到明年暑假，弟弟便可毕业了。考到有津贴的校中，将来是不会饿死的。我要完成母亲的志愿，功成一篑之时，我该如何努力呵！

她爬到窗边，屋顶的积雪衬着银灰色的天，呈显出孤独的神气。大门上斜歪的春联，在阳光中微笑，夹着壶水沸腾的声音，传来风筝的响声。她沉入儿时回忆之中，她想起穿上春绿的夹衣，拉着弟弟沿河边走，她想起山坡的红花与苦菜，她想……这种不连续的回忆，使她联想到当铺中质放的衣服，她跳下地拉出一个箱子，想得到点意外，或当或卖，好使过了这年节。

翻来倒去，都是些不能当的东西，她又往下寻，却找到一个纸包，内边藏着她母亲的牌位。她恭敬地拿起，仔细地窥看，从红纸黑字上，她看到母亲的言笑，母亲的动作，停不住的眼泪，渐渐地掉下，像是雪消后滴下的檐水。

过了一会，心绪平静起来。她把牌位摆在桌上，又放上她和石君合照的相片，她想求母亲在天之灵，默佑这两个失群的小鸟。

第一次，石青披着没有扣子的外衣，到她伯母的三弟家中。自然他是不会舒服的，过了一点多钟，试了有几十次，才说明来意，借到五块钱。过了年后，慰梅的朋友介绍誊稿子的事情，写了五万字，始还清这笔巨款。

三十一

忠实的春，美爱的春，披着她的花衣又来了。姐弟两个的生活，

亦较前安定，他们的生命也像是充满的灵魂。

可是，自从一月以来，石君每晚回家，总在七八点以后，石青也不愿问他，却感到深的不安。这天，中央公园开放，她感到烦恼，像是魂不附身，她无目的地出去，信步进到公园里。从人挤人的走廊内，站在含苞牡丹前面，她觉着噪杂，想找比较清静的地方。她没精神地穿过花房，踏着木桥，向着水榭前走，眼前开着许多丁香，好像到了另一个世界。正在玩味她的心绪的演进，忽然看到石君跟在一个少女后面，向山那边去了。他们舒适的情态，像是花间升沉的双蝶。这时候，石青发呆地站住，眼中放出一股黑气。软的便坐在椅上，只觉着发冷发抖。把一块纱手绢覆在脸上，竭力克制自己的情绪。她想，石君也大了，难道我和他住一辈子不成？她尽力扭自己说："我太自私了！"

她也不知道什么时候，她看到人渐少了。她慢慢地往回走。有种本能的推移，使她左右顾盼。好像怕人看出她的心思的。回到家中，石青照旧去做饭，竭力想忘了方才的影子，谁知刺激太深，她被压在这影子下，永远是不会翻身的。

石君到九点钟始回来，他脸上充满了快愉。石青要他吃饭，他说下午在朋友家中，把晚饭也吃了。石青俯下头，掉转到桌旁，装作寻找东西，却偷拭眼泪。她不苦痛石君的外遇，她苦痛石君不说真话，她觉着一手抚养大的弟弟，现在和她分道扬镳了。她感到裂肤的苦痛，她走到院中，猛烈的春风，像要唤醒她的幻想，再不要做此傻事。

石青苦痛了两礼拜后，忽然接到慰梅回北京的消息，她的心情渐次转过，她觉着至少还有一个人能了解她，能为她说一句真话。她自己也莫名其妙，近些日子，五成常在她的脑中，她思念他的举动，她回想他的语言，每到想他至极之时，她心上溅起美丽的波纹。

慰梅来到北平的第二日，便搬到东城的绿医院中，因为她害盲肠炎，须要施行手术。石青每天去看她，稍微好一点后，有时也住在那里，陪病人过夜。她们谈论五成、真晶的生活，一切细事，都使石青发笑，慰梅又叙述那边的风土人情，好像是说外国似的。有时说到那边的景致，崇高的石碑，走在高山顶上，古书上的传述，都集聚在他们住的地方。石青嘴咬着指头出神，有时，她说："可惜，我不能去那里！"

至于石君，他看到这是个机会，如果十点钟以前姐姐不回来，他把门子闭住，也到外边去了。

这天晚上，石青照例陪着慰梅闲谈，问到先开先生的消息。慰梅忽然从枕下抽出一封信来，急的说："我好糊涂，怎么忘了寄去！石青，你坐个车子送去，好使先开先生马上便收到。"

在石青把信送去后，已快十二点了，她回到家中，推开门子，室中空空洞洞的，她有点害怕。她看不着弟弟，她不知他那里去了，桌上放着本《楚辞》，书包搁在桌上，吃了饭的碗筷，依旧放在锅内。石青坐卧不安，不知如何才好，她相信石君不会不辞而别。她呵护的纯洁的灵魂，不忍让人随便染污了！仿佛费了千辛万苦培育起的花，而今被人采去了。她坐在灯下，看着地上的布鞋，她觉着特别大。她拿起来，颠倒去看，她奇怪石君长的太快了。她自己说：现在他不是孩子，他是青年，他有独来独往的能力，我何能干涉他。一切都完了，真的，一切都完了！

这种苦痛不能以言语形容的。自从儿时以来，他们的生命交织在一起，竟可说石君寄生在她身上。现在要离开她远去，她发现了自己有个无底的罅隙。她空虚，她恐惧，她觉着永远在孤独中，走一个长而无尽的地洞。她和衣躺下，终夜在悲痛与期待之中。

到早晨六点钟时，门慢慢地推开，石君走进来。他看见石青和往日一样，预备早饭，收拾房屋，只是神态可怜，两眼红肿的。石君发痴，忽然像梦中骤醒似的叫："姐姐！姐姐！"他爬在床上哭了。石青跑过来，抱住他说："君儿，不要伤心，姐姐不责备你，饭快熟了，你要去上课！"说着泪流下来。石君从袋中掏出一张相片，撕了个粉碎，他哀求地说："姐姐，我再不敢了！"石青拉住他说："何苦撕他哩，姐姐不是怕别的，只怕累及你的身体与功课。"

石君胡乱吃了几口饭，他姐姐送他出了胡同口。

三十二

自从这幕悲剧发生后，石君变了。他写给五成的信上说："近日来，我竭力恢复到儿时的可爱，拒绝一切的诱惑，你知道我姐姐为我苦痛的不少，我要遵守姐姐的意志，去摸索光明……"

真的，他从学校中回来，捧着一本书，不断地工作，天热，室中有许多的苍蝇，他不敢嫌难受，他抱着书，要钻到书内。有时，他疲倦，就熟睡在桌上，在梦中，也只是些方程式、反应式之类。石青看他怪可怜，家中点几根香，给他改变一下空气。

考期快到了，石青思念如何筹一笔经费。自从她常去绿医院中看慰梅，她清楚还有卖血生活的一法。二十个绥绥，可换五块现洋。她看到钱和血放在面前，任她选择。这时候，她脸上打了一个寒噤，使她发昏。她独自脱去上衣，伸出膀臂，瘦的像一根麻秸。她叹了一口气，她觉着连卖血的运气都没有。

慰梅是她的商酌者，她找到她，把情形说明。慰梅把真晶寄来的拾元，分了一半，才过去。

石君考试的时候到了。石青送他出去，接他回来，有时问他考得如何，他总是说："不过那样！"石青再不敢往下诘问。到了第三天考完时，约下午四点钟，姐弟两个走到中央公园，靠住御河的铁栏，共看鲜润的莲花。隔河拂动的柳枝，特别勾引人的神灵。有时石君会问：

——姐姐，假如我考不上时，我可再不念书了！

——不，一定考上的。万一考不上时，明年再考。石青虽如此安慰弟弟，内心实在不安，她若再奋斗一年，生命不知如何了！

每天悬心吊胆地活着，一直到第七天的晚上。他们在灯下共念一首人间词："……陌上楼头，都向尘中老……"忽然听到卖报的声音，喊着城南大学出榜的消息。石青急忙跑出去，不顾街上的污泥，向前追叫，她买了两份，只有二十枚的票子，不用他找回来了。

她趴在桌上，竭力按住跳动的心，手抖颤地寻觅，石君却像一个雕像，鹄立在那里。到了第六名时，是石君的名字，她怕没看清楚，又打开那份看，仍然是一样的。她再不往下看，抱住她弟弟，泪如注雨，浇在石君的脸上，她说："君儿，第六名！君儿，第六名！"石青拉出母亲的牌位，挽着石君的手跪在地下，涕泪交流地说："十二年不见的妈，你的君儿有下落了！"

太阳已到窗上，他们还未起来，石青披衣坐起，揭开毯子说：

——君儿，你睡醒么？

——睡醒了，只是不想起。

——咱们也要睡到十点钟，再说，第六名是很难的，你把报递过来，我再看。

——看他做什么，还是再睡吧！

——君儿，单名的只你们三个，姓石的却只你一个。

他们这样说笑直到十点钟才起来。

石青要她弟弟去理头发，自己找出件灰色的旗袍来，到十点时，她决定给弟弟做生日，到且宜去吃饭。他们过西单时，有个摊子上摆的许多鲜花，她买了一束，要供奉母亲，要庆贺石君的及第。

他们感到海似的幸福，每日像在云雾里。

三十三

为弟弟牺牲几近十二年的石青，一旦解脱了贴身的重任，心身恍惚，像一个断线的风筝，常时飘摇不定。她觉着自己变了，像一个重病后，方才恢复的人，不只她的体力减少，便是记忆与意志，像落在水中的雪花，一接触，便消化了。这种现象，使她很奇异，她不明白何以变的如是神速，不到一月便是截然不同的两人？她不能确定一个方向，更不能有系统地去思索，每天发呆地坐在椅上，摸弄石君留下的什物。

自从有记忆起，从没有想过自己，她承认生来便是为弟弟的，拒绝南村张家的亲事，便是她的证据。我们可以说：她有生动的眼睛，她却求不看到自己，她不是如花似月的人物，但黑柔的长发，垂在背后，庄严的脸上，浮着温和的笑容，使人爱慕与尊敬。从她纤细的身材上，使人有清秀的感觉。她如是自然，她如是和谐，她却不愿有半点人工的修饰。在她以为是没有兴趣，在人却说是特有风格。有时慰梅向她说："石青，你才是雪中的腊梅，你是为我开着。"石青嫣然一笑，像是半否认半接受的。

实在说，没有比石青更美的！她是灵和肉的结晶，她是精神平衡的完人。她是在苦中求乐，忙里偷闲的，她的灵魂是为他的，她不能有一时的休息。现在石君走了，她又为谁去牺牲？她苦闷。她的苦闷是必有的，却非永久的，在这一点上，她永远看不清楚！她不知道人和我的分别，她更不知道人和我的冲突。她自强不息的个性，当时要求牺牲忘了她是一个人，牺牲只不过人生路上采来的一朵鲜花，并非时时可得到的。因之，她的烦闷，她的颓丧，都来自她不安的生性，正像悬在山崖之间，既有死的恐惧，又无死的决心。

这天，她睁开惺忪的眼睛，一股神秘的情绪涌到心头，她推开如浪的薄被，觉着有点发热。她往桌上看了一眼，瓷瓶上面开了数天的秋菊，母亲永远沉默的牌位，都在安慰她的沉闷。她忽然想起梦来，是在梦中和弟弟走着，回到家中槐树下的石凳上。她看到微笑的银月，微笑的天星，微笑的弟弟。她闭住眼睛，玩味这幸福的幻影。过了许久，她坐起来，向前伸出两手，又向上一举，似在赶走久睡的疲倦。落在地上的《牡丹亭》，压在她的拖鞋上，她伸手拾起来，正看着惊梦上的两句："良辰美景奈何天！赏心乐事谁家院？"这两句话把她拽住，袜子穿了半截，靠住枕头出神。

她的意识渐渐还原，她觉着该起来了。站在墙上悬的小镜前，自己端详里边的影子，额上刻着辛苦的伤痕。她看到镜内的人，并非是她自己，脸上覆着忧闷的罗纱，已失了儿时的天真！她想起古人说："对酒当歌莫负春。"她认为春已负，无欢可言，似乎石君的影子也立在她身旁，清秀如花开，蓄着无限的颖慧！此后他有自食的能力，正确的学问，这都是她一手造成的。她觉着前途无限的光明。可是种种幻影是不能久远的，方捉住要享受时，如逝波似的逃走了。她看到都是空的，没有一处可休息她疲倦的骨头。

石青没有目的地出去，来到慰梅家内。她们像是些小孩，永远有些新奇可玩的东西。慰梅走到桌旁，忽然想起来说："石青，昨晚五成有信来，内边提到你的事情，你瞧……君弟有了归宿，都是青姐辛苦的果实。我想她现在更烦闷，若是如是，你要劝她亲近自然，香山的红叶，通州的芦花，他们总会欢迎你们的……"石青灰暗的心上，放出一线的曙光。

石青从慰梅那儿出来，回想五成的信，心上起了一圈波纹。趁着愁人的秋风，她觉着神魂飘荡，从来未曾有过的现象。她有些恐惧，又有一种慰帖，像缺陷的心中，添进多少东西。她觉着成了宇宙间惟一的人，虽说孤独，却是富有的。

她拿起笔来，想给五成写一封信，不断有奇离的情绪阻止她的手，她想说出深心的需要，她又觉着年岁已老，不愿误了可爱的五成。她想起这种本能的要求，似乎和她的行为有冲突，不觉脸上泛起一股血潮，用手急忙遮住，像是怕人看出她的心理。

她想起慰梅的话来："爱情与宗教一样，有几个能够尝到的？我们是些庸人，还是接受点现实吧，不然，苦痛要使你闭住眼睛。"石青忽然否认这话，她觉着只要能有智慧，什么苦痛都不存在的。

果能永久保持着智慧，即是说人类最高贵的东西，石青远不至如是苦闷的，可惜她受的苦痛太深，性格上起了变化，形成个健康的病人。不只是悲欢无常，外界因之变色，而且无倦地追求，常使她落在寂然无声之中，如欧洲中世纪女子的灵魂，常要寻找永久的爱情，她不能过安逸的生活，她爱行为，要从艰辛的火中，锻炼成坚韧的钢铁。

到没事时，一本书搁在腿上，她悬念石君的一切！但石君是有着落的人了，奈何？她思念慰梅，这个比雪纯洁的朋友，和她有许多相似的地方。她们碰在一起，互相深知内心的要求，却不肯说破一句，像耍戏法的人，相遇在一块的。她想到五成，她爱这个天真的少年，但是他是弟弟，至少是个朋友式的弟弟。她不能止住思念他的心，凡是关于他的一切，她总有兴趣。

三十四

她出来，她又去找慰梅，她说："你告诉我他们那边的生活吧？"慰梅正在兴致高涨时说："在那边我们住在荒僻的乡间，居民好像桃花源中的人物。他们从未见过天足，更不用说剪发了。在为人遗弃的院子内，我们曾办起个学校，要把我们的灵魂，也加在他们的当中。工作之余，真晶和五成去拾柴，锐明和我在做饭，我们游戏地把时间便过去了。到冬天，北风怒吼着，深感到夜长不尽的辛苦。我们围着柴火，屈膝聚谈。真晶的口吃，锐明的微笑，五成的勇毅，我永远不会忘记他们的。我们并非永远谈工作，我们谈论过去与未来，从明月谈到姻缘，从秋风谈到死亡。更奇怪的，我们还计划死了以后，如何去埋葬，要哪一种墓的形式。我们愿意灵魂不灭，这样，在地下也可围炉烤火。好像我们是继续在一起，从来不会分散的。我们并非不起冲突，但我们的冲突又会加深我们的理解。有时候，我们会互相生气，也会互相和解，我们是路人，是朋友，是牢不可分的兄弟姐妹。有时候，鸡叫了，我们仍在谈着，似乎我们不需要睡眠。我们披上衣服，举着火把，到寨上看黎明，站在高耸的雉堞上，立在天净疏星之下，我们没有理由地呐喊。我们兴奋地跳动，我们要乘风归去，去摘那永远光明的天星。"

慰梅说到此，像沉在过去回忆之中，石青像是身临其境，也加入这个社会的。她坐着，她的心却在未曾相识的地方，她的心像在疯狂，超出她的心理状态以外。

时间慢慢走着，又是雪花纷飞的冬初。她的神态总是和往日不同，北京的生活，对她成为一种苦痛。石君每星期回来，叙述他的工作与生活，她感到像是无可无不可的。

有一天，石君笑地跑进来，摸出一封信说："一两日内，五成便回来了。"石青像受了刺激，禁不住地发问："什么？"石君又说："就在最近，五成要回来了。"石青脸上展开不安的神色，只是她弟弟不明白是为什么。

到夜深人静之后，石青自问："我是否该见五成？"

三十五

从前有决断，有毅力的石青，而今变成一个失母的婴孩。外面虽是依然如故，而内心却不断争斗。介乎见与不见之间，她又无法取决。她晓得五成不了解她的心意，她也从未要求他了解；她更明白她与五成，不能前进一步，但是她卷在深不可测的漩涡内，永远挣扎不出来。

几次她想征求慰梅的意思，每到开口，总停止了。并非是怕慰梅见笑。一个如是恩高义厚的朋友，是不会笑她的苦痛。可是，她没有力量去说，这种怯懦较之奋斗更可怕，因为她不承认自己的存在。

现在，她看清石君是另一个人，他们截然不同，几乎还有相反的地方。他们的关系，像雕刻家和他的作品，作品完成，虽充满了他的生命，同时亦宣布与他脱离。我们清楚知道占有的逃脱，是人间最悲哀的。

假设以石青的要求，纵使五成满足，其结果更为可怜。因为石青能即刻发现五成与别人一样，她不会爱他的。并非石青是超人，乃是她的爱情，基建在灵与肉的混合，官感上得到灵的追求，灵的进展上得到肉的享乐。她自己说不出，而她却是感到的。

这种心理是没办法的。结果只是自残其身，每夜失眠，每日清瘦。她徘徊在街上，她疯狂似的恳求，当人伸手援助时，她又拒绝了。

在西单一家商店前，她走来走去，像是在坟墓中。她不记得什么时候，她只觉两腿酸痛。从街上过去一队荷枪的兵。她笑他们无知。她站住，她想追寻所以至此的原因，她不知道了。只觉着不该回到家内，怕看到弟弟，怕看到弟弟的朋友五成。

不提防有人拉她，她转过头来，却是慰梅，她几乎要躺在慰梅的怀内，她说：

——慰梅，我很不痛快，自己也不知为什么。

——你来此做什么？

——我不知道，我只知不能坐在家中！

——你到我家去吧，我也正在烦闷。

天已黑了，雪花飘散在空中，炒栗子的声音，不断地传来，她们握着手，急忙地走着，像是怕误了约会的。她们回到家中，躺在近炉的长椅上，各个感到辛苦，又感到在室内的幸福。石青说：

——慰梅，我总是怕死！

——石青，像你这年纪，是不会死的！慰梅笑的说。

三十六

石青在慰梅家中住了一夜，大雪也止了，全北京伏在银布之下，石青从被内感到一种快慰，她想：人生不要太绝对了，又何必总要偏执哩？她和五成，只该要求雪似的友谊，不使一尘一物从上边走过。她在思索中，忽然听到慰梅的歌声："雨雪纷纷连大漠……"

忽然又中止了，她侧耳而听，似乎有人同她说话，石青待要问时，慰梅跑进来说："石青，石青，快走吧，五成回来了。"

有如触了电流一样，她披上衣服，五成已站在面前，笑着说："姐姐，我回来了！"石青感到一种不自然，她逃到慰梅的梳洗屋内。

五成长高了，戴着绒帽，披着老羊毛外衣，两颊发红表现出忍耐与胜利的神气。他依然不肯说话，不时流露出天真的微笑。他不时看石青，他诚恳地说："姐姐，一年不见，你瘦了！"石青点了点头。

　　两日后，五成跑到慰梅家中，进门便说："梅姐，不好了，青姐走了！"他把信放在慰梅的面前，慰梅猜着一点，拿起看。

五成弟弟：

　　除过君儿外，你便是我的弟弟。为了看你，我留到现在，而今目的已达，我要走了。要到什么地方，你将会明白。拿别人的一首词抄来送你，幸勿笑姐之迂拙：真好佛天，真好修行坐，趁光阴，莫错过，前途不畏虎狼恶。一担行李，一程风，一程雪。取还真经，普度众生活。离别。

　　慰梅看完，只说："真奇怪！……"五成接住问："你知道她为何走开？"慰梅回答："怕她也不知道吧！"

　　从这日起，北京再没有石青的踪迹。

后　记

　　将九年前写的《大雾》印行，不敢存丝毫的奢望，只是纪念已经结束了的一段文艺生活。

　　十八年前，寄寓在北平一个报社，认识了几位研究文学的朋友，看他们的创作，读翻译的著述，使我感到深厚的兴趣。那时候，我以为文学是黑暗社会的匕首，他能使不安者宁静，烦闷者快乐，因而跟着他们，我也来研究文学。

　　继后在里昂做工三年，受了许多事实的教训，逐渐发现自己没有创作的能力。这并不是自馁，实因一个作家，须要有严肃的生活，渊博的学问，以及颖脱的资质。我既不能具备这些条件，遂决心抛弃了

文学，研究历史，不觉已快十三年了。

但是，我永远怀念着这一段幻梦的生活，它具有一种魔力，要我不断地回想与分析，由分析而烦闷，因烦闷而眷恋。我眷恋它，因为眷恋我自己已逝的生命！总想找一个宁静的机会，把它记录出来，分赠给几位朋友。在九年前，与佩云在海程上时，居然实现了我的这个愿望。

写完后，道遇洛桑，列芒湖为大雾笼罩，不辨咫尺，我想生活也似大雾，他虽弥漫了我们，他的本身却是可爱的，不允许任意玩弄的，正如雾中的列芒湖，阳光一照，仍然会透出他秀丽的姿态。在此，我们所能努力者，只有修养自己的内心，准备与环绕我们的大雾来搏斗。因此将这部没有组织的记录，题为《大雾》。

承培良作了篇长序，萧铁兄帮忙出版，隆情高谊，使我万分感激的。

宗临谨记

一九三一年二月六日

连载于《新北辰》1935年第3期、第4期、第6期、第7期、第8期、第9期、第10期。单行本《大雾》为萧铁主编的《孤星丛书》之三，由中国文化服务社广西分社1942年1月出版。

文艺杂感

《文艺杂感》，是我年来关于文艺的文字，没有系统，没有组织，有时如何想到，便如何写出来了。我绝不敢自诩有所创造，我也不信人能有什么创造，如果把创造当作无中生有的解法。这里的几篇文字，只看作幼儿的涂鸦，拿他包物糊窗，未尝不可的。仅此志明，希为指正。

无利害的冲动

在伟大艺术作品之前，常感到如巨流的心绪，将鉴赏者漂移到奇境之内，宁帖与舒适，激动了周身的神经，有人谓之为"美的沉醉"。

从美与丑体验出爱与憎，几乎是人人所可感到。在艺术作品的前面，虽然同是心理的现象，却与日常物与人所激起的不同。艺术上引起的爱憎，原初没有任何成见，他来自静观的鉴赏，发出自然的情绪，遂成了无利害的冲动，这种心理的过程，始与终都隐藏在自身。一阕曲可以引起往事的悲喜，却非预先确定某种程度之悲喜去听歌曲。

此处，我们捉住鉴赏艺术的秘诀，某种作品的成功与否，不在音节的铿锵，不在色彩的奇离，不在线条的均匀，乃是在全作品整个的灵魂能否引起鉴赏者无利害的冲动。

迎美拒丑，是人类情感自然的趋向。美为情感的对象，等于真为理智的对象。虽然写实派把丑划到艺术的领域内，其间别有道理：第一，他们要从丑上看到美，如《恶之华》即是其例；第二，丑上现出滑稽，引人入胜，戏剧中不胜枚举。现在，我们要问：究竟艺术作品，如何形成此种无利害的态度？

美为情感的对象，他是向上进展的。所以在现实与具体之中，即使能有蜉蝣的美，却绝不能保持久永不生憎恶的。因之，既不能毁灭情感，去违反自然的律例，更不能除却美的要求。在创作者，要表现出美，宣示给人间，制出各种作品；在欣赏者，看到另一个新的世界，在现实中而超出现实，由苦痛内感到欣慰，作品只成了媒介之物，也可说鉴赏者生活到创造者之内。

这里，艺术的伟大，是指示出他所以能迷醉创造者与鉴赏者，以有美的存在，而美为真宰特质之一。我们说人们虽在时间与空间内，却已跳出时间与空间之外。谁能在这样伟大的作品之前，去夹杂半点利害哩？

这种作品中，没有人间的各种派别。王国维先生说："自然中之物互相关系，互相限制，然其写之于文学及美术中也，必遗其关系限制之处，故虽写实家，亦理想家也。又虽如何虚构之境，其材料必求之于自然，而其构造，亦必从自然之法律，故虽理想家亦写实家也。"这是鉴赏艺术基本的观念，没有派别，即是没有利害的冲动。谁敢论屈原的楚辞，文西[①]的绘画，属于某种派别？他们是理想家，同时亦是写实家。他们感到创作的必要，鉴赏者感到翻江倒海的情绪，因为他们的作品已不完全是属于人的了。

---

① 即意大利文艺复兴时期画家、科学家列奥纳多·达·芬奇（Leonardo da Vinci，1452—1519）。——编者注

两种原则

苦闷的人,时愿蛰伏在艺术的塔下,艺术便成了另一个世界,他没有黑暗而永远是光明的。但艺术是什么?

凡是一种理论,都含有几分的真理,但不完全是对的。在艺术上尤其如此。亚里士多德向他的弟子们解释:艺术是模仿自然,一切的艺术作品,皆从自然中脱胎而成。然而牺牲之律,不只演用于他种事物,当艺人作物之时,即使以自然为典型,亦必有所选择,所谓形象毕肖者,仅可作赞赏之耳。谁能如照相似的制造出一切,又何况照相根本上排出艺术之外哩?柏格森看到这种理论,整个地把他翻转过来,以为艺术非模仿自然,乃自然模仿艺术。日常人们习见的东西,或者所要寻找的,都是对自己有用的,可是艺人常在无利害上,他们所见到的世界,是从无利害的静观而得,因之,常有一高尚的理想,自然本能地向着去实现,比如非地亚士①所作之人体,均匀完美,自然竭其力要去实现。这也不过是一种理论而已,难于实现艺人完美的作品,比之模仿自然无一的遗漏,更为困难。真理是完美的,但谁能做到真理?

缘此,即使整个的自然放在艺术的作品上,如果艺术创造不出一个幻想的世界,即艺术没有他的生命。人的想象常要逃开现实,二十岁左右的少年少女,便在梦想中不断地活着。他们想象上的美点,完全落在超现实的世界中,一切都像凌霄的浮云,在天空中冉冉地飞腾。可是艺术的世界,不只是人类智慧的蜃楼!重要的,应当在蜃楼上建立起真的现实。因之,表现派的主张,正好又走了别一极端,他们以为下意识中的各种影响,昼夜不停止地动作,将内部各种影像,用各种方法实现出来,遂成为艺术。这种说法,只能述明艺术的成因,却不是艺术的本身,更进一步,如果一个人没有作

---

① 即古希腊雕刻家菲迪亚斯(Phidias,约前490—前430)。——编者注

品，下意识中虽储着千万的影像，我们也称之为艺术么？至于将艺术比作游戏，如克好司①的主张，亦是一种片面的观察。在他以为艺术是贵族的，剩余力的排遣，等于游戏。但是，游戏的动力，仍然归结到游戏自身，他是没有生命的，但是艺术却非如此，便是音乐的声音，虽然发出即死去，却在创造者与鉴赏者灵魂之上，留下永远摩擦不去的痕迹。

并非这些道理没有一二点正确的存在，只是两个走了极端，流弊便产生出来。我们归纳回各种的理论，即艺术是人类自由地创造。实际上，一切的艺术，其贵重之点，在自由地创造，能使成功的秘诀，基建在两种原则之上：错综与总合。

人在千变万化中生活，尤其是艺人的意识。一件真的艺术作品，绝对的除绝了一成不变的单调。中国绘画没有进步，便在转相模仿，色彩与构图上，永远是千幅一律，没有时间性，没有空间性，更没有阴影的分别！其原因，即在没有错综的原则。但错综不是粉碎，因为粉碎没有总合性的存在。有伟大的雕像，须有配他的广场。虽然是两种漠不相关的东西，却须有调和的存在。结合的原则，便是调和的母亲，我们知道调和便是美的基本条件。站在北京故宫的三殿台级上，便看到建筑上的错综与总和，亦深感到中国建筑的美，绝非凡尔赛区区的对称所可比之于万一的。

调　和

画家常要寻找色彩的调和，诗人常要寻找音韵的调和，不到完美的地步，他们都不肯干休的。

能具体地表现出美来，始为艺术的世界。但是艺术世界的门边立着时间与空间，他们将艺术作品检查过，然后放他们进去。多少画家

---

① 即德国哲学家、心理学家和美学家卡尔·谷鲁司（Karl Groos，1861—1946）。——编者注

与诗人，不是为时间与空间排挤出去？

时间的代表者是"声"。他是无形世界的壮丽，虽然声之形成，即消失于冥冥之间，但是他的归宿，其间不能有第二个存在，——要赞美真理。便是在极普通的现象上，声亦以真理为终了。我们常见说假话的人，不断地悬心吊胆，将虚伪而载以真的面目么？空间的代表者是"光"。他是有形世界的光荣，他要炫耀人的眼睛，使之认识真理的伟大。黑暗是光的熄灭，在黑暗中，曾产生了多少的罪恶。因为在人的世界，欺骗与罪恶，触目皆是，所以文艺复兴时代的艺人：米该郎，当他完成了"夜"的雕像时，他说：

看不见，听不着，对我是莫大的幸福！

屈子在《渔父》中说：

举世皆浊我独清，众人皆醉我独醒，是以见放。

米该郎与屈原，都是看到声与光的消失，而逃伏在艺术世界之中。他们虽然痛苦，忧郁以至于残疾，但他们的作品，却是真的艺术，逃脱了时间与空间之外。这里，我不敢形容他们的伟大，因为在他们的作品中，藏着使人头昏的神秘，不可思议的美存乎其间。

揭开声的面目，我们所见到的是爱。当人心中充了爱的情绪，向上进展，诗歌与音乐，便成为了唯一的工具。一个声能让死的智慧回生，因为那个声便是爱的形式。同样，揭开光的面目，我们看到热的存在。热还是爱的变形，在普通的语句中，不是把热与爱放在一齐，去形容两种东西的密切关系么？在这种情形上，我们捉住了热爱的形式，当汩汩的清溪横睡在山间，阳光照着，那不是变成一条晶莹灿烂的玉带么？因为他是声和光的形成，具体地显示出美来。

但是，声与光的基根，却在调和。声的调和为"律"，光的调和为"称"。律是数学的，基于自然的演进；称是几何的，以各部相配为适宜。当我们读一首诗，听一阕曲，或者看一张画，看一所建筑，是否是真的艺术，即看他声与光的调和，从此所得者，即是爱。

真的爱，没有不逃脱时间与空间的限制的。真的艺术，没有不是表现热爱的。我们看到艺术的伟大，他不是人的，他是神圣的。这里，我们觉着不只艺术为然，生活亦处伏在这个律例之下，排除开一切，追求人与自然的调和，人与物的调和。我们有时讥笑艺术生活，实际上，真的艺术生活，是在完善的调和之中，我们敬之惟恐不及，又何敢嘲笑哩？

如浮云的徘徊

抓住生活与自然的神髓，以极简之笔，绘画出来，我们称之为古典的作品，而浪漫派的作者亦会爱他的，因为从这种作品内，常能启露出自然与生活的真相，完美与匀称，更可排除了因袭与规律的流弊，相反而相成之律，演用于是。次之，创作者与鉴赏者，以作品为媒介，更能感到洽意的平衡，其原因即由外以见内，因内以识外，正如文学史中，难以截然划分古典与浪漫，此派中必寓彼派之遗痕。

伟大艺人的意识，似一块晶莹的明镜，凡是官感能触到的东西，丝毫不苟地反照出来。唯其如此，虽有兼容并收的智慧，不为某种习尚所规范，而内心的不安，无情的争斗，亦犹海波互相冲击，互相排挤，日夜不肯止息的。真的艺术，有生命的艺术，即肇生于此。

不安，便是意识上失掉了他的凭依；争斗，便是意识上失掉了他的平衡。这两种心理现象虽然不同，但皆来自分析与怀疑。自古的艺人，没有不在其中辗转与挣扎，由绿叶上的一珠晶露，残草上的许微薄霜，他们会寻找生命的归宿及生活的真谛。他们看到打不破的黑暗，他们看到望不及的光明，他们在两种力之间徘徊，一迎一拒，一升一降，他们以为有所获得，谁知到享受之时，早已幻变成不可捉摸之物了，似乎一切都在欺骗之中。

艺术作品中，常可看到这种现象，正如古人《菩萨蛮》中说：

莫说去年秋，今年秋莫愁。

也是在这种心理状态中，艺人意识之蓄积的许多影子，如墨云旋转于半空，不能自止地向外实现，这里失掉了自由，因为产生的徘徊与不安常与心理的演进互相连接。在这时候，兴会的高涨，远非人之想象所及，而徘徊与不安的心理，反变成创造的快乐。特别是诗人与音乐家，常会感到的。

当危尼①写作《水狼之死》，他说：

看到大地上人们的所做与所遗，
只有沉静伟大，其余者都是柔弱。

我们感到危尼的兴会，这几句话中，描述出他全部的灵魂。但是，我们更推进一步，即解人与危尼的诗词中，不足写出他们兴会的全形，在他们徘徊与不安之上，曾经牺牲了许多的兴感，其原因，乃在技术变为批评，兴会已经过趣味的淘汰了，这里我们为便于形容，称之为古典的，浪漫的，实际上已属次要的区分了。

如是创造成的作品，作者感到难以补救的缺陷，到他们静观自己的作品时，常有似曾相识的神态，他们暂时的满足，虽有若无，而落在忧闷之中。因之，他们又开始了浮云的徘徊。

---

① 即法国诗人阿尔弗雷德·德·维尼（Alfred de Vigny，1797—1863）。——编者注

美的残灭

艺人是孤独者，可是真的艺人是不喜欢孤独的。到了藏在象牙塔中时，他已是满身血迹，精疲力倦，奄奄待毙的艺人了。这种悲惨的现象，我们可称为美的灭亡。

因为环境、遗传与习尚，各个艺人的脑中，形成各个特殊的美的典型。按照他的相似与相异，决定了取舍，同时机械地推出美与丑的判断。这是种自然的要求，但是，谁敢保证第一个自然要求，而非习惯的形成哩？倘若我们拨开环身的薄雾，我们看到艺人的心上，常有一个填不满的罅隙，艺人的心太大，应当有大不可言的美，始可满足。

大不可言的美，是超出一切感觉之外的。通常艺人的美的典型，常受了时间与空间的损益。这便是为什么绘画上有派别的区分，文艺上有各样的潮流。虽然美分成千万的形式，艺人们仍感到不满足，因为他们灵魂上所烙印的美的典型，封闭了敏锐的眼睛。他们的衷心，是在建设最完善的美，其结果反成了美的破坏者，并非意志使然，乃是受了习惯的推移，情不自禁地做出来。

习惯时常混合在艺人情欲之中，有几个可曾逃脱？在他们的作品上，这并不能阻止他们的美点，只是远不到心之所企冀，却是真实的。

美的典型，在艺人的灵魂上烙印下永难磨灭的痕迹，同时亦开了无尽苦痛的途路。这几乎是各个艺人的命运，自屈在自己的典型之下，其间没有许微的同情，有谁能跳出他划定的界限？

辗转在痛苦路上的艺人，即是说跪在自己美的典型之下，唯一的希望，便是美的残灭。因之，一切都是幻梦，肉感便是幻梦中的残月，愈是向残灭走近，愈感到完美的急切！

压榨在美的典型之下，便是压榨在社会与文艺的习惯之中。这种重量，迫使艺人伐其才，毁其美，缚束在绳索中而不自觉，竟至没有微力去支撑。于是，穷枯产生，渐渐走到孤独之中。这种孤独不是伟大的，既难窥到大不可言之美，又复牺牲在习惯蛮力之下，我们所能言者，亦只不得已的叹惜而已。

"社会上之习惯，杀许多之善人；文学上之习惯，杀许多之天才。"《人间词话》之作者，真可谓独具慧眼了。在我们习见的艺术作品中，有几件是达到了自己的美的典型？

阿　毛[①]

在艺术中，倘以作品来论，各有其特质，而最能引人入胜者，没有如小说。不只在小说中刻画出各种实际生活的现象，使人醉迷；而作者创造出形形色色的人物，从始至终给他们各种的命运，各样的归宿，各个的所取与所需。这里隐蓄的神秘，是非人之智慧所能了解，作者之于作品，似非偶然的。

为什么直人招灾而妄人获福哩？为什么明者见弃而愚人受宠哩？世间有千万的不平，人间有千万的苦痛，阿毛的天真，其归宿亦云惨矣！阿毛，不是一个想象的女子，阿毛是中国无数女子的灵魂，作者并无微意以说教，只想掠住真实置放在寻觅真实者之眼前！能够启露出一个真实，这已是艺术上不得了的收获！

科学家用显微镜把他们的眼睛武装起来，寻找宇宙间极隐微的东西，志在获得真实，诚然是很可服敬的。但是，从他们眼内所看到的真实，并非真实的全体。因为科学家所见到是个体的，是具体的，是受时间与空间的制裁的。这里并无所谓高下优劣的判别，只不过观点不同，对象各异罢了。

阿毛常是真的，所以每个时代的人们，各个都有他的"隐刑"，几乎这种"隐刑"是不能逃脱的，人人要受惩罚，只是轻重不同，许微分别而已！从阿毛的故事上，她说明了人和人的关系，而那灵的怯

[①] 即潘伯鹰（1903—1966）署名凫公所著《隐刑》中之女主人公。——编者注

弱者，便屈服在各种周遭之下，我们看到永远不变的悲剧，理智与情感的冲突，情感与意志的相违，有天才的人，即在这种争斗下挣抗，本不想表现自己，而自己却表现于其中，成了普遍的个性化。

因之，小说中的人物，几乎完全是作者对人生的反映，虽有地方与时代的彩色，毕竟不是创作者最后的目的。说明作品与作者的关系，是批评者的任务，说明人和人的关系，却是作者的前提。或是分析情欲的争斗，或是刻画个性与生命的状态，不只在小说为然，其他艺术作品也是一样的。

有许多作家，不特不能给他的人物一个归宿，而且也说不明他们周遭的关系，我们看了后，只觉着残酷。这是历史小说不发达之故，即是说忘掉了人的研究，而只重些浮浅的技术和传统的典型。可是我所说的历史小说，不完全是小说化的历史，乃是以人为准，自然亦反照其中，而存于其间。

趣　味

将文艺取来，潜心地沉溺在里边，即刻我们感到迎拒的两种情绪，既没有成见，更没有指摘与嚣张，然而作品的取舍，截然横陈在眼前。

设如证诸他人，即自己的印象又非确定，一成不变的。反之，我们常遇相反的感觉！我们不能否认自己的认识，我们又何能否认他人的判断？文艺上需要的容忍与同情，有时较生活更为逼迫。实际上，事实亦不允许如此，同是有茶癖的人，谁能说红茶强于绿茶几分哩？

我们会说：这是嗜好的不同，致使如此。

嗜好不是趣味，但有时趣味为嗜好所养成。嗜好是瞬息的，飘摇的，纯粹属于官感的。他能使人上升，他更能使人下沉，他是生活行为抽象的说明，从未受过思想反索的陶炼。便是为此，嗜好鸦片烟者，排挤出趣味之外。

趣味是一个人人格修养的总结，上面按着整个灵魂的铁印。有多少不同的面孔，便有多少相异的趣味。趣味是个人特有的明镜，那里边忠实地反映出爱与恶，美与丑来。但是这面镜子，含有深厚的个性，倘若妄思准之百世，用之万人，即镜上覆了难以穿透的尘沙，反映随即告终，这是趣味的灭亡。

文艺上主要的成分，是否含有引人的潜力，便是以趣味来确定。我们不是常听见说："有趣味的创作""引不起人的趣味"么吗？前者是指创作者言，后者却指鉴赏者说。一件文艺作品，也许本身含有深厚趣味，却不能引起鉴赏者的兴会，同时，也许引动鉴赏者的兴会，作品没有趣味的存在。

这儿，我们捉住人间流行的错误，即人们不将人我趣味划清，其结果走到破产的途路。个人深厚的趣味，即是个性化的别名，成为文艺的基本条件，却不能涉及人的趣味，为着守住他特立独行的创造力，处处按有个性的烙印。谁曾见过一种文艺作品，为了投合人的趣味，能成为久永的作品哩？反之，投人趣味的作品，断然失掉了个人人格修养的总结——趣味。那么，为趣味而创作，反失了趣味的存在，这是多么可怜的事呵！

时代潮流横展在创作者的眼前，要稳坐上头，不要沉溺在里边。真的美是不变的，让偶尔成名的东西，都要倒在你的眼前！

智慧的消失

比雪更洁，比冰更明的智慧是文艺大海中的灯塔，他放出强烈的光芒，去冲破坚不可破的黑暗。智慧不纯是理智，更不是想象，智慧是与生俱来的灵性，可以化丑为美，变假为真！

你不相信么？为什么那些黑色的符号，会给你配合成奇艳惨悲的离骚？你不相信么？站在罗丹思想者前，为什么共感到生命的对流？自然，各个人会给他们一个解说，或指出他们的天才与环境。但是，揭起各种浮面的蒙蔽，我们站在使人眩晕，难以捉摸的智慧之前。

智慧是不能与生活分离的。近代艺术的破产，其原因即在此。许多的理论家，每日呐喊文艺的沉闷，拾些望文生义的解释：浪漫是放纵；写实是照相；象征是猜谜……为什么文艺不枯如沙漠哩？

老实说：生活没有智慧，犹能顺自然去生活，其害尚不很深。但是，我们见到的，却日日在技巧中追求，专门作官感的刺激，好像社会上只有我受压迫的，只有我是受委屈的。其结果是追索过度的技巧，剩余的逸乐，而有如烛光似的智慧，为什么不会在这种狂风中被扑灭哩？

我们虽不赞成纯粹载道的文艺，但我们亦不赞成专门刺激的作品，我们要拥护那点灵性，即是说智慧。我们不是盲目的，因为智慧是构成所以为"人"的本质，我们要的文艺是人的文艺。

追逐幻梦的理想家，一切都加以想象的衣裳，眼前变作粉红的桃园。他们在枯骨上寻求微笑，把自己看作天使。智慧做了想象的奴役，文艺成了消闲的娱乐，于生活和社会，有何所补？赞美罪恶的写实派，一切都是丑劣，屠杀尽因袭的观念，失望地恢复了兽的面目！因为他们要用官感说明一切，以官感而批评官感，总结在刺激与反应之上，如何能有美的存在？智慧为官感所摧残，文艺沉沦在地狱的深渊。

人是一茎有思想的芦苇，因之，他的文艺不当走现今灭亡的地步。但事实却巧相反，我何敢大声地说："现今智慧破产了！"所余者是该如何去补救？这里，我们要人注意遗忘了的智慧，还给他原有的职责。

残　缺

游人到了罗丹的博物馆中，看见他伟大与丰富的作品，没有不动神魄，惊叹他的天才的。倘如精细地去考察，冷静地去分析，大家不约而同地暗想：这样伟大的艺人，却没有完成了一件作品，每件上都带着残缺的伤痕。

但是，在人间的语言上，那个术语能比残缺更能启露出神秘哩？从古至今，从东到西，那个伟大的作品，不带有难以掩埋的残缺？我曾想揭破这个谜，我又怕看到战栗的悲剧，有如但丁站到地狱河畔，惊叹沉沦的人们。

艺术是整个实美的表现，使人有熨帖的享受。这个人人所知的说明，不特是艺术最后的目的，而且是艺人强烈的要求，没有止境地向前，一直到弱点暴露为止。因为整个现象的美，罗括尽天地万物，而逃脱了时间与空间之外，以有变而刻画无变，以有形而表现无形，为什么不暴露"人"的弱点？我们绝对不能说胜利与失败，更不能夹杂天才与愚拙！我知道有不少的人，用屠城之笔，恣意戕伐，但以有限与无限相绳墨，不特无补，而且有点残酷。

在别一方面，艺术与生活是不能分离的。为艺术的艺术，亦不过是相对的理论。因而又感到艺术的创造者，不是那些开颜大笑，洪福齐天的贵人，倒是那些愁眉紧锁，受生活压榨的苦人。《茅屋为秋风所破歌》，只有在穷困的杜甫笔下，才能写出。谁都明白前者所需，只有感觉的麻醉，后者却要追寻苦痛的所以，以及生活的由来。不只如此，事实上，对整个实美的体会，似为压抑者所特有，这不是胜利的报酬，这是苦痛的代价。

那么，虽有高不可及的理想，为了他的控制，其结果是残缺。生活既是苦痛，艺术为生活的反映，其结果也是残缺！在艺术上，残缺像青春已逝的往事，在梦幻间复现出来；又像深夜时，火把下照着的破瓦颓垣。他引起人们追悔与悲叹的情绪，更使人前进与急切的眷恋，于此，我们掠住了整个现实的美，虽然是瞬息间，却感到艺术的伟大。

残缺是一切有形的说明，环顾左右，谁能逃脱这个律例之外？我实在不忍心在艺术理论中，一笔勾销了残缺！事实既不允许，而又灭杀了艺术的伟大。因为残缺是衬出实美的一个条件，罗丹所以名震寰宇，残缺曾给予最大的赞助。

苦闷的强制

在幽林中把着葡萄美酒，消磨剩余的时间，以享乐为最后的归宿。这些拉丁哲人们的态度，实际上，我们的刘伶，抬酒荷锄，到比他们还痛快了一点。但是，这些欢愉的人们，笑眼内暗藏着盈溢的苦泪，只不过性格不同，他们不肯爽直地说出："抽刀断水水更流，举杯浇愁愁更愁"罢了。

生活是不舒服的。惟其如此，生活才有意义。在此现实的世界内，如果将希望置放在蜉蝣的实物上，其结果将必至于失望。失望么？又有多少人将他排开，化苦为乐，这不是对象的给予，这是对象的提高，超脱实物而认清了自己。所以，生活虽不舒服，却并非没有快乐的存在。

有一个作为艺术创作的条件，是苦闷的强制。艺术是人类生活的表现，正如生活不能十全十美，苦闷的强制作为艺术的成因。我们说强制，并非是铲除，乃是给苦闷加以分析，成为内心的解剖；然后把他理智化，把他本有的面目，忠实地移在物上，遂成为绘画，雕刻，诗歌……总之，古人说"穷而后工"者，即此。

苦闷是与性俱来的，而现代促人苦闷的原因更多！不只是天灾与人祸，生存的竞争，生活的机械化，暴力的摧残，处处使人感到苦闷。也许有不知亡国恨的商女，却没有一个真实的艺人不知亡国恨的苦痛。谁要不相信，试看榆关战时，一位画家所作的《关山月》，有心人谁不同月流泪呢？因为仇人前来，使我妇女无颜色！不能保我妇女者，还有什么"人"味？所以画家感到苦闷，既不能双手挽回，又不能不去关心，于是他要强制绘在纸上，告人说：虽有雄厚的关，巍峨的山，但国人都在做着淫梦，只有痴情的月，在云间暗泣，她哭，因为她知道：今后多少中国妇女要无颜色！

我们在说明苦闷的强制后，更进一层，只有游戏上才没有苦闷的强制，因为游戏本身，便是他的开始，也是他的终结。谁曾见过放风筝的儿童，他是为了苦闷的强制呢？

有的人会以为：苦闷的强制能妨碍个性的发展。事实上，却也非如此。社会上各样的习惯，人间流行的各种成见，都可约束个性，使奴隶化，滞塞了生命的流露！苦闷的强制，却非从此产出，他是来自意志的认识，基建在自由之上，不特不是个性的障碍，反成为个性发展的赞助，许多艺人的特点，怕即在此流露出来。

有些艺人们，曾也实行过苦闷的强制，但没有收到效果，因之，将他的失败归纳到这个方式中："生活对我太苛刻了，致使没有许微的成绩！"试问那个艺人感到的生活刑具，谁不如我？阴森的苦痛，强极的绝望，来自外界的，我们该奋斗，来自内心的，我们更该奋斗！那一件永久的艺术作品，不是奋斗间迸发出的火花？在另一观点上，苦闷的强制，实是奋斗的别形。

要是把问题纳在掌中，生活的不舒服是极细小的；所可怕者是否定了人生。谁也不能没有人生的，在否定人生者上，已是一种肯定，因为否定是来自认识，考察与判断之后，否定的本身中已有肯定的存在。我们只能说错与正的存在，却不能说否定与肯定了人生。苦闷的强制，是人生确定后必有的现象，他指给艺人们一条路线，使之勇往猛进，有如澎湃的黄河，从河套急转直下，冲过龙门，顺流至海。

牺牲律

诗人们受了外界的激动，或下意识的推移，常感到一种奇幻的情绪，强烈地要他流露出来，那里边有苦痛与狂欢，有黑暗与光明，于是，在赞赏之余，将诗人当作真理的预言者。

这个头衔是很美的，同时这个责任是很重要的。预言真理者，第一基本的条件，是要摔脱了一切有形的障碍，返归到绝对的真理怀中，因为真理只是一个，亘古而不变的。

谁都知道这种诗人是稀有的，因为预言真理，似为圣人所特有。他们用火烈的生命，向上进展，一直到灵的满足而后止。倘如推究他们的方法，却非常拙笨，拼绝了舒适，拼绝了现实，拼绝了幻想与做梦，只是一个牺牲，他们牺牲了一切，只除过他们的灵魂。这儿已跑出我们的范围以外。

实际上，对象虽然不同，诗人亦受牺牲律的支配，这不是一个艺术的问题，这是一个人性的问题。我不否认别人对人的解释，我且承认别人的理由，但是，自由人而须受牺牲律的规范，那不只是一个人性的现象，而且是一个棘手的冲突：人与自然的冲突，个性与普遍性的冲突，有限与无限的冲突。

当诗人的内心中，感到生命湍急的洪流，要具体地表现在外面，结果，他感到缥缈与不定；及至情绪移在纸上，他看到破裂与残缺；继后扪头沉思，而瞬息间的情感，像长空的彩霞，早已消散，所余者只是夜的来到。他开始要求一切与绝对，最后却发现了不可医救的失望。敏于悲观的人，唯有叹气而已。

牺牲律是致使失望的一个原因，可是牺牲律是必须的。艺术的高贵，因为他是人的自由创造；艺术的艰难，便在如何调和各样的冲突，这里边已含有牺牲律的存在。从此，我们进到更复杂而更困难的问题中，因为要想善于运用牺牲，首先要明白牺牲是为了什么！

牺牲律不是一个道德的问题，但他却与道德有连带的关系，因为从认识上始能发现牺牲律，从价值上始能运用牺牲律。设如把习惯摔开，我们每天的行为上，不知道有多少行为服从在这个律下？为什么同一个"春闺"有那么些不同的诗哩？为什么同一个作者，又有两样的作风哩？追求绝对完美的欲望，个个诗人是同样深厚的。其结果的差异，便看如何运用牺牲律。

更有一种现象可以说明：诗人自己所鄙弃的作品上，有多少不是卓绝的创作？设如说：作者不自己认识，谁也难以相信，然而，时过境迁，才还给他本来的面目。牺牲律潜伏在诗人心中，与生命打在一齐，积而久之，仿佛像是先天铸成的。

女子与小说

随便展开一本小说，不论是那种派别，不论是那种思想，总是有女子杂于其中，竟可说是绝对的。一本小说像深高清旷的夏夜，女子便是天上簇拥的繁星。

倘如这个譬喻有点相似，即我们肉眼看到的星星，不是星的原形，这个谁都不能否认的。援此绳彼，小说中的女子，即以写实自任者，常掩埋了她本来的面目。例子不难找出，《红楼梦》中的十二金钗，佛罗贝尔的波哇利夫人[①]，以至多少角色，都是跃跃欲动的蜡人！所以，少微有些生活经验的人，当他看到这种作品时，他只能感到"像"的成分，却不能承认"真"的存在！

或许，有人以为作者是男子，虽有千真万确的眼光，很难捉摸住女子的心理，意外言外，以为女作家的自剖与自白，似能成功的。这是一种浮表的推测，没有充足的证据使我们相信！谁要不相信，请翻开丁玲的《韦护》，其成功不在女性的描述，乃是在她的载道，而这个道是藏在普罗绸衣之下的！我不相信女子描述女子的心理，会高明到多少！

并非要侮辱女子，我承认女子直觉的能力，想象的丰富都超过男子。我所要说的是大家把小说认错，至极的高度只能做到像，却不能做到真。因为小说家，不论是男的与女的，他总想用一个角色，括尽了天下的女子，这种由个体而演用到普遍上，即成为做到真的障碍。

次之，我们所见到的女角色，常像一个模型中脱出的，谁也不敢揭破她们心中秘密，或者全盘托出来。他们只知道恋爱失意的女学生，他们却忘了千千万万为子女牺牲的慈母！他们只叙述美丽女子的成功，他们却不说出这种女子受的压制！试看在人前受恭维的丽人，背后她

[①] 即法国作家古斯塔夫·福楼拜（Gustave Flaubert, 1821—1880）的小说《包法利夫人》。——编者注

带了几重的镣链！

近代小说中，常讴歌女子的胜利与独立，诚然与以前不一样了。不只公园可以并肩往来，而且敢向男子提出条件，独来独往地开谈判，下戒严令，形形色色，大有春花初放，将要炫耀万年！但是，我们再往深追寻一步，自然小说家是不肯告我们说的，我们找到她们并没取得自由，并没真实解放，因为掠索这种生活，同时保持天赋的人权，其结果必至装潢，天知道装潢里边，是不是有真的自由！是不是有真的解放！

世间最伟大的，莫过慈母，她牺牲一切，从孕育以至长大，总是为着你，生怕你有残缺，罪恶与苦痛。一方面是女子的天性，另一方面是最艰难最高尚的工作。而今的小说家，给女子穿上军装，披上法衣，这不是解放，乃是禁锢，这不是提高，乃是降低！世间有一个普遍的原则："要尊重自然。"这推翻自然，将价值颠倒的思想，我们是不能苟同的。

现在，按照小说家的创作与倾向，我们不特没有真的小说，便连像的小说也没有了！女子却任人刻画，而最奇怪的，在这一点上，却不去争自由与争解放！实际上，不只中国如此，为人崇拜的欧美，更如此。我不怕人以良母贤妻来非难，世间没有为子的责母过良，为夫的责妻过贤哩！要是涉及自身，恐怕每个都忧虑不及吧？

否认自我

艺术的世界是无尽的。在人的前面，他与自然一样，常守着极庄严的沉静。

有许多人，未曾走到艺术的门前，便中途停止了。又有许多人，脚方踏到他的门内，便转背逃走了。因为艺术的沉静是最美的表现，他只肯给否认自我者启露出来。

否认自我，不是否认个性。个性是神圣的，否认是枉然的。否认自我，是要摔脱利害，成败等观念，做到为艺术的艺术，即是把真美当作唯一的目的去工作。这种态度并不与人生冲突，谁能说真美不是人生的归宿？我们在艺术世界内所看到的真的作品，成为奋斗者的赞助，苦痛者的挚友，没有一件不是从这种情形产出的。

否认自我后，紧跟着一个条件是诚。诚于思想，诚于行为，使作品中反映出艺人整个的灵魂，流露出没有做作的情绪，装腔的姿态，正如米该郎的《达维德》[①]，赤裸裸地站在佛罗朗斯旧宫前，任人来永久观看。

这不是说教，其中有他的理由！从别一种观点出发，艺术作品是艺人与现实神秘的结合。如果将创造作无中生有去解释，没有半个艺人配得起这个头衔！作者们所要表现的人物，都是从他的周近抽出来的；只要肯留心名人的作品，便会证实了这个意念。那么，我要问：不否认自我，那能刻画他人？不诚于思想与行为，那能去进入复杂的现实内？不能接近现实，中间横隔的铁墙，便是自我的存在。——艺术永远守着极庄严的沉静。

在千八百一十年，乐圣悲多汶[②]写给碧地纳说："较之智慧与哲学，音乐是更高的意义。谁能懂了我音乐的启示，谁可逃脱他后边拖带的苦痛。"那时候，他已聋了，他坐在艺术世界的塔顶，俯瞰着在沉静前面转过脸的人们。

冬与春

冷酷与迟滞的冬，现在快走了。郊外深睡的大地，渐已觉醒，每踏到她柔嫩的皮肤上，感到生的跳动，好像眼前另展开一种无尽的世界。这种奇妙的心情，仿佛见到久违的爱友，虽然仍披着青灰色的衣裳，但那种和悦的颜色，微笑的黄花，都表现着无尽的情谊。

冬尽春来之时，最易缭乱人心。人性中天赋的倾向，在此时变得

[①] 即米开朗基罗的作表作之一《大卫》。——编者注
[②] 即德国作曲家路德维希·范·贝多芬（Ludwig van Beethoven，1770—1827）。——编者注

分外模糊。一方有不能避免的苦痛，使人想到冬的无情，他方面有意外的狂欢，渴望着美的柔春。这里，不只刚与柔，悲与乐的综合，也是生之谜中的一个特殊现象。中国艺术的一部分，即以此说明。

真正伟大的艺术家，是不肯胡思乱想的，他要表现一切的现实，启示出无尽的理想。他不肯趋于极端，自以超乎人外，他要找寻相称与均匀。正如庄子说："覆杯水于坳堂之上，则以芥为之舟。置杯焉则胶，水浅而舟大也。"芥与杯都可为舟的，艺术家之所能在量水以作取舍，使之相称与均匀。

所以，一个真的艺术家，绝不去创造奇怪的人生。他尊重平凡的事实，取安然的态度。因为有天马似的天才，却没有怪诞的人生。更因为艺术家遵守自然的原则，正如同在春冬中一样的。

历来受了"红颜多薄命"的暗示，中国传统的画家，总喜欢绘一位旧式工愁的女子，依着苍褐的假山，痴望旷空的银月。照例尚有一两株古松，干枝劲直，雄立在她的眼前。我们不去追究他的技术，只从立意上看，拿松月石来陪衬美人，不只是要装点，而要以无限衬出有限，以苦痛衬出快乐，以冬衬出春，中国多少文艺作品，不是这个思想的说明。

在中国艺人心目中，冬与春是因人存在，不能独立的。只翻诗词中，形容春与冬的字，没有不是从人性词汇中取出的。所以，中国描写自然的作品，只能感到自然之幻觉，却看不到自然的面目。这里，我们捉住中国艺术的一个特点："人性传统的写实。"

艺人应有的态度

艺术上的理论，也可说只有一个，也可说是无尽的。无论那一个时代，取极相反的两种派别来研究，他们的目的是在美，但他们的主张却各自不同，几有水火不相容之势。只要留心一点文艺上的消息，我们便看到这种现象，又使人可笑可叹的。

更可奇怪的，要强人信从他的理论，也要大家走他的路子。不如是，加一种模糊的罪名，什么反革命呀，什么反道德呀，什么反时代呀，只要轻轻加一个反字，便可断送了你的一切！要从对方着眼，又分明不是为了艺术，而却是为了某种特殊的作用，古今中外，大家都一样，谁也不能比谁高明到多少。

我们应当常存同情与自尊的心，在艺术上更该努力去做。我们相信无论那一个艺术家，都是向前走的。即使他走错了，他仍能返到较好的路子，趋美避丑，是个个艺术家的本能。为什么不让杂花并开，而却专门检讨别人哩？为什么强别人以从己？武力可以杀人，武力却湮没不了真理，世间只是一个裁判者：时间。

同情与自尊是艺术家的基本修养方式。不只是站在艺人间，应当如此，即对艺术的构成，更该如此。因为艺术作品是艺人人格的变形，而伟大的人格，却只有由此养成，一种是对人，处处要站在诚挚的爱上，能够兼容并包；别一种是对己，要毅然自立，不为波浪而动摇。我们不相信这种条件下努力成的作品不是人类最好的作品。

我们不能容忍艺术上的独裁，时时口中要如此，迫人也要如此。除遇神以外，谁是一个不会错误的？谁有权利取人自由，而迫大家走自己的路子？救济这种偏激之病，惟有任自然，时间自会淘汰与判别的。这不是取消批评，不使说明作品成因与价值，乃是要人在同情自尊之下去认识他人。

这个理论虽平凡，却是艺人应持的态度，生怕也是最难做到的。

创作欲

在某种时候，当客观的各种条件成熟时，艺术家的心灵为创作欲占据住。其力的坚强，较诸爱情更为狂热。他能使艺术家忘寝废食，专心凝志去实现他这种创作的欲望。艺术史上，我们会看到许多有趣的逸事，不是在这种情形下产生的么？

假如艺人不加思考地开始工作，我们敢断定他要失败，不会掠住心之所感，而即刻实现在具体的物质之上。因为这种心理状态，是一种情感的作用，不能当作创作的实力，他时常在幻变着，他缺少那种坚强的固定性。初次献身于艺术的少年，心气勃勃，更能感到这种状态。

这种事实，并非没有例外。但也能将创作欲实现出之故，并非为了创作欲的本身，乃是由于下列的两种原因：（一）作品的对象，久已在设计与构思之中；（二）作者下意识内，潜伏着作品的典型。因之，创作欲只好看作一种媒介，一件锁匙，一种机缘罢了。有许多人认为是天才，这是一种模糊的解释，凡是伟大与不朽的作品，都是洒了无尽的心血，费了许多的辛苦，然后产出的。不是要否认天才，实因天才是稀有的。

创作欲与艺术的修养，常是成反比的。即是说艺术修养更深的人，他看到创作分外变的艰辛。在强不可止的情绪前，艺人开始疑虑。经过多次的思维，作者截然分作两半：同时要创作，同时要批评。每一笔彩色，一个韵脚，一个音符，都从迎拒的两种情绪下生出，几像初嫁的新妇，时时在履冰临渊的。

在别人的意见前没有一个艺人不维护他的作品的。没有一个艺人却在自己之前，满足他的作品的。这种矛盾的现象，来自艺人的个性，作品成为个性的实现，致使他人不得了解。这种理由，可以说明"艺人相轻"与"艺人孤独"的构成。从别一方面观察，艺人的理想过高，创作欲与批评力又过深，结果所制的作品，永远不会满足的。文西的《若共得》[①]是绘画中的杰作，但他却不满足，永无完成的一日。米该郎的诗不能不算文艺复兴的结晶，但他举而焚之，不使流传在人间。他们是旷古的艺人，他们苛刻的律己，并非是矫情戾俗，实因艺人修养不同，艺术的理想提高了。这样情形下，创作欲等于零，因为艺术成了神的变形，艺人只有敬重与恐惧的情绪，而竭力摆脱浪漫与自我的思想。

---

① 可能是指达·芬奇的未完成作品《圣耶若姆》。——编者注

这里产出的作品，没有"我要如何"的色彩；却有"我当如何"的动因。艺人的创作是被动的，迫使的。我们竟可说是反创作欲的。米该郎的《摩西》，巴尔扎克的小说，几乎完全如是而形成的。他们的美不是新的，乃是真的；不是奇突的，乃是平凡的。我们试想：真与美交相融合，表现出极平凡的事实，那能兴致一来，一挥而就的？

只有天真与无知的小儿，始随兴而发，他们的动作，只随着盲目的冲动。当一个儿童画树不成，他可马上改变为人。在他的意识中，人与树是截然不同的，在他的制作上，却是相等的。他不认识客观人与树，他只感到创作的要求，在他胡乱涂画后，他已忘了要表现的一切！这种天真与大胆，使人非常敬爱，为着有美满的和谐而不能分离开。现在的艺人，没有儿童的天真，却有儿童的大胆，这实是艺术的不幸！他们做了创作欲的牺牲！

批 评

常人的心目中，作者与批评者，处于极相反的地位。他们认批评为检讨与指摘，他们又看作赞扬与恭维。于是，批评不特失掉了艺术的价值，反变成仇恨与表彰的工具，这是艺术的损失，可是在而今的文坛上，如何能避免这种不幸哩？

批评是摆脱成见，从艺术的意识上去说明作家与作品的关系。纵使艺术与科学如何不同，毕竟有许多相似的地方。太纳说的好："可以将人看作一个高等动物，他之产生哲学与诗，犹蚕之作茧，蜂之酿蜜一样的。"

蚕作茧、蜂酿蜜都是有他必需的条件，缺一而不可的。艺术作品亦是如此。有奥古斯丁的各种生活条件，才有那不朽的《忏悔录》；有纳兰性德的各种生活条件，始有凄艳的《饮水词》，非敢完全否认天才，实因天才稀有，他的运用多出在低能者批评家之笔下，作为巧妙的遁词罢了。

"文人相轻"，"党同伐异"，却是阻碍批评发达的大原因。真实的批评，不能有情感的分子杂乱其间，他不纯是艺术的，也不纯是科学的，他是介乎艺术与科学之间，他需要艺术家的直觉与科学家的方法。比如站在伟大作品之前，我们要有敏锐的直觉，一眼抓住他整个的美，同时又要说明这个美的形成，即是作家与作品的关系。至于指摘小疵与盲目倡扬之流，只好看作巧言的鹦鹉，天晓得："巧言鹦鹉毒于蛇！"

　　太史公说："盖钟子期死，伯牙终身不复鼓琴。"从这个故事内，我们看到：不只钟子期了解伯牙的志趣与生活，而且他们互有同一的美，两个灵魂共向上进展，渐次化而为一。如是的批评家与作家，非唯相反，实是相成。他们才做到"我身子里有你，你身子里有我"，为着同是以真美为归宿，而真美是旷百世而不变的。

　　中国新文学的批评，仍是脱胎自旧有的伦理，妯娌们忌恨式的批评固不足取，隐恶扬善的介绍更不足道。我奇怪墓志式的文字，仍然充满了新生的文学，此种巧言徒使有心的鬼不能安卧在棺中，为避免听着名不符实的赞扬耳。诗云："巧言如簧，颜之厚矣。"便是孔子，在他的仁学上也坦然地说："巧言令色，鲜矣仁。"由此我们知道一多部分批评家，实是"某也厚我，我也厚某"，互相借重而已。

　　只看批评是科学与艺术的综合，便知他的重要。大家不肯用眼睛精细地去分析，却只用耳朵传述流行的成见，结果批评名流易，批评青年却难了。批评的领域是很宽阔的，他的需要亦很简单，只不过几位勇毅苦干的工人来建设艺术的科学批评。

三种阶段

　　"不以一己之利为利，而使天下得其利。"这种光明磊落的态度，不只行为上应以此为准则，而艺术上更应视为圭臬了。古今中外，能够成为万世的作者，便在这两句话上下死工夫。他们也许是笨拙的，可是，伟大的作品即是由此形成，因为艺术是一座耸入天云的高山，只要你诚恳地向他说话，你一定会得到他的回声。

　　大抵一个伟大的作家，一定要经过三种阶段，每段上遗留着他奋斗的血痕。起首他有一个缥缈的理想，高如天云，深如大海，可是常在他眼前幻变，他觉着看到别人不能见的东西，于是他自己变作这个理想，自觉超出一切之外。世间是丑的，人类是低能的，而他自己却独居高楼，闲观时波上飘去的那些庸人。其次，从这种高傲的孤独中，他发现自己也和别人一样，他怀疑自己，他更怀疑他的理想，这时候，情感与理智都是无用的，唯一的生路，便是看他如你应用他的意志。倘如他能苦其心志，永远为着他的信念，经过相当的时候，他便复返到人间而入到第三阶段内，他才明白：所谓理想者，便是我们日常平凡的生活，只是不是某甲某乙，却是全人的而已。

　　这三阶段是不能跳级的，须要一步一步走去，直到各种条件成熟为止。当真的艺人上到这条路上，他已完全失掉了选择的自由，他成了艺术的工具，他毁灭了自己的意志，他仍然是超人的，所以作品表现出另一种生气；他却又是普通的，所以极寻常的行动亦为他吸收进去。也是为此，伟大作家笔下的草木鸟兽，别开生面，《楚辞》与《诗经》中有多少好的证例。然而在艺术上与宗教中一样，信神者比比，有几个能成为圣人？

　　这三阶段走完后所发现的东西是绝对的美，而美的表现，必至"不以一己之利为利，而使天下得其利"。假如再往下深究，即我们发现艺术与伦理同出一源，只是两种表现法不同，那是一个很难解决的问题，只好留给专门的人们。

庸　人

　　庸人不是没知识的人民，庸人也不是未成年的学者，庸人是没有个性，介乎两可之间，发折中的判断而不自知的。

　　社会上的名流是有不少的庸人。因为名流的成功，常是投庸人的嗜好与时代的彩色。所以有许多的名人，在各样的生涯内，揭开面目，却是些聪明似的庸人，他们没有意见，只有传述，没有判断，只有盲从，他们盲从社会上最有声望的人们。

庸人的对敌，是那些怀有天才的少年。因为庸人的惯技是因袭与持中，他最憎恶创造与极端！谁曾见过历史上，有一个庸人能够识天才于儿童之中？拉飞儿说："认识一个天才，等于一个天才。"所以畏首畏尾，唯中是从者，必定是个庸人。

庸人必定不是愚人，庸人亦有所长，具某种特别的本领。但是，这无甚重要的关系，因为庸人没有理智，亦没有意志。或者，他的理智与意志都为利害所规范，常是以自己为准则的。所以，他遇着一个生人时，他不会观察行为与思想，他所能的，只是盘诘身世与履历。

庸人没有直觉，他脑中却贮藏着许多的偶像，许多的模型，因之，见一人，遇一物，他偷偷地去对照，像警察捕捉嫌疑犯，怀中常带些相片！然后合那一个，便是下一个机械的判断。如果庸人读一文学作品，他的批评总是在语句上，他开口便说：这像某某名人的！

庸人可以相信某种思想，但他否认由思想推出的结果，他说列宁是伟大的，但布尔扎维克太极端了；他说莫索里尼是伟大的，但法西斯蒂太封建了。在一个行为上，他可采用两种极相矛盾的原则。

凡是有热情的人，都不是庸人，因为有爱的缘故。所以辗转在热爱（广义的）中者，不得其归宿，即会苦痛，皈依与自杀。可是，在这些人中，谁曾见过一个庸人哩？不只他做不到，他反讥笑他们的偏执。

庸人的身上，不会流着同情的热血。

庸人的生活，没有所谓悲剧的。他把生活变作达目的的手段，而这个目的的目的，是虚荣。

庸人的语言，没有直陈词，只有假设词，所以，他习用的连接词是：似乎，假如，倘使……

庸人的行为，有时会谦虚，但这是随机应变，内心中却完全是骄傲与忌恨。

　　庸人的眼睛，像一只捕鼠的饿猫，他只瞧着名人的颜色，时代的机会。

　　庸人的脑筋，像报纸上的广告，什么钱多，什么时髦，他会登出来。

　　庸人没有美的情感，更没有宗教的情感，他会赞他的仇人，如其仇人成为名流。

　　庸人的著述是常相对的，没有绝对的，照例前面有一篇序文，是出自名流手中的。

　　庸人感不到狂喜与狂乐，大苦与大悲。他觉着实有与虚无是相等的。因之，庸人常是洪福齐天，寿终正寝的。

连载于《新北辰》1935年第3期、
第4期、第6期、第7期和第10期。

夜　烟

　　夜深时，随着轻淡的烟云，我走到一个新的境界，自由地做梦。我爱夜烟缭绕的纹样，更爱夜烟奇幻的消逝，因为他象征一切的命运，给我以深思的机缘。

　　夜深时，回忆与幻想，对我反成一种苦痛，不堪其扰，记录下来，遂成此书。现在把他公开了，使与我嗜好相同者，得知有人做过这些残梦。至于叫作"夜烟"之意，取作时之情景，亦取其无声之消逝。前者志此书之形成，后者言此书之命运。

　　我无火的小室内，渐次冷寂起来，地上躺着的三盆红花，叶已萎缩，神态荒凉，反刺激起些不舒服的情绪。我想整理近来搜集的材料，做个有体系的排置，好遣散心里无辜的烦闷，可是我眼前跳动着各种不和谐的回忆，像是已经失掉了行为的兴趣。我又将那些材料放在破烂的纸包内。

　　我望着充满历史的古城，他披着将要消逝的红霞，正像艳妆的新妇，顷刻间要进到别一个奇幻的世界内。我凝视天空各样彩色的幻变，由淡红而青白，与黎明时太阳未出前的景色一样。我始知黄昏之时，尚有一个黎明，而这个黎明正是欢迎伟大夜神的降临。

黑暗的大地，渐次消失在浓厚的夜色内。隆隆的车声，闯到我的室中，惊破了我做着的好梦。几次我想叙述出这个好梦，又几次我感到深的嫉妒，要将他深藏起来。这种徘徊的心情，纯因好梦脆弱，怕外物予以袭击。但是，到了一切消逝，阴暗自由的夜间，我不敢叙述我的好梦么？

　　在不亮的灯光下，燃着最后的一支烟，正像他可破除我的孤独，伴我向长夜进行。随着破碎的烟云，我破碎的思想也奇幻地跳动。

　　我梦见姐姐穿着黑衣，静坐在柳叶剥落的池边。她看着一丛摇漾的秋竹，在晚风中摇动。我奇怪她这种与人不同的嗜好，更奇怪何以她会眷恋这样的荒景，我默默地守着她，宛如她要给我讲说一个很美的故事。

　　从姐姐非常倦困的眼睛内，我看到她在沉思，既没有精锐的豪光，也没有温慰的微笑，她纤细的两手，交贴在鼓胀的胸脯上，如一尊苦痛的雕像，这种使人痛心的情景，让我尝到她苦痛与愤怒的滋味。我问她：

　　——你在想什么？

　　——我奇怪何以会到这里。

　　她这种平静的回答，更使我摸不着端倪。

　　虽不忍抛却如眉的弯月，他微笑在古教堂顶上，然而寒风紧奏，我们却共感到阴冷。我们不约而同地说：

　　——回去吧！

　　——我们快些回去吧！

　　踏着交叉的树影，沿着宽阔寂寞的河岸，我攀着她的膀臂向前走。隐隐间我们听到绿竹的细乐，像在枯树的尽头，藏有富丽愉快的宴会。这时候，我想起大海的韵涛，空山的鸟语，我想去观光这个盛会，姐姐却严正地要我快跟她回去吧。

　　天空中罩了一层淡烟，不断地在我们头顶上波动，几颗初醒的繁星，犹揉着她们含有睡意的眼睛，俯视着我们。姐姐不顾一切地向前走，生怕失掉一个重要的机会似的。

我盲目地跟着她，我却明白这条路是错误的。因为，我们来时，曾经过卖鸟的小铺，放花的亭台，还有石像林立的水泉。而今，沿河两岸，只是些闭窗的高房，所碰到的，又都是送葬的马车，放出冷酷的神色。我有点急，我拉住姐姐的手说：

——错了！这是往坟里去的路呀！

——我们的家，便是住在坟的后面。

她说时，口角上浮现出最媚的微笑，也是几日以来，我第一次看到她的幸福。

夜烟续

夜的烟，你是我灵天上的彩云与明星。

我在地上徘徊，燃着的烟已快烧近指头了，如粉的细灰，逐渐落在我的袖上，心中却咀嚼好梦的滋味。

果能常在梦中生活，亦是人生的快事。然而，几次的经验，每到享受梦的幸福时，他便另换了一种形式。因之，有关姐姐的好梦，也逃不脱这个例外，现在他已失掉迷人的神态，转化为一种沉思。

因为姐姐说我们住在坟的后面，我禁不住联想到死。我想：大抵年岁愈大，思想愈趋踏实，而死的恐惧也渐次减少了，或者竟可说对死的认识，另转变了一种态度，由感情而降至事实，由忽然而变为确定。但是，既已认定为确定的事实，结果也只任他去了。

除非是有意识的自杀，谁也不能确定他的死期的；但是人人归结到死上，又是谁也不能否认的！因之，对此必然的自然现象，正不必悬心吊胆，只要死而无愧于心，那不是变相的永生么？

死，你只是实体分离，一种必然的现象而已。

窗外传来犬的吠声，尖锐紧促，使人有点害怕。我打起窗帘，向外窥看，只见一切沉入浓厚的甘梦，几盏稀疏的路灯，在空风中不断地抖战。

　　从狗身上，我想起西班牙这次很凶的战事来。据说在马德里附近的村庄内，经过飞机与大炮的轰炸，居民完全逃走，只留下些丧家之狗，守着毁折倾塌的房屋。他们既没有食物，又没有居处，每到晚上，这些狗集队成群，向月儿嗷嗷狂吠不休，似在埋怨他们不当受的苦痛。

　　群狗向月狂吠，并非要奏他们的妙乐，乃是受了光的刺激，即刻起了本能的反应。当他们看到空中停立着娇媚的银月，认为是他们不幸的原因，向之乱吠，自是当然的。

　　突然我脑中涌出一个可怕的问题：我们已散失的几千万同胞，又将向谁埋怨呢？恐怕只能在昏夜间，蒙头的铁被下怨命吧！

　　命运如我口中喷出的轻烟一样，虽是幻变诱人似少女的顾盼，但到你要捉摸，认识他的面目时，他已变为空渺，像破裂的肥皂泡。那天，姐姐说：世间原没有一件稳固的东西呵！

　　想着姐姐的话，我望着室中散布的夜烟禁不住笑了。我笑她只见了一面，却忘掉了那边。虽说世间没有稳固的东西，但她这种坚决的认识，不是较一切更为稳固么？虽说我的夜烟常在幻变，但这个必然的幻变不是说明他在不变么？

　　也是在那天晚上，我们守着小炉，姐姐笑着说：为人憎恶的暗夜，我觉着强过炎炎的昼呢。

　　我们常听说夜是可怕的与神秘的。倘如更往下寻求，即我们发现她的可爱与爽直。到夜神降临，将外物一齐隐去，要你用智慧的灵光，去测验内心的生活。放逸难言的思想，固出自夜间，而悔恨追责的疾痛，又何尝不是呢？法国的大哲人，不是在夜间入化，而找到他的归宿么？他写说：

　　　　快乐！快乐！哭泣的快乐！

　　倘使在夜间立在旷野中，我们第一个本能的动作，便是举首望星

天。无怪我们的诗人，要乘风归去，想知是天上宫阙的那一年？便是我们忽视的枯枝，不是在月夜间向天刻画，而更表现出他们更强的意志么？

孤独者

我梦见眼前展着一条大路，两边罗列着荆棘与垂柳，路上充满了瓦砾，使我感到万分地寂寞。

正在彷徨的时候，有位慈祥的老人向我招手。他玄衣上的积尘，证明他是人间排挤出去的人物。从他英锐的眼中，我看见他铁的意志与海的柔情。虽然感到一种恐惧，我已失掉了选择的自由，我跟着他向前走。

我不知道将至何方。疲倦与犹疑，交压在我的背上。似乎他向我低低地说：

这是命运的给予，应该安然承受！

我瞪住眼地偷看他，他强倔的脸上，浮出怡然自得的光彩，像一个久上战线的勇士，而并不介意一切的。

在这个残秋的晚上，一切消失在模糊的夜色中，我站在夜的前面，像要受末日的审判，心中焦急不宁，我羡慕清高的皎月，斜挂在黑色的山顶。

我仍憩息在倾破的茅屋内，榛莽齐阶，老人依着缩索的窗帘，静听秋风的泣诉。他困倦的脸上，泛起无可如何的神色，似乎风声唤起心中深深的波纹，要他追寻往事与遗迹。我奇怪我梦中的清醒。

他失望地看着我，似在估量我的能力，又像要向我泄露重大的秘密。他战栗地挽住我的手，悲哀地说：

——你不怕我么？

从他的手内，我感到生命的交流。我摇头否认，然而，我的知觉却完全停止了。

老人迟疑了许久，我又像在清醒。云中飞行的圆月，好像在追逐我们。在犹疑中，老人忽向我说：

——我要留你在此，我要走了，我是个孤独者，命运要我走这条无尽的大路。原想约你前往，甩开人间的嘘笑与蛩声，谁想你永睡在梦中，迷醉不醒，我没有把你唤醒的权利，你还是永睡在蒿草中吧。

他说完后，在银灰色的嘴唇上，浮现出失望的微笑。他举起枯瘦的手，摸索着行李，没有告别，独自消失在夜色内。

我醒后，天下着如棉的柔雪，室中分外清亮，我却感到一种惆怅。我想念孤独的老人，因为他将我永留在无穷的梦中。

伊巴地

伊巴地蜷卧在绿纱窗前，默视着园中大理石勇士的雕像。那种魁梧的姿态，强悍的神色，传出千钧的神力，将她的思想吸引住，她沉醉在美之中。

她拾起无力的视线，转移至石像的周近。她看到绯红的山玫瑰，淡黄的相思花，硕大而肥润的芭蕉，彩色交织，形成一幅奇绝的图画。她觉着永生在一个超现实的世界内。

可是，她感到强烈的不安，难言的恐惧，因为她的命运是悲剧的，她晓得不幸是快要来到了。

她这种惨痛的心情，生怕只有暴风雨中吹折的残花，才可明白吧？

柔媚的女神，英武的亚坡罗，都被一神论者们击碎了。伊巴地想到这艺术作物的残酷命运，在她淡红的两颊，涌起一团苍灰的颜色，宛如久望爱儿归来的慈母，猝然得到儿子自杀的消息。

她经不住那些狂人们的这种凶残的破坏，她要对自己更有深的认识，以卫护她的生命。她明白：她的生命便是美，击碎了这些雕像，便是击碎了她的生命。

因为她剩余的生命，反照在这座勇士雕像之上，她要尽力护卫这座雕像，不使再受狂人们的摧残。她是能够在失望中自慰的，她要救出她最后的雕像，便是救出她剩余的生命。她默默地深思：为自己变形的生命而死，亦是生存的一种方法。

终于，伊巴地做了美的牺牲者。

她死时，是在一个深秋的黄昏，在尼罗河畔，河声为葬歌，一轮残月伴着她，她倒在破碎的石像之旁；她死时，栗色的细发散在两肩，两手向着天空，从含火焰的眼内，启示出她最后的思想：美呵！伟大的美呵！你是我的生命。

伊巴地为她的生命而死，她死在爱好真理者的手中。

红　花

我梦见徘徊在坟边，一切都呈现惨败的景色，几个荒丘般的土墓，说出为人遗忘的惨状，我心上实有点不痛快。

我听到无数的哭声，像是墓中人所发出的。他们似乎又伸出无数的手来，向我讨索，我不知道该如何应付他们。

在他们的哭声与讨索的方式中，都含有愤怒的色彩，因为他们是守土的勇士，他们始有这种激壮与慷慨的态度，我承认他们的讨索是对的，我直爽地向他们说：

——无虚伪的死者们，究竟你们要的是什么？

我渐渐地听到如是的幽声："朋友，给我们些红花吧，使她们装饰我们的墓门。"

红的花开在心野，他们也开在我的心头。我觉着脱离了久居的莽原，悠悠地飞到红花遍开的山顶，我的生命那样充实，那样富有，我的灵魂沉醉在她们的芳香之中。因为这些红花是壮士的血所灌溉成的。

我自己诘问：他们洒着热血，难道你便吝惜你的清泪么？

醒醒吧,时候到了!敌人的战马已踏在壮士们的坟中。纵使如此,红的花也要去装饰死者的墓门。

白日的淡痕

我的窗前,横睡着尺余厚的春雪。银灰色的天与大地接连在一起,使人更感到自然的神秘与伟大。在这样的景色中,如棉如粉的雪,依然无声地下坠,他要埋葬了初生的浅草,做梦的细花,他更要这个骚动的世界永睡在死的沉静中。

园中另有几株枯黑的榆树,屹立在银色的地上,高傲地伸入空中。他们支撑着无垠的穹庐,成为象牙的梁柱,使人情不自禁地去抚摩。我缥缈的心,渐次接近他们,他们微笑。这种生动的情景,仿佛枯枝也肥壮起来。我感到他们富有的幸福,因为他们头上撑着将到的初春,脚下又埋着多少要复活的新生,竟可请全世界有情的心,都在等候着他们。

似乎我也卷在宇宙的洪流中,生命的狂涛内。这种兴奋的生动,我觉着坐在时波之上,做着我白日的梦。

从这个景象,我回到我爱的祖国。

也是在一个初春的时候,同着一位瘦的诗人,登临到败颓与雄厚的城墙。这上面丛草初生,却不见任何人的踪迹。在微风中摇头的紫花,和着细雨泣诉,他们凄零的悲哀,便是当年的孟姜女亦未感到万一。因为:

  强暴君兮,
  犹吾同种之人兮!

孟姜女是会原谅秦皇的。

纵使我知道,她们断肠的哭声是唤不醒酣醉的人们的!果真国人永睡在冷淡自私的梦中么？那我又如何敢信呢？须知我们用血和泪建筑起的长城，而今已走到外国去了！比长白山更高的忠魂碑，压在我们长城的身上，同时也压在我们多少妇女的心头。岂止我们的妇女没有颜色，失了红绿的自由，她们的生命，从今后，永握在敌人的铁手中，只要人家一捏，她们的血和泪，便从指尖放射出来。

我不敢再往下想，我诅咒自己的记忆，为何要想到这些情呢？！

群鸟从枝间掠过，在寻找他们栖息的地方，枝上的积雪，接连地下坠，唤醒我的意识。我看着鸟儿的自由，我知道他们住在万里遥遥的欧洲。但是心中的沉闷与不安，却没法排挤出去。生怕也没有排挤出去的一日吧！

我急忙打开窗子，冷气扑在面上，我的精神为之一振，然而心上烙印下白日的淡痕，不知是羞愧，还是愤怒。

春　生

玫瑰色的云，在深高的空间，无倦地进展。那条碧绿的溪水，夹着她的素波，娴静地向东流去，在她击岩石而发出的歌声中，似在赞美春的再生。

两月前，我曾徘徊至此地，天空中弥漫着浓厚的愁云，沙滩上覆盖着洁白的罗纱，这条溪水，偃卧在庄严的山脚之下，她身上的薄冰，像是处女的皮肤，诱人去揣摸。这时候，从暗淡的阳光下，虽可看出初春的消息，但是这种剥落的景象，却使人感到破坏与灭亡。

现在，春来了。她给大地换了一套新衣，镶着摇头的紫罗兰。她带来生之欲，她带来粉绿的蝴蝶，她也带来蹈青的少女与那种缥缈的心绪。

唯其春如是可爱，她有生便有死的。现在黄花遍开的大地之下，不是埋葬着去年花草的骸骨么？再过些时日，这些绿草繁花又将腐蚀而变为两月前的凄凉。

奇幻的春云变得更红，像天空着了火。

古　城

我梦见回到依恋的古城，那里没有红日，那里却有暮烟。

我梦见回到荒凉的古城，那里堆积着死尸，都是仇人毒物的惠品。

我梦见回到破碎的古城，几所茅屋，燃烧着，变为一块焦原。

我梦见，唉！回到飘摇的北平，那是一所秋坟，街上满列着壮士的荒冢。

病

从床上起来，她往杏黄色的窗帘上溜了一眼，无数的愁思涌在心头。她却不断地咳嗽，口中吐些紫青色的浓痰。她强拿起桌上的镜子，端详她的病容，两颊上淡黄的颜色，衬着覆散的栗发，给她显示出深深的不幸。她失望，疲倦地闭住困惫的眼睛，又躺下去。她知道她将不久于人世了。

她住在列芒湖畔是为着养病的。她的生命与幸福，完全操持在这几日的手中。她才二十岁，初次尝着人生的滋味，她应该怎样去享受这个世界呵。

过了一刻，她重新起来，强走到窗前，平静的湖水，仍然在那儿波动，大地上却覆着银雪，一种莫名其妙的快愉，走到她的心头；她带病的脸上，浮起些失望的笑容。

她想起往日在雪上行走，走到很远很远的地方，将她的足印留在雪上，像是说她一生的历史。她走着，她无声地走着。伟大的沉静充实了这个宇宙，正如同热爱充实了她的生命似的。

忽然，她发现了一种新力，正如她有铁的健康而从未有过病症

的。她想即刻跑出去，塑雪人，捏雪球，在雪中起舞！可是她觉着头晕，四肢抖动，她不晓得为何如是苦痛，使她眼中流出热泪来。

原来她的病几乎是绝望了。

从远处传来教堂的钟声，排开不安的心绪，将她移到别一种境界。她想起爱她的那位老神父来，苍颜雪发，慈祥地向她说：

——好孩子，你要好好地敬爱上帝，他将给你以永福。

那时候她才不过八岁。

她忘了死的恐惧与悲哀。她觉着静卧的雪，正是她灵魂的象征。她沉醉在永久的和平内，她要伴着无数着白衣的天使，在雪上起舞。

小　溪

我的后屋，环绕着一条小溪。我爱她，正如同别人爱他的情人似的。

她从林间寂寞地走出，平静地向西流去，深秋迟滞的阳光，照在她波动的碧发之上，舒适地横卧在两岸熟禾满植的田间，正如秋夜深高，天空的银河横展在嵌着繁星的天空。

每逢我走进她的身畔，一种神秘的力量，截断了我的苦闷，而我的思想伴她西去，到那块不知道的地方。

在秋走了以后，我又去看我的小溪。谁知秋带去她的健康，同时也带走我的生命。大地变为劫后的焦原，一切都像是死去，而我爱的小溪，仍无力地向西走去，一步一步发出沉痛的悲声，正像自己呐喊那种不幸的命运。因为她病了，她将不久于人世。

我感到一种苦痛。抬起头来，深蓝的云天，停着晶明凄冷的孤月，那些服侍她的疏星，早已不胜严寒而逃走了。北风紧吹着，我的外衣，成为一件罗衫。口中的气，像是灯下的烟云，而我的双足早已麻木了。

我沿着溪边走着，她似乎多情地向我说：

——你回去吧！……

清晨，推开窗帘，在惨淡的阳光下，她已停止了行程。我不想看她永睡的姿态，更不忍看她洁白的尸骸，我急忙闭上窗帘，心中有无穷的不痛快。我想：自然也受裁制，她也有人间的不幸，这证明造物主的力是不可思议的。

幻　梦

惨淡的阳光中，落叶在地上波动着，这是瑞士深秋的时候。

青高的天，距人间觉着更远，窗前的几盆小花，都在嗟怨她们的残年。东去的火车，从我窗下走过，将我的心带到一块无名的地方。

我觉着在做着白日的幻梦。

我梦见，脱离开人间，随着天云，到一个永远光明的地方。那里盛开着杂色的山花，花瓣大如车轮，永远放射出迷人的奇香。有许多着粉红的，米黄的少女们，在浓荫的绿树下休息，鉴赏她们所采的硕果；那边，在一片麦浪中，有个体态轻盈的女子，正绘她最后的作品：绿的田野，漫飞的白蝶，环舞的巨蛇。她娴静地工作，偶尔将画笔放下，她得意地端详。

我不敢前进，从远处窥看她的神情，只是她的散发，也如眼前的麦浪，在风中涌来涌去。她的视线，多情地交集在画上的题词，可惜醒后全记不清楚，只想起第一句是："肉铁相搏。"

一　觉

我梦见：我们在雪地上相逢着，她依旧地俯首走过去了。

她依然消逝在开满粉白细花的丛林中。

我心中不宁帖，我为她深忧。像她那样摇曳的姿势，如何从冰雪满覆的山坡上走下去呢？我循着她的足迹前走，她的脚印留在雪上，同时也留在我的心中。

我梦见：还是冷酷的深冬，一切都将毁灭。她的回忆，滋养着我的热心，像一朵阳光中艳开的桃花。我觉着富有，又觉着生动，一切的一切，都是我的。

她在冷风中向我们招手。

我梦见：在深冬的早晨，徘徊在她家的门前。车马云集，鼓乐交鸣，我知道这是她的节日。她的姐妹们笑着，我怕她们看见我，我又想要她们看见。

这时候，天云停在屋顶，门前的高松，在云间狂动，放出哀怨的波涛，像可怕的不测即要来到，我恐惧，我想逃走。

虽是刹那的一觉，这些好梦却永留在我的心中。想到微渺的人生，竟有这样短促际遇，亦是悔恨中的安慰，失败中的胜利吧。

烟盘内的纸烟，现在已烧到头，我重新换了一根，看着他开放烟花，正好像说尽我们的关系。举眼遥望，窗外的松树，在暴风雨中搏击，浓黑的海天，显得分外狭窄，要不是几株松树撑住，他将倒压在地上。

我心上咀嚼着眷恋的好梦，却想别离时清冷月明的深夜。

骷髅的微笑

我梦见：在无尽的阴夜中，从铁床上醒来，我看见一具骷髅卧在榻上。她身上的冷气，像冬夜的朔风，使我的血凝结为冰。

我晓得这是我爱人的化身。

我不希图她当年熨帖的体温，因为我的感觉亦已消失了。我不追想她曾有过的美貌，她的黑发如积年的旧缎，一根一根风化在床上。

我这么想："我不怕你，你曾经是我爱过的人呵！"

她不言，从她苍黑腐蚀的牙上，浮现出一个含有恶意的微笑。

"你来复仇么？"我这样问。

她没有眼珠而深黑的眼眶内，否认我的发问。她微笑着，她像讽刺"人们"的推理。趁着窗前飞过的闪光，我看到她脸上深刻的愁容，像落在无可补救的失望中。

"为何我不敢亲近她呢？我便如是残酷么？有何权利，我使她失望呢？"我自己诘问。

似乎她明白我心中的一切，她满足，像初恋的少女，第一次得到爱情表证的胜利。

她依然向我微笑着。

瑞梅（以苦梦代纪念）

我梦见徘徊在坟边，又像是徘徊在瑞梅的梦中。

在向阳的山坡上，有一座新冢。天色分外沉闷，白杨树的枯叶，随着十月的悲风卷散在空中，像无家可归的蝴蝶。我惊奇这个荒凉与肃杀的景况。

走到墓前时，我看见坐着一位披黑纱的女子，低头沉思。她剪短的黑发，身材的高低，都和我的瑞梅一样。我急忙前去，高兴地说：

——梅儿，为何你也来此地？

她抬起深圆的眼睛来，无足轻重地看我，她依然俯下头去。分明那是我的瑞梅。她的一切，不能使我有半点怀疑。我又问她：

——虽然十年不见，你已不认识我了么？

她似有万分的辛苦，转过脸去说：

——你的梅儿早死了！

只要她坐在墓旁，我是不会相信梅儿死去的。她纤细的手，她语句的声调，都证明她仍活在人世。难道我在做梦么？我生气地问：

——你既不是瑞梅，为何你知道她死了呢？

——好糊涂！这不是你的瑞梅的新冢么？你来此不是凭吊她么？

她讥笑地向我说。

她分明是我的梅儿，我奇怪她为何不肯认我。我的梅儿那样温和，从来不是如此的。我又想也许她确不是我的梅儿，我诚恳地问她：

——梅儿既死，你是她的什么，为何你也来此凭吊她呢？

她郑重地回答：

——我是她，我来凭吊我自己！

我心上感到一种恐惧，同时也感到一种难以医治的悲哀。也许生人们都不思念我的梅儿，什么生前的友谊与爱情，都是些装潢的虚言！而今把她埋在人际罕到的地方，教她深睡在忠实的阳光下，正像在宇宙内，我的梅儿是永远没有存在过的！我自己怀疑，我问她：

——那么，梅儿，我不是也死了么？怎么我没有觉着呢？死？死究竟是个什么东西呢？

她站起来，整理她的长裙与散发，她很温和地说：

——我不知道死是什么东西。我从来也没有想过死是什么东西。在你们嘴里，常是追问死生，我什么也不明白！我这里生不存在，死也不存在！我没有见过贪生访仙的皇帝，也没有见过忘死投海的诗女，我像浮云与轻烟地活着……

她说完后，消失在墓中。

醒后，我感到万分的惆怅，屈指计算，瑞梅死了已有十四个月。这个苦梦，将永留在我的心中，一直到记忆的毁灭。正如古经中所说："人，你要记得你是一点尘埃呦！"我拿此来警惕我，我拿此来纪念你。

旧　纸

雪花在窗外乱飞，室中也充满了无穷的回忆，我奇怪人事的幻变，生命的无常，我沉思，搜索，我想起立庵的死来。

这是一个十九岁的诗人，细长的手，握着一支粗笨的笔，常在不安中转动。脸上流露出和蔼的笑容，眼内表现出天真与生动的两种情绪。他内心中蓄积着海深的苦痛，他奋斗，他强烈地寻求永无黑暗的光明。

　　他死了已经八年了，我不忍叙述他死的惨状。于今找出他死前寄我的一信，苍黄脆裂，成为积年的旧纸，我凝视着，我看到他生命的象征。想不到这几页碎纸，成为他最后的哀诉，成为他最后的告别！立庵！而今你在天之灵，也用不着再呐喊：

　　　　碎心之泪，
　　　　惟有洒之苍苍，
　　　　付之山河！

　　在他的生活上，他感到一种不知所以的苦痛，他的理智与感觉，都已麻醉了。这种苦痛，像暴风雨一样，把他卷到无所寄托的空中，形成一种裂肤的不安。

　　不安，即是说内心生活失掉了他的平衡。不安和原则处在极相反的地位,他抓住少年诗人的灵魂，要他排演未曾有过的悲剧。因为少年诗人要求的是幻梦，寻觅的是自由，他看不起畏首畏尾的人，以传统和中庸作为准则的人。所以，在幻梦上追求他的凭依，结果蒙蔽了现实；在自由上掠取他的解放，结果是徒然地失望。他寄我的诗中，悲哀地说：

　　　　于是，于是我之一切，
　　　　一切都黯淡的死灰般样。

　　少年诗人的病，即在此。他所要求的，开始是自由，以期从自由而取得他的幻梦。他忘了人与社会的分别，意志与情感的不同，相反，他否认自由与幻梦的存在，他根本上认为一切是黑暗的。

　　从此，他看到的只是愁苦；他的生活，成为奇离的孤独。在失望之余，他呐喊地说："今夜呢？只我一人了！只我一人了！"他有如逆风孤飞的小鸟，将不知落于何地！

毕竟，他有强烈的生命力，他不能永久如此的。于是直转急下，更往前追求，他起了怀疑，徘徊，选择，因而确定他终身的命运。他大无畏地走到社会内，按照他的思想去做现实的工作，其结果不言可知，正如墨云间的一颗残星，竭力与黑暗为战，当为黑暗所吞灭的。别人得意地说：这里正不必悲哀，你死了倒也罢了！

我拿起他的信，似乎坐在他的对面，他发出天真的微笑。我想着：二十岁无利害的时期，即是说追寻幻梦与自由的时期，所产生的东西是自然的，没有丝毫做作的。

立庵没有遗留下著述，他的生活却是艺术的。想到他短促的生命，所以致死的缘故，我的心绪，正如他寄我的诗中所说：

我凝视着：

愁云闲渡，

远水灰黄。

翡冷翠的心影[①]

在不可捉摸的清晨，我来到迷醉的翡冷翠，她那舒适的温和，冲散了我旅途的倦困，我的精神为之一振。

回想起方才告别的瑞士，她已为冰雪袭击，沉入可怕的深冬，而此地木叶始黄，阳光下仍留着昨夜的甘梦。我惊奇一日的工夫，便有如此不同的气候，禁不住地自己发问：是否我又倒退在秋的怀中？然而，这确是死节后的第二日呵！

翡冷翠！你做了我刹那的故友，因为我又想到你狂烈的生活与你丰富的历史。这些齐整的大理石，彩色的花岗岩，都证明你生动的过

---

① 翡冷翠即意大利的佛罗伦萨（Firenze）。——编者注

去，上面洒着艺人的泪，骑士的血，为着你要守护人类的自由与尊严。

绕着回环的小路，曲折的小径，那些苍灰的房屋，容颜枯老，却吐露出青春的景象。踏过阿脑河①，兴奋地拾级而登，登临到圣米尼岛堂前，翡冷翠安睡在我的足下，传出多少娇媚与温存。

在无垠的莽原，星散着许多教堂的圆顶，像沙漠中蒙古人的帐幕。指天的碉堡，崇高的守台，犹存着当年豪放的神气。这边是争斗的残垣，丛生着做梦的秋草；那边是玲珑的三空桥，即是在此空而实有之石上，诗人但丁第一次遇着他的情人。——翡冷翠呵，原来你真是生活在空而实有之上！

阿脑河是一位丽妇，从辽远的薄雾中走出，两旁佩着银铃响动的橄榄树，一群穿黑衣的女儿，有节奏地伴她行走，文艺复兴的画仿佛又展在我的眼前。

翡冷翠的女儿，你们是名城中初开的鲜花，在熏风中做着绿色的柔梦。但是，你们的艳丽，也如脚下踏着的回忆，将要不舍昼夜地逝去。因为自然开谢的定理，有谁能够逃脱这种平凡的原则？

谁不想伸手在太阳下，拯救出为时间摧残的青春？忽然，幻梦消逝，我感到现实的可怕，方才摇曳美艳的女子，逐渐失了动作，化为骷髅，层层相堆，像火山爆发后的余渣。我感到冷背的荒凉，我禁不住地怨憎：

——春呵，你曾欺骗了多少纯洁的痴心！

这时候，我看到披秋衣的翡冷翠，仍然忠实地站在眼前，一手托着残冠，回头向过客们微笑地说：

——爱好形的青春者，在我身上可曾留下显明的足印？

铿锵的钟声唤醒我，阿脑河仍然娴静地流着，不敢回思，依然回到旅馆。到车开后，我望着迷惑的翡冷翠，自己发问：

——娇艳的你，会有多少失意的情人？

---

① 即意大利佛罗伦萨的阿尔诺河（Arno River）。——编者注

罗 马

罗马是一座怪城，只要听到或看到他的名字，便唤起一丛生动的感觉。

每到夕阳西落，残霞满天，巍峨的颓垣上，镶着含笑的青草，常时反映出淡红的颜色，正如神话中的女神，永远守着她不老的华年。这时候，我感到一种灵的震动，周身觉着富有，要我不断地追寻个中的原因。

人的生命虽然短促，人的欲望却是无尽的。轻肉重灵的思想，至今犹活跃在多少人的心中，这仍然是欲望无尽的变形。因之，来罗马的旅人，常借着当年血换的各种回忆，能在他们的失望之上，得到一种麻醉，与顷刻的休眠。

我们爱那些血的历史，因为那上边刻着灵的伟大，一个"你往何处去"的传述，曾刻画出多少灵的悲剧？在明月斜挂，地勃儿河[①]缓流之旁，像听到奈宏[②]母亲的喊声。这种怯弱与残酷，于今亦只是记忆中的游戏而已。惟其如此，人们更爱这种回忆。所以有人说：看到政议场中的残垣断碣，便感到历史的伟大，而一块碎石的启证，不强如千万卷的著述？

衡量一切伟大的标准，要看他是否禁得住时间的打击。时间是裁判一切的真宰，他没有些微的同情与侥幸。构成罗马伟大的人物，都像落叶似的飘去，可是，他们的历史与工作，永远安卧在太阳底下，后人们只是徒然地辗转模仿，刻古述旧罢了。

并非古胜于今，实以人类灵魂永远是不变的。我们可看到灵的伟大表现的不同，我们却看不见实质的相异。将"永城"作为罗马的别名。在某种意义之上，即是此种解释。

[①] 即意大利的第伯河（Tiber River），亦译台伯河。——编者注
[②] 即古罗马皇帝尼禄。——编者注

罗马曾经过多少火灾，更经过多少劫历，但他仍守着残败的繁荣，凋落的豪华，因为他是人类文化的一个摇篮，他特别表现出爱和力的伟大。

在匆匆的几日中，筠姊来逛罗马，我们参拜堂庙，我们凭吊宫殿，我们在每个水泉的前面，看那雄伟与妩媚的石像，听那汨汨的泉声。在嘈杂的街心，我们带着魔术的影子，每天满足走马般的观光。

踏着枯枝的瘦影，我们无言地沿岸走着，虽然天寒，却像是生活在初春。筠姊忽然说：

——我很满意这次的罗马行。

——你有何感触？

——我觉着罗马是一个水泉。

然而，我即时找不到这个解释，我望着如丘陵般的天使宫，镇压在地勃儿河畔。我且走且思，如闪般地掠过心头，我笑着说：

——筠姊，我知道了。水泉确是罗马的说明，因为他是水与大理石构成的，他更做了爱和力的象征。

在人性上，谁的欲望不是归纳在爱与力中？谁不是在这两种方式下寻一出路？即使失败，又谁不是在回忆上找这两种的残影。

罗马的伟大在此，我们所以爱罗马也在此。

夜访斗兽场

我徘徊在罗马的街心，常想起五年前，同俞丽夜访的斗兽场。这种莫名其妙的回忆，常夹杂着恐惧与快愉的成分。

是五月初的一夜，我们在灯下聚谈。现在想不起谈些什么，隐约地犹忆着是俞丽出嫁的问题。不知为了何事，她同她姐姐吵嘴，一个赌气走了，别一个依窗哭泣。

因为安慰正哭的女子，是天下最难的琐事，我在地上辗转，委实找不出适当的话来。她晶圆的泪珠，常引起我的注意，好像断线的项链，一粒一粒掉下来。……终于她说了：

——我们出去吧。

——到什么地方？

——斗兽场！

忽然，伴着紧张的情绪，斗兽场压在我心上，迸出如闪的火花。

古罗马最有趣的遗骸，不是帝王的残宫，也不是教徒的地窟，乃是威壮的斗兽场。我们惊赏他的笨重，因为他像荒山零落的洞窟；我们嗟叹他的残败，因为他像中世纪火灾后的宫邸。但是我们留恋他的原因，似乎不仅在此。

斗兽场启示出罗马帝国的伟大，同时也做了他衰亡的象征。到罗马强倔不可一世之时，他将力与爱当作游戏。当罗马用盲目的力，聚敛天下资财，劫掠他人的妇女，要享受过度的淫乐。斗兽场是力的结晶，同时也做了破坏的工具。这时公教降生，他要人绝肉弃财，营养他宝贵的灵魂；他要人爱惟一的真宰，更要人爱人如己。这两种不同的力，始而躲避，继而冲击，他们便做了斗兽场中的游艺。那不是野兽与美人的争斗，那是灵与肉的冲突。自罗马帝王看，这种力和爱都是游戏罢了。

我们踏着月光，向斗兽场走来，路阔人静，后边抛着两个长影。出了街口，眼前徒然立着一座石山，苍黑憔悴，俞丽泪脸上泛起严肃的神色，渐次也不说话了。

我们已站在斗兽场的身旁，仿佛听到无数的惨叫与哭声。我们沉默，犹疑与探望，从深厚的环洞中我们看到晶明的月色，醉吻着摇漾的蒿草。她低低地问我：

——你愿进里边去么？

——愿意！我坚决地说，却有点疑虑。

——我们试试吧，俞丽摇我的手。

心绪奇突，她索着我的右手，大踏步地向黑洞中走，土路绵软，环洞逐渐缩小，压在我们的肩上，使人喘气，而她的手不觉发出汗来。

可是，我们更坦然地走着，要冲破这种奇幻的神秘。

我们进到斗兽场的中心，站在十字架的旁边，纵目四望，那无数的黑洞，放出强烈的魔光。地上纵横堆集的遗石，像战场中的死尸，一种荒凉抓住我的思想，似乎我已忘了身旁的俞丽。及至转眼看她时，俞丽已跪在地上，平静地祈告，陡然感到宗教的伟大，有种肃敬的感觉，不自觉地也陪她跪下了。

这时候，从我们面前，跳出一只黑猫。

一种快愉涌在心头，我们望着深高的天，斜挂的月，正像坐在花园中的。俞丽向我说：

——好一个春夜，只是少微冷一点！

——那么我们回去吧。

她挽着我的手，逍遥地走出来，她向我说：

——我们是永不忘掉这一夜的！

我向她点头，心上总留着狞恶的影子。远处传来半夜的钟声，她要我同她快快地走。我却不断地回顾，我觉着斗兽场更显得伟大。

在巴拉先生家中

出了车站后，伴着离别的影子，亚加利先生等着我，要去访问一位画家，而我缺陷的心，只有个深的罅隙。

在浓厚的夜色中，喷泉依然哀鸣，她不管旅人的心绪，幻变着残败的彩色，这是我来罗马后，第一次感到死的寂寞。

我们跳在冷铁闷人的车中，任他自由地带去，亚加利先生却不时指给我艺人们的遗迹。

艺人们是爱夜的，他们爱她的伟大，同时更爱她的孤独，因为在夜神的羽翼之下，他们可找到失掉的自由，看不见人间的罪恶。也许是为此，我们决定夜访这位不相识的艺人。

从颠荡的车中，我看着满载回忆的地勃儿河，慢慢地流下去，正

如回忆太多，使她太疲倦了。忽然亚加利先生握着我的冷手说：

——到了。

一辆空的电车，倦困地从我眼前走过，寻找他休眠的永福。

进到满屋绘画的室中，如置身花房，我又找到失掉的华年。这些画散乱堆集，陈设无序，却感到一种和谐，没有博物馆中官样的气味。像是坐在三春的大地，杂花并开，我尝到灵的滋味，生的跳动。

方才沉闷的心，逐渐起了强烈的冲动。每一幅画，都引起我的回忆，心似乎提到凌霄的空中。我觉着走到暴风雨后的溪畔，又像在安慰托腮凝思的倩女；我更想摸那几只小猫，在辉煌的深夜，凝视那三位理装的淑女。我……

陡然感到一种强烈的反应，我不愿再往下看了，生怕草率的时间，糟蹋这些艺术作品。艺术是人类自由的创造，须有虔诚的心情，充足的时间，你才可看到他的伟大。

正好这时候，巴拉先生温和地说：

——你可常来我家里，我很愿做你的一个老朋友。

我急的答不出来，口上只是微笑。

巴拉先生的幼女爱丽加，穿着黑裙黄衣，启露出一种清秀的心绪。她每次取来她的作品时，我禁不住痴想：为何如是玲珑的柔指，会制出这种强有力的作品？

爱丽加坐在我的身旁，悄悄地送给我她最后的作品：是一位少女的苦像，脸上满罩着愁云，聚集回所有的意志，要反抗这种强烈的苦痛，可是她失败了，像是雨打的梨花，只留下残败与无可奈何的神气。

一团心绪簇拥在心头，使我感到人生的奇离与命运的可怕。虽然两手托着这幅画，我却想自己。到情感激起波纹。还有比自己更亲密的么？我禁不住追问：从古至今，为何没有一个幸福的人呢？既没有，为何人人又追寻那个幸福呢？为何对所爱的人，有时又给他更大的伤痛呢？我低低地向爱丽加说：

——爱丽加，为何你偏绘这种悲像呢？

她只在那儿微笑。当她接画时，臂上的响镯似铁马般地交鸣，我始知我又在做梦。

将画列在椅上，爱丽加拾起碗内的玫瑰花瓣，不断地玩弄。他忽然递给我一片，她笑着说：

——你不爱这残花吗？

——我很爱！我问你，你为何爱这落花呢？

她只在那儿微笑。

在这种神奇的缥缈中，她姐姐吕琪亚走来。身细而长，有一双流动的眼睛，阔脸上浮荡着柔和与严肃的神气。她听着我们谈论落红，她笑着问我：

——你也爱这些残花么？

——是的。在我们中国的诗句中，有许多凄艳的警句，当初大家的闺秀，把葬花当作一件韵事。在一部著名小说当中曾有过特出的描写。

——现在中国女子还葬花么？吕琪亚问。

——没有了，

——可惜得很！

——为什么？爱丽加问。

——女子的生活与心理逐渐改变，当年认为的韵事，而今不那么摩登了。

我一向是不吃酒的，并非讲卫生，乃是吃上要头痛。这天，吕琪亚送过酒来，我不加思索地便接住吃了。为了我要表示对爱丽加的敬意，我向她说：

——愿你有好的健康，去完成你的伟大作品。

她只在那儿微笑。

我们出来后，已是半夜了。亚加利先生挽着我，问我是否可找到家中。我说，只要找到地勃儿河，我便可回去的。

如洗的新月，照着宽阔的大路，我踽踽前行，却想今晚的拜会。我想：巴拉先生的独到处，是意志与情感的平衡，吕琪亚以情感胜，多有柔性的美；爱丽加以意志胜，多有刚性的美。不只她们的作品是艺术的，便是她们的生活也是艺术的，因为她们的目的是美，而这个美又建筑在爱上。

满江红

人物：

米叶先生约五十多岁，久住中国的外交官。

玛琍小姐约十八岁，米叶先生的女儿，王靖的学生与女友，很活泼。

王靖约二十五岁，黑龙江人，留英的学生。

侍女

时间：一九三三年二月。

地点：在伦敦一所中等家庭的会客室内，幕开时，米叶先生正读晚报，玛琍小姐在打一件粉红毛衣。

玛：爸爸，有什么中国的新闻？

米：没有什么特别的，看来似乎较以前稍微好一点。

玛：呵，那才好呢！今天王先生又会安心过一天！

米：玛琍，你说什么？

玛：我说王先生又会安心过一天。爸爸，你说中国究竟是怎样的个国家？

米：（把报纸放在腿上。）中国？过去的中国是伟大的，将来的中国是神秘的，只有现在的中国是苦痛的，是倒霉的！

玛：中国为何到这种地步呢？

米：（站起来，且走且思。）中国弄到现在这种地步，原因却是很复杂的。他们都说是帝国主义作祟，致使如此。自然，这是一个重要的原因，我不否认！但是根本的错误，还是在中国人自己本身。他们像猴子似的学欧洲，他们却不晓得学到千像万像，他们仍然还是猴子呀。

玛：那么，爸爸，依你说中国该怎么办呢？

米：自然中国该多培植专门人才，自然中国该努力建设，使组织化；自然中国该普及教育，提高民众的智识。但是，根本重要的地方，是该建设他们的道德。

玛：爸爸，这便奇怪了！你不是常说中国是最道德的国家么？怎么还要重新建设道德呢？

米：是的，中国是个有道德的国家，但是在古代的时候。现在中国是个没有道德的国家，可是要除开乡间的老百姓。前天，有位中国青年来谈，他告我说：杀后的人头还要卖二十五元钱呢！那些武人，因为没有知识，我们不能说了！那些知识分子呢！他们谄上傲下，媚外骄内，老实说他们根本上不明白做人的意义！

玛：（做出不相信的态度。）爸爸，难道说中国没有一个好人么？

米：有的，并且很多，很多，只是中国的好人都是些诗人，他们只要过去与未来，他们却没有现在。

玛：真的么？中国人没有现在么？我不会相信。

米：傻孩子，我说中国人没有现在，是指他们不注重现在，将一切推到未来，他们没有时间的观念，他们才是些真正任自然的。

玛：呵，我明白了！怪不得王先生总爱说：差不多，以后再说吧！你看他对目前的生活，总是随随便便的。她想她的往事，侍女从外进来。

侍：先生，王先生来了。

米：请进来。（王进来，他们站起，互相握手，互相问好。）

玛：我的教授，你从那儿来？怕外边很冷吧？

王：我从宿舍来，外边很冷！

玛：中国也一样冷么？

米：那里不冷呢？那年，我同你母亲初到北京时，冷到零下十五度。

玛：呵呀，照你说，王先生的家乡黑龙江，还不知道冷到那种程度呢！

王：我故乡的气候，同俄国一样。

玛：同俄国一样？！听说拿破仑到俄国时，有许多士兵把耳朵都冻掉了；人家说在零下三十五度。

米：呵，王先生，我想起一件壮事来了。前天报纸上说：有二百义勇军，都冻死在你们家乡的山上，他们才是你们贵国的英雄，人类的灵魂呵！

王：（做出惊异的样子。）二百义勇军？

玛：（做出赞赏的声词。）可不是呢！他们死后，枪还在他们的手中，好像还是等日本人呢！

米：有这样伟大的灵魂，便是没有飞机，没有坦克，还怕什么呢？孩子们，你们要晓得牺牲是伟大的。

王：是的，牺牲是伟大的。

米：可是，为自己祖国流血牺牲，更是伟大的。你们要记住，世间最伟大的行为，都是血换来的。

玛：不过中国近十年来，血也流的不少了！

米：但是，中国人的流血，都是为了几个人的，实在说起来是没有代价的。王先生，对不住的很，请你恕我直言。

王：先生，没有什么！这是个事实，你所说的还是看见的，有许多看不见的，如水灾瘟疫，没有踏实的救护，死了的还不知道有多少！好在我们没有精确的统计，人口又多，谁也不管他们。官庭出些具文，弄些掩耳盗铃的花样，便算了事！这才真是慢性的残杀。

玛：（有点不耐烦。）今晚我们不谈政治了，我们另说些别的吧！

（侍女进来，捧着咖啡。）

侍：小姐，咖啡放在那里？

玛：放在桌上，让我来安置吧！（她站起来，一方面收拾，一方面看王靖。）王先生，我们吃了咖啡后，好再学我们的功课。

王：很好。

米：（站起来。）你们谈谈吧，我想起一件小事来，我要出去，可是马上便回来。

玛：爸爸，外边很冷，你吃杯咖啡再出去吧。

米：谢谢，我的好孩子。近来吃上咖啡总是睡不好。向门外走。待一刻再见。

王和玛：（他们立起。）再见。

玛：（用中国话。）王哥哥，你吃咖啡吗？

王：（似在想东西，又似在不安。）谢谢。

玛：我说的中国话好不好？

王：对不住，玛琍，我没有留心，请你再说一次吧。

玛：（做出含情不满意的样子。）不负责任的好教授！我说：王哥哥，你吃咖啡么？

王：很好！很好！

玛：你知道，我很用功，你教我的中国字，我都记住了。只是说话难得很。前天夜里，我梦见还在说中国话呢！

王：玛琍，你梦见说什么中国话呢？

玛：我梦见说你在湖边上教我的那句中国话。（她贴在他耳边：我爱你。）

王：（发出苦闷的微笑。）唔！好！

玛：（拉住他的手。）你为何苦闷呢？敢是你接到中国不好的消息么？

王：（站起来。）不，我没有接到中国的信。但是……

玛：（摇他的手。）但是怎？说，你说，你告我说。

王：我爱的玛琍，我为你发愁。

玛：你愁我的中国话说不好么？从明天起，我每天多学两个钟头。

王：不，玛琍，我深信你会学好的。

玛：那么，你怕我不会拿筷子么？

王：笑。那里！拿筷子固是一件难事，但我们有的是"义"字。

玛：那么，你究竟愁的是什么？

王：玛琍，不愁什么！不过方才你父亲的话，引起了我的许多感想。我怕你到了中国后，不惯生活，你将来要苦痛的！你要知道中国现在的地位是多么艰难呵！

玛：呆子，这个我不怕！我要用苦痛来爱你，世间那能常是洪福齐天呢？况且中国那么大，人又那么多，那能永久受日本的欺负呢？有一日，中国总要挣扎起来！你瞧，爱尔兰那样，他还会脱离我们去独立呢！

王：（叹息。）中国人哪能和爱尔兰人作比！

玛：不，不，我看你比爱尔兰人好得多呢！

王：（摇头。）这种看法，完全是因为你爱我的缘故。设使我好，我又能干，但是一个人又算什么？

玛：你总是把自己看轻，你总是常往坏处着想，这确是错误的。从此后，你要有希望，更要有信任！爸爸常说：希望与信任是人类的两种狂力，没有他们，人类是死的。对有希望有信任的人，未来虽是神秘的，却是光明的。好孩子，我劝你安心多吃一杯咖啡吧。

王：不吃了！玛琍，你的话很对，此后我该努力如你所说。你上次的功课念好了么？你快取出书来。

玛：（取书。）我念你听。荷叶绿，荷花红，微风吹，香满船。

王：（微笑。）非常好，非常好！

玛：下一课是什么？

王：下一课是个曲子。

玛：（高兴地跳起来。）那才好呢！那天到伊利沙白家中，她们都要我说中国话。下次再去时，我便会给他们唱曲子了。这个曲子叫什么，你快些教我。

王：这个曲子叫《满江红》。

玛：呵，这才美呢！我们的太姆士河，从来没有红过，自我记得起，每天总是大雾，使人发愁。那年我跟爸爸到法国时，我们住在地中海滨，每天晚上看落日，全海通红以至分不出天和海来。

王：玛琍，《满江红》是个曲名，不是描写江中的风景。

玛：奇怪，那么，他是描写什么呵？或许是描写爱情么？

王：不，他也不是恋歌，他可是中国文学上最伟大的作品。

玛：谁是作者呢？

王：作者是个军人，活在12世纪。

玛：什么是这曲子的内容呢？

王：内容是激励自己与兵士，要夺回中国的失地，争回中国的人格。

玛：那么，这位军人达到他的目的么？

王：唉，起始达到了，他是宋室的万里长城，把金人打得落花流水，他的兵已到了朱仙镇。可是有个汉奸，为了媚金，将淮水以北的土地，都送给金人。一日下了十二金牌，把他召回来，囚在狱中，以致处死。

玛：便把这样的伟人害死么？呵！这是多么残酷呵！

王：是的，这是很残酷的！

玛：他死时，有多少岁数？

王：他才三十九岁！

玛：多么可惜呵！他埋在什么地方？

王：他埋在西湖。

玛：就是你常说比列芒湖美的西湖么？

王：是的。

玛：到我们回中国后，我们要去西湖，看《满江红》的作者呢！

王：很好，他的坟墓是我们中国的圣地。

玛：不只要看，我还要买些鲜花，放在他的墓前，要他在天之灵，知道一个英国少女是很敬爱他的。

王：玛琍，我愿你希望实现，可是……

玛：看，你又来了！可是怎么？（门开，米叶先生进来。）

米：好大风！你们谈什么？

玛：爸爸，王先生要教我一个曲子，叫《满江红》，你说多么有趣呢！

米：很好，中国的曲子另有风味，又凄艳，又雅致。

玛：王先生，这曲子能唱么？

王：能。

米：你先给我们唱唱吧。

玛：不要客气！

王：（迟疑。）怒发冲冠……

水　泉

古城中的水泉，像是建筑中的奇花，他们不只减少了高楼大厦的苦闷，而且给旅人们许多幻想的机会。每到如洗的月夜，带着烦闷与不安的心情，我安坐在铁栏杆边，看着水中跪着的女神。她抱着水壶，放出汩汩的玉声，这种和谐的钧乐，使我心绪平静，引起我青春时代的幻梦。

谁的生活上，没有二三页华年的幻梦呢？谁的幻梦又没有因绝望而发出的唏嘘嗟叹呢？现在眉月沉在泉底，披着波动的罗衣，那不是青春幻梦最好的说明么？我们不能问幻梦存在的意义，正如我们不能问月何以皎，水何以要动呢？便是孔子，在滔滔的川上，他也只能叹："逝者如斯夫，不舍昼夜。"因为谁也逃不脱时间的裁制，只好在狂激的动中，去痴想已逝的生命而已。

我看着手中缭绕的烟，断续地形成些花样，我又想：实际上，幻梦是没有的。我们所以觉着他真确存在，乃是因现在生活与实境接触，互相牵制，似相冲击，将过去理想化了。"泪眼问花花不语"便是最好的说明。

悚然，我感到一种荒凉，自觉身如残叶，随风转动，不知将流落在什么地方。美丽的泉声，亦换了另一种情调，是沉痛的葬歌，又是嫠妇阴夜的哀怨。这时候，月也跑了，烟也散了，在浓厚的夜色间，只留下泉声的泣诉：

——我的血泪是为谁流着呢？

我感到说不尽的悲哀，我再不能坐了。

到我听不着泉声时，始感到难言的疲倦。我且走且思：疲倦是一切的代价，幻梦是一切的说明，至于一切的归宿，我不敢想了。

母亲梦

仍旧是愁闷的夜站在我的窗前。

白日的时候，辛酸的往事，常排列在心头。我愿意永睡在夜中，如死去，停止了我的一切记忆。可是，我方闭住眼睛，同样的一个烦梦，永远浮在心头，我的心苦痛到底！我知道在这个烦梦上，曾洒着我多少的热泪。

每夜徘徊在神奇的床前，像站在极不坚固的甲板上，看着那些肉感的海波，我感到躁急，悲哀与失望！便是我有两支铁的膀臂，既不能挽回过去，又何能推开这个烦梦呢？我苦笑那些自命为万能的生物，谁能从夜的手中，掠回他失去的自由？谁能在他苦痛的梦上，去增加些微的希望？

我梦见：也是在这个没有月色的晚上，回到我十年不见的儿时出入的门口，门内包藏着多少往事，每件上披着我过去的生活，虽有许多的艰事，但现在想起来，却是很快乐的。我知道，而今十年的别离，儿童幸福的时期，夹着许多幻梦，如愁云似的吹散了。

在一盏不亮的煤油灯下，坐着我的母亲，似在期待着一件意外的事情，又似在盼望夜的过去。老人们是禁不住黑暗的，他们感到夜的悠长。

我看见她头上的白发，脸上的皱纹，那都是我给她爱我的报酬。她的眼已看不清楚了，一切都在摸索中。这时候，一切都在转动，眼前展出一个无底的罅隙。苦痛，追悔与空虚的感情，迫我没有一句话可说。

母亲娴静地问：

——谁？

我那刻走到她的面前，没有力地回答：

——妈！我回来了！

死的沉静，压在母子的心上。她要看我长了多高，可是她又看不清确。她抚摩我的发，脸，手，最后她总是说：

——我盼了你十年，这次你可不走了！

母亲的梦，每次总是如此结束。醒后，我知道又住在关山万里的外乡，心上深刻着裂肤的悲哀，我听得母亲仍在盼望我的归来。

我想尽方法，盼望驱走这个苦梦，使我再看到我儿时微笑的母亲，以减轻我梦后的苦痛！唉！谁想，我永远在沉重的疚痛中。

尾声：夜烟散后之祝词

一

我仍然是孤独，

孤独中也有奇梦；

看见你瘦的诗魂，

徘徊在月下的堤边。

堤边的海波，

冲不破相思的美梦：

相思着渺渺的春水，

相思着袅袅的秋风。

二

又走在你家门前,

双扉深闭着,

无奈何,

望着风中的梧桐。

枯枝上有一只黄莺,

俯视我襟上的泪痕,

他说:"伤心的少年呵,

你为何不去做梦?"

夜烟环绕在身边,

寒砧击破了苦梦,

披衣独坐在床上,

爱与梦一样的虚空!

连载于《新北辰》1937年第9—10期、11—12期。

朴围村

> 本文作者（现在山西师范学院工作）已搁笔多年。现在，由于"百花齐放"的鼓舞，重新拿起笔整理旧作。《朴围村》（背景是辛亥革命前后几年）是作者写的中篇《大雾》中的一部分，也可以独立成篇，特发表于此。——《火花》编者

一

北地的山谷内，层山环列，中有个朴围村。那里七十多户人家，没有显贵的望族，却都是驯良的顺民。他们永住在没有景色的荒山内，血管里没有外来的杂物，不敢有半点奢望与幻想。他们自奉俭约，早纳税，早娶亲，忍受住一切生活的苦痛。有时候，从食盐上和油灯内节省一点钱财，以期多买几亩山地，早给孩子定亲。看不见的传统魔力，将他们的思想与生活，吸引在这种土地内，便是再有第二次的滔天洪水，亦难将他们冲散的。

煤窑是他们生活的来源。每年到秋尽冬初之时，他们开始这种极危险的工作。拿上自己宝贵的生命，在阴暗的活地狱内，寻找他们的生存。这是他们父传子、子传孙唯一的方法，他们不愿另开一条新路，

他们更不愿去改良，他们只知道以生命与石炭来搏击，日日隐藏在不见天日的黑洞内，去断送他们的生命。

这种机械的、非人的生活，习惯已久，他们认为是分所当然的。他们不特不晓得工作八小时的圣律，便是劳工神圣的称呼，亦是闻所未闻。他们生活极为简单，不敢有任何奢望，更不敢希望人与人的平等。他们只知道忠诚的工作，却不清楚是为了什么！有一天，在太阳西落的时候，邓旺儿从煤窑中出来，两腿酸痛，像是抽筋的一样，他向窑主讨乞半天的息工，窑主瞪起黑红的眼睛，充满了怒意说："看你的胎子，你要有福气，你不会生到这个村内的。"

旺儿沉默地看了他一眼，背上他的炭篓，仍然进到窑内，并不以此为侮辱，等候夜神来到的解放。

二

旺儿是如此改变他的生活。

已是第二次鸡叫了，窗上渐渐现出银灰色。在悠长的冬夜，从怒吼的北风中，传来长而悲哀的叫喊："旺儿，旺儿。"他从熟睡中醒来，急忙顺口厌烦地回答："我去呀。"他机械地穿上铁似的衣服，听着屋后椿树枯枝的凄声，夹着驮炭的铃子，那样沉闷，那样规律，使他感到一种疲倦。炉火中发出的焦炭蓝焰，在暗色中飘动，借着这点微光，旺儿去烧他的妻预备的红粥。

旺儿机械地吃着，往炕的西头一看，安睡着他的妻和五成。母子两个盖着一张破被，又蒙上穿着的衣服，仿佛像一个墓堆，这个思想使他一惊，将碗丢下，迅速地收拾起绳索与篓子，轻轻地拉开房门，踏着月色走了。

破晓时天上还留着几颗疏星，空气变得分外晶明，冷风比铁针更为尖锐地刺在背上。他迅速地走着，不加思虑，仿佛有人在后边推他，不能自止。要到那命运注定不愿去的地方。他喘着，吐出的气像是奇幻的夜烟。

旺儿到了窑上，炭火周近已围坐着六七个人。他们正谈如何挖顶、焦炭起价，以及最近村里发生的事情。他也参加在里边，可是一言不发，只把塌下的来烧着的炭又推上去。当他们看着李二摇摇摆摆走来时，年青的又拿李二来开心："李二，迟了，舍不得你老婆！"李二从远处问："什么？"大家哄地笑了。这种不含恶意的玩笑，是他们友谊的一种表现，他们喜欢李二的老实，更喜欢他有个很能干、很贤惠的老婆。

三

旺儿瘦而高，受了生活的磨炼，不肯多言，经常是缄默的。休息的时候，蹲在那里，吸着烟，低头凝思。喷出的烟飘散在他的眼前，宛如他脑中的思想。他想的永远是那两个问题：如何致富，如何给儿子定亲。他又不敢比刘金财主，纵使刘金的财产不够一脚去踢！

旺儿的女人，果断，有办法，便是在二寸布的鞋面上，亦要打算。自从结婚后，不到三年便生下五成，真可说是出师大捷。旺儿所需要的女子正是这种类型。他从未想过她的姿态如何大方，她的语言如何干脆，他只盼少生点疾病，多省点油米，共同努力治家，好实现他的梦想。他们不像夫妇却像朋友，不懂爱情却得到爱情的果实。因之，在几年间的努力，忍受住生活的苦痛，买了三亩山地，给五成定了一个大三岁的老婆。

在一个雪花纷飞的早晨，旺儿从神秘的窑口中出来，闭着一只眼睛，背着炭很费力地向前走，像一条精疲力竭的毛驴。有时他自己这样想："生到哪里，活到哪里。活的总要受苦，受苦就是畜生。我是个畜生吗？"每逢想到这里，他感到厌倦与无可奈何！有时，他激动地向自己发怒说："我是一个蠢货，到我也有二十亩山地时，我把这个炭篓子踢到沟内！"可是，这个希望比秋云更为缥缈，刚要凝视，而它的形式早已幻变了。

四

  煤窑的生活是危险的，虽无刀山箭树，却常引起恐惧的情绪。这是一个幽暗的老鼠洞，永远不见天日，双足浸在水中。真是拿上无限宝贵的生命，换一点极低的物质，维持不死的余生。因此，到窑主克扣他们时，他们总是说这几句剜心的话："不要再折扣了，四块石头夹一块肉，我们拿血和肉换这点东西！"为此，有个人写着说："煤窑之难，难于入地狱。"

  这天是冬至。照例驮炭的较少，息窑较早。李二和他老婆到旺儿家里过节。旺儿家与李二嫂虽是一母所生，性格却完全不同。李二嫂沉默寡言，爱清静；旺儿家却蹦蹦跳跳，爱热闹。她们的丈夫都是朴实忠厚，几年来患难的锻炼，互相帮助，产生了真挚的情谊，便是那上万两黄金也难买到的！

  干净的铺着席的炕上，摆着油灯，李二嫂给五成缝过年的棉袄，五成在旁边数钱，旺儿和李二喝酒吃菜，那样斯文，那样亲热。旺儿家在地下忙来忙去，安排一切，不时发出笑声。室内本来很热，加上这种快活，每个人脸上都出了汗。旺儿家不时地说："你姨夫，多吃些。"

  不知道多久才算吃完这一顿饭！

  好景不长，谁能独具慧眼，识破自己的命运呢？

  冬至后不久的一个早晨，旺儿从窑里出来，放下炭，向周近一瞧，五成尚未将早饭送来，拿上篓子正要进去再背一次，忽然里边的人涌出来，纷纷呐喊："顶塌了，把李二压在底下，怕没有希望了。"全场的人，集聚在窑口，霎时空气紧张、不安，形成一种紊乱状态。旺儿放下篓子，就往窑内走，想尽最后的努力，几个有经验的人，物伤其类，随着进去，遇着两个砍手说："顶已停止走动，唉，李二完了！抬到风眼旁边。"

旺儿腿软地出了窑口,在躁动中看见五成送饭来,他机械地说:"回去吧!窑上出事了,你姨夫没希望啦。"父子再不说一句话,沉默地走着,不时抬起绝望的眼睛,望着永远沉默的高天。他情不自禁地说:"天呀!天呀!"旺儿感到裂肤的苦痛,他悲痛李二残酷的遭遇,联想到自己可能发生的不幸,看着随他走的五成,自己追问:"如果我压死,这个孩子将怎样?他妈又怎样?即使我侥幸不死,又谁能保证孩子不死于其中哩?"这种错综复杂的情绪,表现在脸上,宛像马武的脸谱,涂着各样颜色在冷风中抽动。当走进到村口时,迎头传来断肠的哭声,李二嫂散发拍手,且喊且呼哭下来了。旺儿看到她,反而变得冷静与有力,急忙迎上去,扶着她,又往那"伤心的窑上"去。

便是受了这次刺激,旺儿决心要抛弃煤窑的生活。他想开个杂货小铺,把儿子改成一个商人。自然,他们是不会不死的,但是不死于煤窑之中,却是很有把握的。

五

近几天来,朴围村的老少,异口同声地说:"纵使是铁打的两只眼睛,也要为李二嫂落几滴同情的眼泪!"的确,生活的惩罚,是不按人的强弱,李二嫂的下落着实太可怜了!

一间矮而破烂的小屋子,孤立在五道庙的背后,在那里,李二嫂荏苒地消磨了五年的光阴。窗上糊着的麻纸,贴着各种各样的剪花,经久变得苍黄。室内陈设的东西,分外简朴,分外整洁,地方虽小,却觉着分外宽大。她整天在家工作,使这个室内充满了一种安静的气氛。每到羊群快回来时,炉上烤上食物,预备好碗筷,坐在窗前,手里做着针线,从玻璃内不时地瞭望她的丈夫,她感到一种不可形容的愉快。日日坐在这个窗前,愁闷烟消云散,一切无所希求,她感到非常满足。

如今,也是在这个窗前,李二嫂凝视着横陈的尸体,盖着麻纸,旁边点着一盏油灯。她出神,她不明白:如何昨日还活着,有说有笑,到今天却躺在那里便死了。她不明白为什么会有死，更不明白死是个什么东西！她只知道死就是叫他不应，不出气了！她想揭开纸看他，她感到苦痛与恐惧，这种复杂的情绪使她觉着落日变色，西风易调，房屋也在转动。她觉着一切都完了，腿不能自止地发抖，心上却烧得要命，忘却了生活在滴水成冰的深冬。

旺儿在德玉成内找到刘金，恳求地说："财主，想点办法吧，不为活的还为死的呀！这种情形，才叫石人眼里下泪的，做点好事，把死者入土为安！"刘金长得肥胖高大，虽说粗暴，却是粗中有细。到他计算人时，总爱摸着他的猫须，敲着桌子，沉默地盘算。他粗声地问："多少？"旺儿说："至少要三十元。"刘金拿起他的烟袋，在地上走来走去，装着烟，慢慢地吸着。室内那样沉静，只有在炉上的壶水沸腾的声音。最后说："好吧，我告柜上就照三十元取货，利钱三分，手续以后再办。"

朴围村的习俗是敦厚的。无论哪家有事，总要着人去吊丧，烧钱，向生者致唁、死者告别。这天下午，村人三三两两，络绎前来，有的着实悲痛，有的只是做个样子。那些年青的出去后，还妄论一场。有的说："李二是该死的，几天来，总是和常人两样，好像跟上鬼似的！"有的又说："顶老早就走动，叫他小心，他总是大意，满不在乎！"另外一个接着说："可不是，那天夜里，五道庙后沟嚎得很厉害，顶已响动，我往后一退喊他，他叫了一声已压在顶下了！"他们边走边议论，看到刘金肩上搭着烟袋，迎头走来，他们绕着走别一条路了。

刘金转过五道庙，走进小院内，潇洒地推开破门，向死者致敬后，他锐利的眼光放射到李二嫂苍白的脸上，在死的沉静中，他说："老二家，不要难过，天要打谁，谁能逃脱呢？"李二嫂像是没有听见或者她不愿听这些空言的安慰，因为这些空言，使受痛者并不觉到同情，相反的，却感到一种残酷。旺儿从旁插着说："李二家谢谢你的帮助。"刘金摸着他那几根稀疏的胡须，摇摆出去了。

第二天早晨，浓雾漫了大地，旺儿约了几个熟人，把死者埋在西坡上。旺儿家伴着李二嫂大声哭泣，她们嗓子已哑了。天冷得很，西北风夹着雪花吹来，墓前烧了冥锭的余灰，乘风飞扬，与雪花相搅成一团，宛像一群黑白相间的蝴蝶。经过多少人的劝说，李二嫂始从冷地上站起来，人们扶着她往回走，走了几步，回头向后又看了一眼新墓，她觉着一切都完了。

六

刘金是朴围村第一流的人物，是德玉成的财东，他整天在这个铺子内，克扣计算村里的穷人。在义和团以前，德玉成经营典当事业，村人对他没有好感，却也不敢开罪他。当时流行着两句话："德玉成，石头也要变成金！"这是恭维，也是讽刺。到义和团以后，德玉成改营杂货，仍然保存着当铺的作风，就是说：心要狠！全村的人都觉着一个最大的幸福，便是一生能同德玉成没有往来。当时也有两句流行的话："进到德玉成，身子短三寸！"刘金所以敢于这样做，不只是因为有钱，而且因为有势。经常到理屈词穷的时候，刘金粗声喊着说："怎么？就差二指宽的一贴！"每年的腊月，德玉成的面孔变得非常凶恶，朴围村每个穷人，都认识到他的威严。

李二死了一年后，时间冲淡了伤痕，李二嫂好像有了活的理由，这是由于她姐姐旺儿家的帮助，也由于她思想上起了变化，她总是爱说："走的看！"这一年寂寞深长的岁月，像大病了后复原的时期，朴围村的一切蒙罩了一层淡黄的颜色。她的行动无形中受了限制，因为她是寡妇。为了还德玉成的利钱，她做了一对鞋，卖给吴忙，结果吹来许多无根的谣言。

李二嫂因为没有想到个好办法，欠德玉成的债务，无法还清，所住的几间破屋有住不成的危险。她和旺儿商酌的结果，只能走走内线，几天来，德玉成讨债的作风，实在恶劣，不只是残酷，而是罪恶！

西北风卷着尘沙漫天飞扬，李二嫂绕着五道庙的背后向刘金家中走来，神态瑟缩，不敢抬头，忘掉了刺骨的冷风，她速向前走，喘着气比西北风更为强烈。她不怨天尤人，更不怨恨死者，她觉着五年夫妇的生活，留下无限的温暖，每天吃着粗饭，共同盖一张印花破被，也够使她留恋了。往日的艰难困苦，现在变成了无尽的幸福，她留恋着过去，因为那上边刻着她生命的痕迹。

走到大门前，突然停住了，手托着门框，喘着气，心上簇拥起复杂的情绪，既感到羞愧，又感到恐惧，她想退回去。忽然听见里边关门的声音，她将风吹散的头发往后一掠，又抖散襟上的灰尘，怯弱的心转而强硬，两腿软困，却大踏步地进去，敛回全力，凝住神，她咳嗽了一声，温和而有力地说："财主在家吗？"接着推开门，含笑地站在火炉的旁边。

刘金家穿着葱绿色的棉袄，深蓝色的厚裤，青底紫花的鞋。她叉开两条粗腿，夹着脸盆在那儿揉面。从她微笑的眼内，流露出同情与骄矜的两种情绪，使人感到有钱人的幸福，也使人感到有钱人的残酷。她笑着说："你快坐上炕来，他不久就回来了。"说完后，像蛤蟆似的把腿一收，将面盆推开，她盯住眼地看这个挤出人间以外的李二嫂。

忽然刘金家咯咯笑了，摆出狐狸似的面孔，凑到李二嫂耳边说："亲人，你又没有一男半女，守什么？只误了你开花的时期！人家说你嫁吴忙呀，你到底怎样？我说你不要再耽误了。"李二嫂低头不语，无聊地摸弄炉上的火钩。

李二嫂没有结果地回来，推开自己的房门，炉中冒出缭绕的蓝焰，微笑着，似在安慰她。她觉着室内分外宁帖，比平常阔大。回想起刘金家的话，脸觉着有点发热。心上浮起吴忙的影子，粗手、厚笨的嘴唇、健壮的膀臂，一种神秘的情绪搅动了沉闷的心。她空虚，她迷离，她含着微笑的热泪，无可奈何的动作着，准备她的午饭。

七

李二嫂没有粉刷的墙上，虽然贴着蓝纸黑字的"万事亨通"，实

际上她的生活并不顺利的。父母早已去世，姐姐生活困难，实在自顾不暇；一个健壮结实的弟弟崔武，那年外出交差，到了省城，起初还有信息，以后便没有着落了。西村关于崔武的传述，层出不穷，有的说他在战争中牺牲了，有的说他跟上革命党过了黄河，有的又说他跟上洋人到边塞外面去了。传述虽然这么多，却没有一件证实。自从李二死后，李二嫂唯一的希望，便寄托在弟弟身上。万一崔武真是活着，回家走一趟，自己也有个做主商量的人。可是这个希望是多么渺茫呵！

　　元宵节后不久，李二嫂演了一幕悲剧。自从李二结婚后，刘金便看上了李二嫂的那对小脚，每逢碰着李二，便开玩笑地说："李二，好福气！"质朴的李二觉着刺耳，却回答不上来，只是苦笑。有钱人不允许穷人有一点好处。因为李二嫂忠厚勤谨，没有点滴间隙可入。可李二死后，刘金用三十元的借款，买来扶危济困的义名，同时也有了出入李二嫂家中的权利。

　　室中异常幽静，映射在窗上的春天的阳光显示出太平的景色。李二嫂仍坐在这个窗前，做她的鞋，偶然往窗外看一眼，街上行人熙攘，仍有元宵节后的意味。李二嫂经过打击，认识自己的苦命，不敢存点滴的希望。历年来经验教训她，每次希望的后边，紧跟着不可医治的失望。她机械地活着，准备度她的残年，她为此苦恼，但在那样古老的社会里，她一个可有可无的人，又有什么办法呢？

　　自从年节过后，刘金常来李二嫂家中。每次来后，李二嫂感到不安。也曾躲过几次，又觉着过分敏感了。这天快到做午饭的时候，刘金照常来，坐在炕边，照常吸着烟，摸着那几根猫须。李二嫂总是集中全力戒备，躲避他的视线。刘金不时掉转来看她，他觉着她很美，柔媚似水的眼睛，绯红的脸衬着朴素的衣服，分外庄严，分外诱惑。他的神态逐渐不正常了，笑脸上表现出不可抵抗的顽皮。李二嫂非常敏感，内心焦急，希望快有别人进来。她不敢抬头，不是有罪，而是怕碰着如钉的视线！便是在这种死的沉静中，窒息的气氛中，突然刘金伸出手来，大得使人可怕，推李二嫂一把并低声说："放下手里的东西吧！"李二嫂像触了电流，身上起了裂肤的变化，放声大哭："死鬼呀！……死鬼呀！……"音悲裂石，刘金像旋风似的刮走了。

从这次事情发生后，刘金不再来李二嫂家中了。他心上并不感到羞愧，相反的，他滋长着一种报复的情绪，他自然不明白世间有多少穷人，保持着磊落的人格。

八

李二嫂受了生活的磨炼，渐渐主动起来。对自己的安排，也有了模糊的主张。守不守，嫁不嫁要等三周年过了再决定。将债务还清后，才算见了天日。李二嫂视德玉成的债，宛如一条毒蛇，绕着咽喉，快使她不能出气了。然而她是一个有力的女子，她要挣扎，她要摆脱。与其说为了自己清净，将来容易脱身，毋宁说为了丈夫的尊荣。只有在这些质朴的穷人身上，我们才可看到高贵的品质。她整日养猪喂鹅，缝衣做鞋，真是节衣缩食，要从债务下解放出来。时间过得那样快，终日在疲惫之中，她觉着幸福。

是一个残春的下午，德玉成的伙计，神色还温和，向李二嫂："老二家，财主说早点还清那笔账。也知你很难，财主又说，要么，你另找一个地方！"李二嫂抬起头，慢慢地说："我比谁都急！搬出去？搬到哪里？我看看吧！"德玉成的伙计看到旺儿送水来也就再不说了。他们一同出去。

不知为什么李二嫂不能工作了。她靠着炕沿站在那儿发呆。想起元宵节后的事，刘金可鄙的面孔使她忿怒。她想抓过刘金的脸，唾他几口，可是这仅想想而已！她即忙锁着门要去旺儿家中。

李二嫂转过五道庙时，有许多人听刘金在那里高谈阔论。她有些害怕，不敢从那里走过去。忽然她看到旺儿也坐在一边，她的胆子壮起来了。当她俯首从旁边走过去时，谈话忽然停止了。鸦雀无声中，她感到有千万只眼睛，射在背上比针刺还苦痛，她盼大地裂一条缝，使她落下去。朴围村的寡妇向来理缺三分。

李二嫂坐在她姐姐面前，哭得像个泪人。她将正月里发生的事故和德玉成伙计的要债叙述后，旺儿夫妇默然无言，只有那条小黄狗在地上转来转去，摇摇尾巴，嗅嗅李二嫂的裤腿。旺儿夫妇留住李二嫂吃晚饭，旺儿说："算了，除了死的都是活的，我们要活下去！"旺儿接着说："那两间破房子，要就让他们要去，今年，我也准备丢了上窑篓子，你呢？我看不要再守了，你拿定主意再找个人家吧！"李二嫂没有说什么，却默认他的主张。点了点头说："我回去了！"她接着消失在夜色内。

九

在多少人的眼中，朴围村是一个穷困的山庄。少树木，缺河流，可以傲人的地方，只有那屹立不动、使人悲哀的石头。自从有史以来，这里从来没有出过一个举人与进士，就是写春联、看宪书的秀才与童生，多年来也竟成凤毛麟角。他们把这种不幸推在风水上，他们没有白家村的骄傲，举人的旗杆竖立在庙似的门前，威迫那永久沉默的苍天！

但是十年河东，十年河西，朴围村也起了翻天覆地的变化，打破那种死的沉闷。自从义和团以后，接着是辛亥革命，朴围村深睡在几千年习惯中，做着父子相传的梦，于今也开始觉醒了。那些土中滚的儿童，吹着哨子，荷着桃条，于夕阳西下时，在大场上且跳且叫："剃了辫子留了洋，搬了神像立学堂。"

这种变革，起初是看不见的。朴围村觉着与我无关。及至到社会中实践，奔腾澎湃，兼天涌来，没有一个地方可以逃脱。大家不自觉地卷在里边，起来倒下，倒下起来，演出惊心动魄的变更，朴围村便是其一。

是在重阳节后，天气已经冷起来，树叶已落尽了。李二嫂正在准备过两周年，她的心情也不像去年那种忧伤，她惊奇时间的威力，冲淡了她的苦痛。她正在收拾初安上的火炉，突然听到院中有嘈杂的声音，急忙开门，原来是李二嫂的弟弟崔武回来了。

自从那年县里发生问题，须要对军支差，刘金利用他在村里的力量，逼崔武离开家乡，道理是父母都去世了，姐姐们又都出嫁了，崔武身体结实，头脑伶俐，没有再比他更合适的。朴围村的人只要有一分奈何，是不愿离这条山沟的。崔武不到二十岁的青年，在威迫下也只好去了。

崔武跟着军队到省城，渡过黄河，却见了多少世面。他知道洋枪如何放，看见过火车头，不见人就能说话，听见唱戏，特别是黄昏时候，汽笛一响，一转眼全城的灯都亮了。崔武纯朴敦厚的心上，让这些新事物刻下了深深的印象。他坚信这是一种英雄人物。他觉着皇帝能推倒，天下没有办不到的事情！他从一个支差的小骡夫，逐渐结识了些军队里的朋友，身体愈来愈结实，力气愈来愈大。但是每到刮风下雨的时候，朴围村荒凉的景色，蚰蜒似的小巷，历历在目，两个姐姐的影子，不时出现在眼前，他想即时回去。现在他的希望已经实现，他脱离了部队又回到这个山谷内。

崔武是开朗的。他觉着还不满三十的姐姐，不应该这样尼姑式地活下去。李二嫂也不坚持她原来的想法了。二周年过后，崔武便与旺儿将德玉成的债务还清，抽回典契，决定姐姐改嫁。清明后的不久，她跑到丈夫的墓前，整整哭了半天。墓前的细柳，柔条下垂，春风缭乱着她的悲伤。她晓得这是最后的一次了，她眷恋墓前的春草，她更眷恋苦痛。五成站在她旁边，不时敦促："姨，回去吧！"当她扶着五成，慢慢地向旺儿家中走来时，忽然惊奇时间的飞逝。到了旺儿家内，坐着几个知心的常往来的邻居，问她："有什么要安置的？……以后还要见面呀！……这样好，时代变了！"

她们总不愿她离开，又觉得不应该留住她，他们不断地面面相觑，最后默无一言。

二更时分，李二嫂骑着毛驴，旺儿和崔武跟着，哭出村外去了。这时候满天镶着繁星,狗叫个不休。李二嫂开始她的新生活。她留给朴围村,不论是男女老少(除过刘金),很好的印象,使人敬重与怀念。

十

李二事故的教训,旺儿决心抛弃煤窑的生活。那年春天,他贩卖些杂货,背上货篓到各村游串。旺儿很聪明,又能吃苦耐劳,取利很低,深信"有志竟成"的原则。几年辛勤的经营,生意满有起色。他们一家三口,半商半农,看出是上升的,因为所卖的货物比德玉成价低,而村人又憎恶刘金的神气,他的货物出售快,周转灵,旺儿渐渐成了朴围村的新人物。

旺儿摸着底子,看出自己光明的前途,把五成送到蒙学里,他唯一的目的是学会算盘与记账,将来继承他的大业。倘使五成能够看懂《玉匣记》,那更喜出望外了。刘金不会把他看到眼内,但谈起时,他含讥带讪地说:"旺儿发达了!狗肚里爬出金狮子来!"

将临街的墙凿了个窗子,把住的房子又隔成两间,旺儿多年梦想:游商变为坐商,设立一个铺面,而今实现了,取名旺成号。在这年的年节,铺面上也贴出金头红纸的春联,放了几串鞭炮,挂出一对西瓜形的小纱灯。这对于德玉成好像是个示威。

旺儿是粗中有细的人物,他经常到蒙学里与高先生谈论,得到了许多知识,听到他五成有进步,更感到快乐,走起路来觉着腰里有力。他想:事在人为,一切都可办到的!旺儿在村里的地位提高,同崔武到省城走了一趟,见了见世面,突破了旧日的生活,他居然也做了一件青布大衣,行香接客时穿出来,看来有点不自然,旺儿却觉着非常得意,惹人重视的。

旺儿的女人,在时代与家庭的大变动中,也变成了一位出色的人物。她按照公事放足,随着文明梳盘头,她的勇敢并不亚于她的丈夫。村内的人讥笑她的大脚,她却特立独行,不顾众非,有时还理直气壮地碰几句："大脚，怕什么？匪来的时候，总比她们小脚跑得快些呀！"

这些都是时势造出的英雄，虽然无名，其奋斗精神，的确让人重视的。

十一

几年的光景，经过许多磨折，提心吊胆，旺儿也有了三十亩山地，朴围村除刘金外，他自然是第二位了。

这年的清明节，落在多雨的三月初，每日蒙蒙细雨，使人感到不可抵抗的烦闷。他提着食匣，五成荷着锹，向坟中走去。路上非常泞滑，很吃力地走上去，心中却不断地想：关先生看下的穴地是正确的。他父子们将出水的沟疏通，墓上又加了些新土，又转到西坡上给李二烧了纸，转过头来向五成说："你姨夫睡在这里不觉已快七年了！"

当旺儿回到家中时，看见地下蹲踞几个村人，吸着兰花烟，室内烟雾弥漫，像窗外的云天。他们谈着下种，又转到米粮的行情，更转为不定的年头。他们听驮炭的说："东镇安秃子死了，只驮回一只没头的棺材。"他们又说："食盐要起价，因为盐税增加。"反转过来征求旺儿的意见，旺儿说："没有公事，怕靠不住的！"

自从朝代鼎革后，社会起了巨大的变化。昔日的纠首，而今变为村长，刘金操纵着村里的大事，实际工作和开罪事情，却须旺儿承担。旺儿辞不掉，却又不愿做，经过多次的说合，始确定轮流担任，这一年是旺儿的村长。朴围村的乡人们，经过几次的变更，涉及实际生活，他们淳朴的心上，也注意起时代的动静。

那天快到午饭的时候，天空满布一层薄云，从临街的窗外，忽然传来人马杂沓的声音，打破了村内的沉静。旺儿知道有事，急忙出去，看见一个背枪的人，牵着马，旁边走着服装整洁戴黑眼镜的先生。他们把马掠住问村长的住处，旺儿即来周旋，请到铺内，始知来自城里，执行查学与查脚的任务。门外围着看热闹的闲人们，随着有的进来，有的散了。不久,朴围村起了天翻地覆的波动。蒙学里把禁书藏起,《三字经》、《百家姓》、《论语》、《孟子》……都塞在学生的裤裆内。小脚妇女们都闭住房门,不敢出去,有的躲在后洞内。那五十岁的花姑,却在地上打转,不断地叫骂:"什么年头,这些该死的秃子们,管人管到老娘的脚上来!"对面的柳婶急得叫:"少说两句吧!当心人家进来的!"

办公事的倒也和气,到蒙学里坐了坐,就在那里吃了午饭,照例说了几句官话,照例嘱咐村长要认真办理,留下公事走了。王二一直送到村外。蒙学的高先生看看那一堆公事,有的要贴在五道庙墙,有的要留下参考,并说四月底要在城里开会。

这几天,旺儿家赶衣服,做袜子,准备旺儿进城。到走的那天早晨,她红了脸说:"你回来时,买些鞋面、墙上挂的镜子。"旺儿无条件地答应。他出了村,爬上二梁顶时,转回头看他去年腊月里买的五亩山地,深感到幸福,腿上增加一股力量。

十二

几年来,旺儿的发展可说是一帆风顺的,但是事情总有曲折,事与愿违,好像命运从旁戏弄,故意与他为难。

旺儿虽然憎恶煤窑,摆脱背煤的生活,但他却明白开窑利厚,是发财的捷径。他将年来的积蓄投在新煤窑上,继续与人合股,他承担了大部分。从初夏动工,整个夏天用的许多人,旺成号支持着需要的钱财与货物。柜上周转不开,居然出了钱票,仿佛有孤注一掷之势。朴围村议论不一,有的以为旺儿是百发百中,有的以为是骑虎难下,而旺儿从七月十五后,信心便开始动摇了。但是,每天背出的岩石,依据有经验的人说是快接近炭层了。

八月初的一个早晨,旺儿照例到了窑上。长清笑向旺儿说:"快了,你叫铺子里多买些鞭炮!"旺儿抓起一块新背出的石头,看了一看说:"像这层的石头,确是快见炭了。炮买了不少,就是羊也喂肥了!"

旺儿离开窑上，慢慢往回走，沿路的庄稼着实长得好，他不断地想，地里的丰收，将来窑的红股，旺成号这年的利润，他觉着今年便是转运致富的关头。以前的动摇，现在又像稳固起来。

没有人的时候，旺儿将鞭炮、香纸准备好，揭开油缸看看足够支应窑上的需要。他最喜欢听着人说："不出八月十五！"每逢窑上回来取油的时候，他总问："今天怎样？"那取油人说："快了！"旺儿又说："一见炭，就着人回来！"这几天委实是紧张得很。中秋的前两天，估计要见炭，正当要杀羊庆祝的时候，突然水淹了，几乎发生事故。这是一个致命的打击，虽然认识不一致，纵使还有开采的希望，但需要加倍的投资。旺儿心烦意乱，不知所从。他不知道到哪里好，这个中秋节对别人是快乐，对他却是苦痛。他低着头在街上走着，正好碰见刘金，刘金摸着他的猫须，带有讽刺地说："干吧，时代变了，水会退走的！"

旺儿像害了一场伤寒病。想他这样刻苦起家，胆怯而又贪婪，是禁不起这样打击的。窑上的努力，已到绝望的境地；铺上的情况虽好，却填不满这个自挖的深洞。刘金嫉妒旺儿，从旁冷眼看他。德玉成收集旺成号发出的钱票，集了一个庞大的数目。在腊月最紧张的时候，德玉成的掌柜下令向旺成号袭击，要求兑现，好容易应付过去，旺成号虽不致倒闭，却大伤元气，到苟延残喘的地步。在旺儿来说，这比水淹炭窑还沉重，因为旺成号是旺儿的命根，现在有覆灭的危险。

十三

旺儿禁不住这种失败，心情沉闷，力已枯竭，没有医治他创伤的地方。每天从家中走到街上，即刻由街上回到家中，站在柜台前不断凝想一幕一幕的经历，想不到会有今天的景况，最后没理由地叹气，有时尽流两道清泪。一手经营的事业，费了如许的辛苦，而今像初春的雪堆，渐次化为水，变为气，散在缥缈的太空。他的梦想，宛如海上蜃楼那样壮丽，结果是寂然消灭。他要忘却与逃脱，不可能，他已失掉自由，望着沉默的天，只感到非常的恐惧。他想起蒙学高老师批的八字，这几年不大顺利，难道过了凶年，不会还有好的时候吗？

不只如此，自从清明以后，没有落一滴雨，许多农民不敢下种，即使种下的，也出不齐，即使稀疏地出来，在强烈的阳光下，禾苗也奄奄待毙。五道庙的前面，每天闲人愈集愈多，谈论天旱，谈论祈雨，谈论逃荒，谈论谁家存的多少粮食。偶然来个驮炭的，便问有没有哪里下雨的消息。旱的区域很宽，从光绪三年以来，未曾见过这样的年头。整个六个月的天空，高而可怕，没有一层薄云，泉水已快枯竭，树叶变色下垂，到处感到饥饿的恐怖，这个荒年将有人吃人的危险。

五成守着旺成号，不敢进货，亦没有生意。旺儿到铺子里这边，只是看看箱子，存款无几；回到家里那边，揭开瓮子，存米无多。在这种苦难的环境，旺儿禁不住刺激，渐渐精神错乱，他疯了。

十四

屋后的椿树，像一个久病的老人，没有血色，没有神气。院中几盆金盏花，无力地开着，配着这株椿树，形成一种颓废景象。旺儿病着，在院中走来走去，不停止地长吁短叹，他瘦而高的身体，在院中拖下长长的影子。头发有二寸多长，从不肯让人剪一下。脸发青紫色，像涂着一层油，绣着的条纹，刻画出两种不同的情绪：窘迫与游疑。他把两手交叉在背后，时缓时速地在院中走动，忽然坐在地上，将鞋向空中抛掷，大声发笑起来。看着这种情形，旺儿家含着不敢流出的眼泪，给他拾回鞋来，哀告他穿上，他却躺在地上打滚。旺儿家耐心地温和地劝说他，像是对待受了委屈的孩子。她要他从地上起来回去睡一睡，旺儿却瞪起眼睛，迟滞地看她，总是不肯起来，突然问："你说，你说，咱的日子怎么过呀？"旺儿瞪着眼睛，含着游疑的神情，摇了摇头，苦痛渐次展到脸上，最后流出两道清泪。

漫长的夏日，旺儿的病一天一天加重。每到他睡着的时候，旺儿家坐在门前，边做活边想："有什么办法呢？"经过多少曲折，旺儿才同意请个医生来看病。从二十里外请来的医生，诊断了，始知这疯痰症不是短期能治好的，除服药外，还须长期静养。

每次煎药给丈夫服，旺儿家总要经过一番细心的准备，进行一次剧烈的斗争。药煎好后放在柜子内，不能使病人看着。顺着病人心意，到他心情稳定的时候，解释药的效果和病已好转，鼓励他吃。有时还须说这是最后一剂了。经过许多周折，始能完成吃药任务，而旺儿家头上的汗早不断地掉下来。

有一天吃完早饭，要吃药了，旺儿看见那个盛药的碗，突然放声大哭着向外便跑。旺儿家莫名其妙，在后边追着不断地叫喊："快拉住他！快拉住他！"村人拉住他，围了一群人。旺儿就势坐在地上，睁着可怜的眼睛说："我不回去，我不吃药，那是毒药！"他低头大哭起来。朴围村的人是可爱的，年岁较大的扶持着旺儿，后边跟着一群看热闹的孩子。有人便劝说孩子们："这有什么看头，快回去！"

旺儿把街上的石子装在口袋内，慢慢走回家中，坐在台级上不动了。他望着天上的浮云，说着一种言语，含意不明，也不知是向谁叙述。他笑着，摸摸口袋，掏出石子来，摆在面前，移来移去。突然又站起来兴奋地说："你来呀，你来呀，你看这些银子！"

旺儿家扶着他，觉着他四肢发抖，手心很冷，正像抽筋。她偷擦自己的眼泪说："是银子，是银子，咱回家吧！"

十五

旺儿进到室内，靠着炕沿，垂头凝思，突然听见有人敲门。他便扯住妻子的手害怕地说："要债的来了！怎么办？"门敲得分外紧张，旺儿两手抱着头，像鸵鸟似的藏起来。旺儿家出去，才知道敲门又是"送公事"的。

近几年，经常有送公事的。旺成号的墙背上，五道庙的墙壁上，公事几乎贴满了。村人识字的并不多，贴倒了，好像是应该的。不管倒贴与否，什么整理村范，注音字母，今天出这钱，明天出那捐，却曾把旺儿弄得手忙脚乱。旺儿是村长必须去办，却惹来村人许多怨言。当官家来了大显威风时，旺儿没奈何便生气地说："这真是骆驼穿针眼，打死也过不去！"在他得病前，又要办什么保卫团，村人怕当兵，一齐同盟了抵抗旺儿。他曾辞过两三次村长，终于还得继任下来。有一次，旺儿因为看不懂公事，冒雨去找高先生，听了解释后，皱着眉头，慢慢地说："怎么办？这比山里的老虎还可怕！"他又冒着雨走了。高先生不断地想："怎么办？苛政猛于虎。"

旺儿初病了那几年，刘金担上村长的任务，官家另眼看待他。旺儿病久，五成却长大了，也认识几个字，村长这不祥的工作，便又从刘金头上转落在五成头上。这时候打斗很紧，旺儿家出去，隔门向送公事的说："丈夫病重，儿子不在家，你留下去吧。"正在这时，旺儿却跑出来，大声说："好讨厌，我又一下死不了！"他以为是讨债的。

送公事的眼一瞪，一脚踢开门，一个箭步扑上去，一把抓住旺儿，问他骂谁。旺儿家急得跑去哀求，同时又来了几个人劝说着，才算了结。送公事的风凉地说："公事不是我的，你骂谁！我看你的皮子发痒吧。……"旺儿家拉她丈夫回去，她急切盼五成回来。

十六

到七月初，天仍旱，朴围村的人感到灾年的威胁。旺儿的病愈加沉重。他睡在炕上，村人与亲戚们不断地来看病，情势不好，都感到没希望了。旺儿也不叫喊，也不呻吟，瘦黄的脸上嵌着失神的眼睛，使人恐惧。五成担任着村长，同时维持着旺成号，苟延残喘。对于父亲的病，想做最后的努力，但是医生觉着束手无策，拒绝继续诊断与开方了。经旺儿家的恳求，医生最后写出个奇方，所用的药须到大药铺里买去。但是医生说这也仅是尽心而已。

为了不遗后悔，旺儿家坚决主张五成到城里买药。她把给儿子结婚用的首饰取出，要五成去当。因为她清楚丈夫死了，儿子结婚也要推迟的。

五成赶到城里，在当铺的柜台上送进首饰，又回到药铺的柜台取了药。当票与药票叠在一起，他回来了，他晓得父亲吃上这剂奇药，也不一定病会好，但是母亲的心却安稳了。

果然，旺儿吃上奇药，并未见任何效果。

过了两天，五成起床后，感到一点冷意。他走到院中，金盏花上含着晶莹的水珠，他知道夜间下雨了，虽然不多，仍然还会有几分收成。他跑到旺儿的身旁，高兴地说："下雨了，爹！下雨了！"旺儿慢慢地看着他，似有许多话说不出，却在焦唇上浮起无力的微笑。五成看到这种情形，与往日情形不同，病人脸上完全苍黄，出气十分困难，预感到时辰快到了。他沉闷地退出，觉着双腿无力，像悬在空中。他走到将要倒闭的旺成号，站在柜台前出神。忽然听到她母亲的哭声，五成知道"完了"。急忙跑回去，旺儿已经断气，旺儿家拍着两手在炕上号啕打滚。

十七

李二嫂没有改嫁给吴忙，因为世上哪有这样遂心的事！但她改嫁南庄苏林后，生活却也非常幸福，逐渐医治了昔日的创痛，心情愉快起来了。苏林是个笃实健壮的农民，力气大，一次能吃斤半莜面。他种着刘金的地，相处得很好，并不是刘金仁慈，而是苏林记者他父亲的训诫："种人家的地，就要受人家的气！"

苏林人缘很好，南庄居民不多，都和他非常亲热。为了他娶李二嫂，这家给他出钱，那家给他出力，全村的人说："好容易成立个家，总该像个样子！"苏林听了后，也没有啥，总是质朴地笑一笑。娶过来后，南庄的人都说："这才是一对好夫妇！"

在这个山沟里，南庄更为偏僻，既唱不起一台戏，也搞不起一出社火。只有两家世袭的吹鼓手，平日山沟里一般婚丧事故，都由他们来担任，逢个阴雨的时候，这吹鼓手和村人们便集聚在一个屋里，吹弹起来。苏林娶妻后，也就常在苏林家里演奏，清音嘹亮，十分动人，而这个闭塞南庄的青年妇女，每个人也都会哼出《大得胜》、《山坡羊》等调子。白家村、朴围村素来都看不起南庄，可是南庄的人也看不起他们。苏林好说："二小子敲锣鼓，自得其乐！"

刘金始终未忘情于过去的李二嫂——现在的苏林嫂，他觉着苏林种地多年，有什么力量敢反抗！从前他调戏李二嫂，那时她守寡，自然寡妇门前有三尺禁地，而且在自己村里也不好太不像样。现在不同了，他觉着只要他动，没有不到手的。有钱人总以为钱是万能的，只要肯用钱，什么都能做到！他不知道他对苏林嫂仍然估计错了。

一年秋天，苏林嫂在场上断穗，突然看着刘金走来了。她心上一跳，满脸尘土，早流着汗，现在更流得多了。因为她忘不掉改嫁前元宵节后那幕卑鄙的丑剧的。她坐在那儿继续断穗，刘金却已站在场边。刘金便问她："苏林呢？"苏林嫂很不自然地回答："就回来了！"刘金要求到："天真热，弄点水喝吧！"

苏林嫂站起来，抖了抖身上和汗巾上的谷皮，她边走边说："我回去提水壶。"刘金跟着她说："看来你比以前胖了！"苏林嫂直感到情势不对，焦急着不知如何应付这个局势。她走着，腿发软，盼苏林快些回来。正在这个时候，柳大娘却好走出来了："苏林家，怎么回来了？"苏林嫂看到是个机会，接着说："刘财主要喝水，我回去烧火。"柳大娘知道刘金的为人，隐约也听说过他图谋过李二嫂，便笑着说："原来是刘财主，不是外人，就来我家喝点水吧，苏林家快不要烧火了！"刘金无可如何，只好走到柳大娘家里。

刘金进到柳大娘室内。苏林家帮着柳大娘烧水。柳大娘摆上碗后，

笑着说："怎么刘财主有工夫来我们这里？"刘金回答："来收租，还商量下年的事。"刘金这次来的目的，是要与苏林谈判，一方面要苏林离开南庄，做他永久的长工，那样苏林家自会水到渠成。如这方面不能实现，即要增租，使苏林经济负担加重，搞他个家败人亡，这样，苏林家也会落在他手里的。刘金是不允许别人有许微的好处的。他凭着他的钱便在这山沟内做山大王，旺儿的遭遇就是他最得意的杰作。

刘金正想玩些手段调戏苏林家，不料苏林走进门来了，他只得和苏林呱嗒起来。苏林了解了刘金的来意，以为搬到朴围村，给他家做永久的长工是不可能的。他还没有想到刘金在图谋他的老婆，单就刘金的刻薄，他早就不能忍受了，至于不这样，就要失掉所租的土地，那也无法，只好听天由命吧。苏林就这样拒绝了刘金的要求。刘金含着怒意离开南庄，心里想："苏林，你好不识抬举！"

十八

崔武看他二姐改嫁后，接着看到旺儿的遭遇，在朴围村住了一时，着实再住不下去了。他觉着还是在外边好，痛快，没有这样沉闷。他虽自觉是个英雄，却感到没有力量打破朴围村的铜墙铁壁，可是不住在铜墙铁壁里边，却能完全做到的。于是他拜别了两个姐姐，背上那点简单的行李又走了。朴围村的人为他可惜，长清有时怀念他说："假如崔武讨个老婆，也许会拴住他吧？"

这年冬天，刘金确定抽回地来，不再让苏林种了。为了这件事，苏林夫妇俩商量了不知多少次，托人也说过情，刘金总是那句话："地是我的，苏林不识抬举！"苏林不种地也没有什么，只是德玉成的伙计，一次又一次地来催债，说是除过年年还了的利钱外，净欠的五十元，是他父亲留下来的债。

苏林家是有经验的，她明白刘金的意图，但是她不敢明说，她只劝苏林忍耐，总有还清的一天。这天，天气阴沉，云雾笼罩着山峰，

德玉成的伙计，手里拿着鞭杆，肩上挎着钱袋，慢慢地走来。正好碰着苏林背着一桶水，他严厉地说："准备好了吧，苏林！"苏林说："没有。"要债的边走边说："没有，那不行。财主想的办法，你不听，那你就得还！"苏林说："没钱，还个什么？"要债的赶前一步，好像要和苏林说个长短，见个高低。苏林便将水桶就地一放，转身问道："你要怎样？"要债的说"还债！还不了卖东西！"苏林说："没东西！"要债的接着说："卖你老婆！"苏林听了这句话，不知哪里来的一股力，扑过去就是一拳："你妈的，老子不活了！"南庄的人急忙走来，大家劝说苏林。要债的没有受伤，却受了大辱，水也不喝，转身走了。走了好远却回头说："苏林，你等着瞧，有你的住处！"过了五天，县衙门将苏林传去拘役起来了。

　　快过旧历年时，苏林家整天愁苦，想起那年李二死的情况，还在眼前。曾几何时，又受到刘金的压迫，苏林被拘在县看守所，她曾去和姐姐商量，可是旺儿家景况不佳，五成未见过多少世面，也仅叹几口气。

　　除夕的前五日，崔武却回来了。他了解了二姐家中的情况，很清楚虽和大姐家不同，却都是刘金造成的。他问明白前后经过，就在第二天到县城去了一次，嘱咐苏林放心，总有解决的一天。

　　他又回到朴围村，找着刘金，想探探刘金对了结苏林事情的条件。刘金要求：除还清债外，还要赔罪。因为几十年来，德玉成的伙计才是第一次受到侮辱的，因此，苏林必须亲自上门赔罪，始能和解。崔武提出：还债是可以的（他带回的钱，虽说不够，所差无几），赔罪是不行。因为苏林已押在看守所，打了不罚，罚了不打！他们坚持不下。刘金摸了摸猫须，站起来说："不行，看谁拖倒谁吧。"崔武脸变得发紫，压住怒火，慢慢地走出来了。

十九

　　过了元宵节后，崔武来看他二姐，苏林家忍住眼泪，把前后的情形，又一次详细地告了他弟弟。崔武两眉直竖起，满脸怒容，他明白姐姐受了多少委屈。刘金的霸道，使他想到如何教训他一次。他将德玉成的收据交给他姐姐说："你保存好，再有半个月，姐夫就出来了。我们已经还清了德玉成的账。万一他无赖，这就是凭据！"

这之后，崔武经常在街上站着，不大说话。有一天长清抱着他四岁的男孩，走到街上，孩子非常活泼，不断向崔武叫："武叔，糖！"崔武接过孩子来，向挑担子的买了麻糖，笑向长清说："好孩子！我快走了，不知何时回来，也许再见不到他了！"长清很奇怪，严正地说："老武，才过了年，你说这不吉利的话！"崔武把孩子交给长清，低下头去，一言未发。

崔武走到村外。虽然春光媚人，他却感到一点寒意。他看着周围静默的高山，非常熟悉，也非常亲密，想起幼年时节，这些地方，到处都有他的足迹，山的那边便是他出生的西村。他觉着这里着实好，但是无法住下去。他跑到路旁的地里，抓了一把土，包在小手巾内，他记得一个军队朋友说："久出门的人，身上经常要带家乡的土，病了时，开水冲一点，喝上会好的！"他非常闲静地动作着，眼睛却不断瞭望着山坳的那边。

崔武将衣服整理了一下，将镰刀看了一看，拿在手内摇了一摇，他坐在冰冷的石碑后。约在下午三点多钟，山坳里走下一个人来，崔武的心有点跳动，他向四周扫了一眼，跳下去，抢前走了一段，因为那边地面较宽一点。这时候刘金从城里回来，粗高身体，面上带有几分疲惫的神色。刘金突然看到崔武，心上吃了一惊，正在发呆，崔武有力而沉静地说："站住！"刘金急问："怎么？"崔武扑过去劈头一镰，刘金的烟袋并没有挡住，崔武跟着又是一脚，刘金倒在地上，恐惧地说："老武，活着怎么也好说！"这是一种哀求，可是崔武突然感到后果，又上去向头上乱劈，刘金起初还喊，随着停止了。

太阳渐渐落在朴围山后，四周静默，崔武手执镰刀，没有看一眼，大踏步地走出这山区，逃走了。这是朴围村的一件奇事，村人质朴的心上永远惊悸地记着崔武。

二十

旺儿家始终是个有骨气的女子。自从丈夫死后,她一不啼哭,二不叹息,只想将铺子折算,变卖些土地,清理一切债务,好使她丈夫不落个欠债的名。她痛定思痛,自然是难受的,但想及她儿子五成,将来结婚后,生男育女,她活着还是幸福的。她看着五成蹲在地下,风吹着他剪了的头发,那样笃实,可是没有经过磨折,或者说磨折太早了,便含泪说:"五成,不要难过,除了死的都是活的。我们的债务,卖上些地便够还清了。比起你姨姨来,我们还算好哩。你父亲量小,放不开。实说吧,肯活便是会活呀。"

五成注视着母亲有力的面孔,他的愁苦好像消失了。他幻想着喂上一头驴卖炭,经常跑城里,却又觉着算不过来,因为这种职业与种地是矛盾的。他想到他舅父崔武,渺无踪影,明知永远不会回来了。他想他姨夫苏林,虽是出了狱,仍是背上篓子上窑,生活清苦,只是再不受刘家的气了。他自己估量没有他父亲的聪明,也不善于计算,在蒙学认下的几个字也早忘掉了。他伸出粗笨的手,看了看,他觉着浑身还有劲,除夏天种地外,冬天上窑,恐怕是必需的!

旺儿死后一周年后,母子俩仍住在旧院中。满院椿树的枯叶,充满秋色,旺儿家看着五成说:"你父亲丢了煤窑,找来许多麻烦,看来还是有个命!"五成站起来,取过他新买的篓子,沉重地向他母亲说:"今年冬天试一试,跟上姨夫背炭,也不会有什么!"旺儿家说:"咱们这山沟里的人不上窑还做什么?"

这年冬天,五成和他父亲年轻时一样,背上篓子开始了煤窑的生活,在他是初次尝试,在朴围村说却是古老的规律。他觉着这是他唯一的道路。那天下午,五成从窑上疲倦地回来,旺儿家将饭准备好,问他说:"怎么样?"五成无可如何地说:"有一天,总要把这个篓子丢掉！"

天已快黑了，五成的话，像在无尽的荒山内的蟋蟀发出的秋声。

后　记

翻箱底，翻出二十三年前写的这篇稿子，纸色苍黄，墨色变质，有许多字已模糊得认识不清了。

我想起当年写这篇文章的动机：是在暴风雨快来的大海上，晓平和我倚栏望着起伏的波涛。身在远方是爱说家乡事的，我们谈到旺儿、李二嫂……在可怕的沉静中，晓平突然说："你不应该把他们记叙出吗？"

想到这几个熟悉的面孔在阴暗中搏斗，他们忧积愁心，终身拴在生活的铁柱上，做那没有结果的斗争。当时，除过他们忍受高傲的苦痛外，着实没有更好的办法。我试将这些人物记叙出来。

今年春，我接待了来自家乡的远亲。我们又谈到早已遗忘的旺儿、李二嫂……他沉思了很久，忽然站起来眉飞色舞地说："他们没福气活到现在，村里变了，变了，好得很！"我突然感到面前站着一个巨人，像朴围村耸入云霄的山峰。

我检出这篇残稿请他读，他看完后说："现在有许多青年，身在福中不知福，老一代的事情，应当让他们熟悉的。"为此，我决心把它发表出来，请大家指导。稿子没有题目，因为事情发生在朴围村，所以也就叫它朴围村。

一九五七年七月

原载《火花》1957 年第 9 期。

回忆鲁迅先生

我是在 1924 年冬天黄昏的时候去看鲁迅先生的。那时，我刚 20 岁。鲁迅当时住在北京宫门口西三条胡同二十一号。经过敲门探问，我们被接到了鲁迅的工作室内。房间并不宽大，却很整洁。靠近窗子是床铺，窗外是后园。《野草》和《秋夜》中说："在我的后园，可以看见墙外有两株树，一株是枣树，还有一株也是枣树。"（《鲁迅全集》，二，第157页）他的桌子整洁而宽大，不摆书籍与稿件，只有些文具、时钟、烟盘。他经常吸的是极普通的哈德门香烟。

鲁迅先生瘦而不高，平头，穿蓝布长褂、皮鞋，衣服很素净；精神很饱满，眼光锐利，像常常在战斗。去看他的人，多是青年，很随便，自己找坐处，说话也不拘束。鲁迅常说笑话，自己却不笑。他对青年非常热忱。

我见鲁迅先生的那年（1924年冬到1925年冬），正是鲁迅写《野草》的那年。《野草》是他著作中重要的作品之一，却不大好懂。他在《题辞》中说："当我沉默的时候，我觉得充实；我将开口，同时感到空虚。"他觉着"依然在沙漠中走来走去"。在 1925 年的元旦日，鲁迅"因为惊奇青年的消沉写了《希望》"。这是一篇深刻而热情的作品。他问："世上的青年也多衰老了么？"鲁迅有不断革命的精神，所以他爱屈原《离骚》上的诗："路漫漫其修远兮，吾将上下而求索。"

鲁迅对青年总是有深厚的希望。他在《秋夜》中说那细小的粉红花："……梦见春的到来，梦见秋的到来，梦见瘦的诗人将眼泪擦在他最末的花瓣上，告诉她秋虽然来，冬虽然来，而此后接着还是春，蝴蝶乱飞，蜜蜂都唱起春词来了。她于是一笑。……"（《鲁迅全集》，二，第157页）

鲁迅在《一觉》中也说："是的，青年的魂灵屹立在我眼前，他们已经粗暴了，或者将要粗暴了。然而我爱这些流血和隐痛的魂灵。因为他使我觉得在人间，是在人间活着。"（《鲁迅全集》，二，第211页）

鲁迅不空谈理论，而是要实践，这是最可宝贵的。记得在1925年初，北京一家报纸的副刊编辑，征问青年必读书。那时，我问过鲁迅先生；问后，他抬起头来，沉默好久，说"除线装书和印度书外，都可读。不过在平时，我没有留心过"。后来，他回答这家报纸的征问时，在当时的情况下谈了他的感想：

我看中国书时，总觉得就沉静下去，与实人生离开，读外国书——但除了印度——时，往往就与人生接触，想做点事。

中国书虽有劝人入世的话，也多是僵尸的乐观；外国书即使是颓唐和厌世的，但却是活人的颓唐和厌世。

前边所举，是当时的情况，现在情形当然不同了。

鲁迅先生的经验十分丰富，也是十分可宝贵的。因为事无大小，只要是经验，总得付出惊人的代价。他在《经验》一文中说："古人所传授下来的经验，有些实在是极可宝贵的，因为他曾费去许多牺牲，而留给后人很大的益处。"又说："所以一切经验，是只有活人才能有的。"（《鲁迅全集》，四，第412—413页）

"凡事总须研究，才会明白。"前边所举事例，说明鲁迅多么热爱青年。1925年，他作《希望》，为了唤醒青年，不要消沉；他作《一觉》之后，感到当时军阀的专横。此后不能在北京住了，他不得不离开北京，也不写《野草》那样的作品了。时代在变化，鲁迅也在变化。

他飞跃地前进，从十字街头，走向战斗的道路，毛主席指引的革命道路。

毛主席给予鲁迅以崇高的评价。

毛主席在《新民主主义论》中曾这样说："而鲁迅，就是这个文化新军的最伟大和最英勇的旗手。鲁迅是中国文化革命的主将，他不但是伟大的文学家，而且是伟大的思想家和伟大的革命家。鲁迅的骨头是最硬的，他没有丝毫的奴颜和媚骨。这是殖民地半殖民地人民最可宝贵的性格。鲁迅是在文化战线上，代表全民族的大多数，向着敌人冲锋陷阵的最正确、最勇敢、最坚决、最忠实、最热忱的空前的民族英雄。鲁迅的方向，就是中华民族新文化的方向。"（《毛泽东选集》，二卷，第669页）

鲁迅的学术文章，十分深刻犀利。他有强烈的造反精神。如《朝花夕拾》中，对"二十四孝"竭力抨击；揭露"卧冰求鲤"、"郭巨埋儿"等倡导的"孝"，不只不近人情，而且凶残无道。鲁迅从收集的许多资料中，发现一条真理："礼教吃人。"

鲁迅于1918年写的《狂人日记》中说："古来时常吃人，我也还记得，可是不甚清楚。我翻开历史一查，这历史没有年代，歪歪斜斜的每页上都写着'仁义道德'，我横竖睡不着，仔细看了半夜，才从字缝里看出字来，满本都写着两个字是'吃人'！……"

"我也是人，他们想要吃我了！"（《鲁迅全集》，一，第12页）

"有了四千年吃人履历的我，当初虽然不知道，现在明白，难见真的人！"

"没有吃过人的孩子，或者还有！救救孩子……"（《鲁迅全集》，一，第19页）

鲁迅从祖国的古籍中，一方面把封建道德，归结到"礼教吃人"，必须予以破坏，救出没有吃过人的孩子；另一方面，鲁迅对发扬伟大祖国文化的遗产，如历代图画、版画、史地佚书、古逸小说，都有很大的成就。

从研究六朝文学出发，鲁迅研究佛经，接触到梁代范缜（公元445？—515？）的《神灭论》。范缜是我国的唯物主义者和无神论者。鲁迅最初的唯物知识是从范缜那里学来的。但是更重要的，自从1927年后，鲁迅的革命实践，不但扩大，而且深入了。因为俄国伟大的十月革命的成功，给鲁迅很大的鼓舞；同时，由于中国共产党的领导，他看清自己要走的道路；他接触到许多优秀青年，给他光和热，使他有力量同黑暗搏斗。为此，每当斗争的时候，鲁迅总是站在党的立场，站在党性和党的政策的立场。1926年3月间，他说"世界的进步，当然大抵是从流血得来"（《鲁迅全集》，三，第192页）；又如鲁迅回答"世界社"的意见中："我赞成世界语，是因为可以由此联合世界的一切人，尤其是被压迫的人们。"（《鲁迅全集》，七，第706页）

鲁迅"代表全民族的大多数"，他以犀利的笔锋，揭露托匪们的罪恶，英勇地维护了毛主席的革命路线。当毛主席领导工农红军胜利抵达陕北时，鲁迅立即去贺电说："在你们身上，寄托着中国与人类的希望。"

鲁迅的思想、文章的来源，有许多是来自外国的。鲁迅重视弱小国家的作品，如东欧和北欧国家，《域外小说集》反映了这种精神。他对俄国果戈理的作品、日本厨川白村的批评，都很喜欢。在《中俄文字之交》的一文中，结尾时说："在现在，英国的肖、法国的罗兰，也都成为苏联的朋友了。这，也是当我们中国和苏联在历来的'文字之交'的途中，扩大而与世结成'文字之交'的开始，这是我们应该祝贺的。"（《文学月报》，第一卷，第350页）

我觉着：鲁迅伟大的精神，有如一座高山，风雨吹荡他，云雾包围他。但是，人们在那里呼吸时，比别处更自由、更有力。纯洁的大气，洗刷思想的污浊。鲁迅先生就是这样一座高山，屹立在钱塘江畔，他的侧影，耸入无垠的天空。

我们不能生活在高山顶上。但是，我们要努力攀登这座高山，清洗我们思想中的污浊，加速脉管中的流血，认识我们的责任，增强斗

争的实力。在毛主席和党的领导下，我们要发奋图强，艰苦奋斗，学习鲁迅先生的精神，建设我们伟大的社会主义祖国。

1972.10.19

原载《山花》1972 第 1 期。

（《山花》是 1972 年山西大学中文系出版的综合性内部刊物。《山花》试刊第 1 期主要刊载了当时中文系师生纪念鲁迅先生逝世三十六周年的文章和文艺习作。）

回忆罗曼·罗兰谈鲁迅

1925年冬，我辞别了鲁迅先生，去法国做一个勤工俭学生。那时我法国之行的决定很大程度上是受先生思想影响的。鲁迅先生认为线装书是有毒的，在书籍中除过印度和中国书外，其他书都是可读的。于是读洋书就成了我青年时代的理想。

到法国后我在里昂一家人造丝工厂做工，几年后，又转到瑞士学习。那时，总渴望着见一次罗曼·罗兰先生，谈谈中国、谈谈中国的现实，谈谈我们这个时代有关青年的问题。

我记得是1929年11月的一天，我应约去访问罗曼·罗兰先生。他住在"西劳故宫"[①]附近的新村，位于虹河入列芒湖口虹河[②]，法国同瑞士交界的地方。"西劳故宫"是瑞士历史上的古迹，争取日内瓦市自由的英雄波尼瓦[③]就曾被囚居在这里。波尼瓦因为反对查理斯三世[④]被捕后囚于此宫之古堡中，于是该堡成为市民运动中争取自由的纪念地

[①] 即位于瑞士日内瓦湖畔的西庸古堡（Castle of Chillon），又译锡隆堡。——编者注
[②] 即罗纳河（Rhone River），列芒湖即日内瓦湖（Lac de Genève），又译莱芒湖。——编者注
[③] 即瑞士日内瓦独立主义者费朗索瓦·博尼瓦（François Bonivard, 1493—1570）。——编者注
[④] 应是指西班牙国王（1516—1556）、神圣罗马帝国皇帝（1519—1556）查理一世（Carlos Ⅰ, 1500—1558），亦称查理五世。——编者注

之一。诗人拜伦①曾歌颂过这位英雄人物，罗兰先生正住在这古堡附近的富尔嘉别墅。他选择这个地方来创作，也许有深意吧！

这座别墅建筑在郁郁葱葱的树林中，风吹着沙沙作响的落叶声中又夹着鸡犬之声，幽静中有不少生活的情趣。

一进入庭院，满院里充满了初冬的阳光，使人享有一种温暖的宁静。屋后的高山，衬托得这座别墅更宁静了，房舍、树木，连周围的气氛，都静得和山一样。我立刻想起我们中国的古话"仁者乐山"。有作家良心的罗兰，是可以当得起"仁者"这个称号的。

最后，我终于看到那位瘦骨嶙峋，身材细高而充满激情的罗兰先生迎面走来，他正像一座耸入云霄的青峰，峙立在我的身旁。

罗兰先生坐在堆满书籍的接待室内接见了我。那间接待室并不考究，到处是一种舒适的、随便的、带点散漫的气派。罗兰先生谈话时细长的手指不停地抚摩着一只他很喜爱的猫。我原来多少有些紧张的心情，立刻松弛了。我和他无拘无束地谈了起来，说了许多问题。

罗兰很有兴趣地谈了许多有关中国的情况。罗兰谈话的大意是：中国是个伟大的国家，因为她拥有古老的文化，她爱好和平。可惜欧洲人不了解中国的情况，更不了解中国现实的情况。托尔斯泰晚年，十分追悔没有很好地了解中国，没有多接近中国人。但他和中国人仅有的两次通讯，已反映出他的精神。一次是和居留在德国的陈季同的通讯，另一次是和中国的学者辜鸿铭，但这两位给他的影响是很有限的。当时他正在研究托尔斯泰，所以一说就说到他熟悉的题目上去了。

罗兰先生接着又说："我也有托尔斯泰晚年的心情。前几年，敬隐渔先生将鲁迅先生的《阿Q正传》译为法文，我才开始接触到现代的中国。鲁迅的阿Q，是很生动感人的形象。阿Q的苦痛的脸，

---

① 即英国诗人乔治·戈登·拜伦（George Gordon Byron，1788—1824）。——编者注

深刻地留在我心上。可惜许多欧洲人是不会理解阿Q的,当然,更不会理解鲁迅创造阿Q的心。我很想念中国,但恐怕我也不会到中国了。"

原载《晋阳学刊》1981年第5期。

附录：阎宗临著述年表

1925 年

《读琴心女士〈明知是得罪人的话〉之后》，《京报副刊》第 118 期。

1928 年

《关于〈献给自然的女儿〉》，《长虹周刊》第 4 期。

1931 年

《巴斯加尔的生活》，《中法大学月刊》第 1 卷第 1、2 期。

1932 年

《巴斯加尔的生活》（续），《中法大学月刊》第 1 卷第 3、4 期，第 2 卷第 1 期。

《哥德与法国》，《中法大学月刊》第 2 卷第 1 期。

《戒指》，《南华文艺》第 1 卷第 9、10 期。

1933 年

《巴斯加尔的生活》（续完），《中法大学月刊》第 2 卷第 3、4 期，第 3 卷第 1 期。

《查理·波得莱尔》，《中法大学月刊》第 4 卷第 2 期。

1935 年

《东归杂感》，《新北辰》第 1、2 期。

《大雾》,《新北辰》第 3、6、7、8、9、10 期。

《文艺杂感》,《新北辰》第 3、4、6、7、10 期。

《墨魂》,《新北辰》第 10 期。

《中华文明概论》(法文论文),《东西文化》第 4 期。该刊由日内瓦中国国际图书馆主办。

散文集《波动》,北平北新书局出版。

1937 年

《夜烟》,《新北辰》第 3 卷第 9、10 期。

博士论文《杜赫德的著作及其研究》(法文)在瑞士出版。

1938 年

《两个时代的划分线：抗战》,《今论衡》第 2 卷第 1 期。

1939 年

《德国与德国人的研究》,《建设研究》第 1 卷第 5 期。

《抗战文化》,《国民公论》第 1 卷第 7 期。

1940 年

《近代欧战的根源》,《建设研究》第 3 卷第 1 期。

《意大利文化构成论》,《建设研究》第 3 卷第 6 期。

《俄国革命与其文化》,《建设研究》第 4 卷第 2 期。

《英国文化之特质》,《建设研究》第 4 卷第 4 期。

1941 年

《历史因果的研究》,《前锋》第 2 卷第 2 期。

《中国与法国 18 世纪之文化关系》,《建设月刊》第 5 卷第 2 期。

《中国文化西渐之一页——17 世纪末中法文化之关系与 18 世纪之重农学派》,《建设研究》第 5 卷第 5 期。

《古代中西文化交流略述》,《建设研究》第 6 卷第 2 期。

《近代中西交通之研究》,《建设研究》第 6 卷第 3 期。

《古代埃及与中亚文化之研究》,《建设研究》第 6 卷第 4 期。

著作《近代欧洲文化之研究》，广西建设研究会出版。

1942 年

《历史与个性》，《振导月刊》第 2 卷第 1 期。

《欧洲文化简释》，《前锋》第 2 卷第 2 期。

《古代希腊文化之特点》，《建设研究》第 6 卷第 5 期。

《欧洲文化的转型期》，《建设研究》第 7 卷第 3 期。

《中古文化及士林哲学之研究》，《建设研究》第 8 卷第 1 期。

"清初中西交通史料汇集"——此系阎宗临先生自存剪报，辑录过去发表有关中西交通史料研究文章若干篇，自署此题。文章发表于 1941—1942 年《扫荡报》副刊《文史地》。篇目包括：1. 关于艾若瑟的史料；2. 康熙与格勒门德第十一；3. 嘉乐来朝补志；4. 康熙与德理格；5. 白晋与傅圣泽之学《易》；6. 雍正与本笃第十三（附：关于毕天祥与纪有纲）；7. 关于麦德乐使节的文献；8. 苏努补志；9. 乾隆十八年葡使来华纪实；10. 解散中国耶稣会后之余波；11.《身见录》注略；12. 澳门史料两种；13. 票的问题；14. 关于白晋测绘《皇舆全览图》之资料；15. 碣石镇总兵奏折之一；16. 清初葡法西士之内讧；17. 从西方典籍所见康熙与耶稣会之关系。

小说《大雾》，由中国文化服务社广西分社出版。

1943 年

《16 世纪新时代的分析》，《建设研究》第 8 卷第 5 期。

《法国旧制度时代家庭实况的略述》，《建设研究》第 8 卷第 6 期。

《论法国民族及其文化》，《建设研究》第 9 卷第 1 期。

《西班牙历史上的特性》，《建设研究》第 9 卷第 2 期。

《希腊的画瓶》，《实业之友》第 1 卷第 1 期。

《元代西欧宗教与政治之使节》，《益世报·宗教与文化》第 35—40 期。

1944 年

《巴尔干历史的复杂性》,《建设研究》第 9 卷第 4 期。

《李维史学研究》,《桂林师范学院丛刊》创刊号。

讲义《罗马史稿》(未刊)。

著作《欧洲文化史论要》,广西文化供应社出版,1948 年上海再版。

1946 年

《结束国际联盟》,《广西日报》4 月 17 日。

《16 世纪经济革命》,《广西日报》,日期不详。

《德国历史的悲剧》,《世界新潮》第 1 卷第 3 期。

《我对欧洲文化的看法》,《海潮》第 1 期。

1947 年

《意大利文艺复兴的特质》,《论坛》杂志创刊号。

《论偶然》,《民主时代》第 1 卷第 2 期。

《略论中学外国史教学》,《广西教育》第 1 卷第 2 期。

《亚洲与欧洲》,《亚洲学生报》。

《欧洲封建时代的献礼》,《文学杂志》第 1 卷第 2 期。

1948 年

《欧洲封建时代社会之动向》,《民主时代》第 2 卷第 1 期。

《论欧洲封建时代的法律》,《民主时代》第 2 卷第 2 期。

《康熙使臣艾若瑟事迹补志》,《国立中山大学文史集刊》第 1 期。

1949 年

讲义《希腊罗马史稿》、《欧洲史要义》(未刊),此两部书稿写于在中山大学期间。

1957 年

《朴围村》,《火花》第 9 期。

《大月氏西移与贵霜王国的建立》(未刊稿)。

1958 年

《关于赫梯——军事奴隶所有者》,《山西师范学院学报》第 1 期。

《古代波斯及其与中国的关系》，《山西师范学院学报》第 2 期。

1959 年

《贵霜王朝的形成》，《山西师范学院学报》第 1 期。

《〈身见录〉注略》，《山西师范学院学报》第 2 期。

1962 年

《匈奴西迁与西罗马帝国的灭亡》，《学术通讯》第 2 期。

《〈北使记〉笺注》、《〈西使记〉笺注》，《山西地方史研究》第二辑，山西人民出版社。

《谈独立思考》，《山西大学校报》。

《拜占庭与中国的关系》（未刊稿）。

《十七、十八世纪中国与欧洲的关系》（未刊稿）。

著作《巴斯加尔传略》，商务印书馆出版。

1963 年

《关于巴克特里亚古代的历史》，《学术通讯》第 1 期。

1964 年

《世界古代史参考资料》（未刊稿）。

《回忆罗曼·罗兰谈鲁迅》（未刊稿）。

1965 年

《〈佛国记〉笺注》（未刊稿）。

1972 年

《回忆鲁迅先生》，《山花》第 1 期。